读懂投资 先知未来

大咖智慧
THE GREAT WISDOM IN TRADING

/

成长陪跑
THE PERMANENT SUPPORTS FROM US

/

复合增长
COMPOUND GROWTH IN WEALTH

一站式视频学习训练平台
WWW.DUOSHOU108.COM

投 资 心 理 学

股票期货成功交易心理

（第二版）

【美】杰克·伯恩斯坦　著

康　民　译

山西出版传媒集团
山西人民出版社

图书在版编目(CIP)数据

投资心理学：股票期货成功交易心理：第二版 /（美）杰克·伯恩斯坦著；康民译.—太原：山西人民出版社，2018.10

ISBN 978-7-203-10413-1

Ⅰ.①投… Ⅱ.①杰… ②康… Ⅲ.①投资-经济心理学 Ⅳ.①F830.59

中国版本图书馆 CIP 数据核字（2018）第 146774 号
著作权合同登记号　图字：04-2014-013

投资心理学：股票期货成功交易心理：第二版

著　　者：（美）杰克·伯恩斯坦
译　　者：康　民
责任编辑：周小龙
复　　审：贺　权
终　　审：员荣亮
出 版 者：山西出版传媒集团·山西人民出版社
地　　址：太原市建设南路 21 号
邮　　编：030012
发行营销：0351-4922220　4955996　4956039　4922127（传真）
天猫官网：http://sxrmcbs.tmall.com　电话：0351-4922159
E-mail：sxskcb@163.com　发行部
　　　　　sxskcb@126.com　总编室
网　　址：www.sxskcb.com
经 销 者：山西出版传媒集团·山西人民出版社
承 印 者：三河市京兰印务有限公司
开　　本：710mm×1000mm　1/16
印　　张：19.5
字　　数：270 千字
印　　数：1-5100 册
版　　次：2018 年 10 月　第 1 版
印　　次：2018 年 10 月　第 1 次印刷
书　　号：978-7-203-10413-1
定　　价：78.00 元

如有印装质量问题请与本社联系调换

序

本书是《投资心理学》的第二版。第一版于1980年出版,之后我又写了16本专门讨论股票及期货投资的书,但一直广为投资者交口称赞并激发出各种思考及评论的还是非《投资心理学》莫属,理由是本书通俗易懂。无数的交易员和投资者都认识到一个重要的事实:想在投资市场中获得成功,其关键在于心理因素。正因为他们遇上这样的问题,所以认真地去寻求答案,也因而有机会研读《投资心理学》这本书,从中得到解答、安慰、理解、指引及洞见。然而现存的各种答案,不论是否足以提供给投资人更稳当的赚钱方法,或者是更新、更有意义的了解自我之道,始终无法完全满足认真探索的交易员及投资人,他们还在追求更好的解答。

由于股票和期货市场的波动幅度越来越大,许多刚刚进入市场的参与者也忙不迭地加入这场智识的探求旅途。一直以来,我认为交易员扮演着比交易系统更为重要的角色,自律及自我管理是他们成功的关键。但就整体投资市场而言,交易员却也是最脆弱的一环。关于这些论点,在第一版《投资心理学》出版后,都一一获得印证。回顾20世纪80年代和90年代初期的状况,我们更加肯定先前的观察和思考都是正确的。如果我们用心研读如利弗莫尔(Jesse Livermore)、勒布(Gerald Loeb)、江恩(W. D. Gann)或者是巴鲁克(Bernard Baruch)等投资大师的著作,一定可以得到一个结论:在股票及期货市场中,个体投资者成功的不二法门不外乎两种,一是非常幸运;一是非常自律。在这当中,非常幸运的人少之又少。因此，所谓的成功交易员、投资人甚至投机客，绝大多数都是高度自律的。

"纪律"（discipline）一词，有许多含义。有纪律的投资人，不只是遵循他自己的一套交易规则而已，重要的是必须事先理解这些规则具备克敌制胜的效果。纪律是一套严谨的架构，包含必要的技巧和心理素质，例如：自制力、一致性、组织力、持续力、管理监督能力、洞察力，以及执行力。这些都是交易员期望培养的技巧。遗憾的是，这些技巧和特质非一蹴而就。除了少数的幸运儿，成功绝无捷径。

要解决问题，首先得认知到有问题存在。我们必须先承认自己的无知，然后再找出无知的所在。可惜的是，很多交易员及投资人既不晓得自己无知，也根本不清楚他们必须知道些什么。常言道，无知是有层次之分的：

- 第一种是真正的无知，这种人对于自己的无知一无所知。
- 第二种无知，是至少还知道自己无知。
- 第三种无知，是知道自己无知，却不知道自己力有未逮之处在哪里。
- 第四种无知，是知道自己有所欠缺，虽然亟需改进，却不晓得该从何着手。
- 第五种无知，是认识到自己无知，也知道该如何改进，却没有能力采取行动。
- 最后一种，我称之为最让人满意的无知：知道自己在哪方面有所不足，也知道如何改进，同时还真正采取行动。

有数百位读者在看了《投资心理学》第一版之后，写信或打电话给我。而我也和许多读者交谈，或者趁着在候机楼、飞机上或钓鱼时，与旁人互相交换意见和看法。这些情报让我了解现在投资市场需要什么。因此，我决定大幅改写《投资心理学》，以便实时反映20世纪90

年代投资人与交易员的需求。此外，最新版的《投资心理学》也包含最近十年中，我个人和其他交易员的全新观察与洞见。

新版的《投资心理学》既保留原先的精华，也加入新的智慧，更重要的是反映市场需求的真理。这些智慧结晶，是我亲身经历有史以来波动最激烈的投资市场所累积的，是来自一位年纪渐长、阅历愈深、更富同情心但也更质疑人生价值的期货及股票交易员的心得。对于某些状况，我虽觉忧虑，也常感到挫折，却也更懂得看开及放松自己。简言之，经过这二十年，我变了。我倾向相信自己是变得更好，而这些改变能帮助各位找出持续获利之道。

在本书一开始，我会举出几个看起来有点不太谦虚，但绝对是诚实的假设，且会给读者一些保证。我们"英明睿智"的政府专职机构所制订的法规，禁止我向各位提出任何实质上的获利保证。自从 1980 年实施抗通胀以来，整个政府心态趋于保守，对个人自由造成许多限制。尽管如此，只要我还保有这些权利，还是可以给读者其他的保证。阅读、研习及运用本书的读者可以获得如下的好处：

- 你的投资损失会降低，而获利会增加。首先，你会发现，万一投资判断错误，损失会降低，而那些赚钱的单子，则可以扩大战果。
- 最终将学到成功获利的交易和投资方法。当然还是会有亏损的时候，因为亏损本来就是游戏的一部分。有失才会有得，但可将"失"降到最低，这才是求胜的法则。
- 你对自己的态度会更趋正面。你会以自己的操作技巧为荣，有效地运用个人知识，不但在投资市场上获得正面效益，个人生活也转趋正面。
- 自信心更为强化。你会更信任自己的研究，而不是一味地听从投资顾问的意见，不管对方是不是所谓的"专家"。
- 在市场知识的运用上，你会更趋一致性，更有组织性，且更彻底。如此一来，即使一开始时失败，最后也能发挥正常功效。透过失败的经验，你才会知道哪种方式对你有用，哪些无用。

- 可借以探索并找到真正适合你资质、财力及性格的交易系统和方法。
- 对于你在市场所做的努力，能以平常心视之。当然，这不是说你要把它摆在"次要"的位置，而是指你在市场上花费的研究心力和时间，必须和你投入个人及家庭活动上的心力和时间，取得适当的平衡。你不再是市场的奴隶，而是市场的主人。要变成市场的主人，不在于你可以控制市场，而在于你可以控制自己。
- 因为误判行情，或者任意破坏交易法则所造成的损失，将会明显地减少。当这种不利状况一出现，你就能够洞识先机，提早发现错误，迅速修正、弥补，避免财务上的亏损和心理上的挫败。
- 你会更了解消息面、基本面、其他交易员、你自己以及市场之间的关系，且能够时时掌握自己的处境。
- 虽然偶尔还是会犯错，至少这种情况会比以前减少许多，且不会重蹈覆辙。
- 你不会再惑于他人的成功，转而把注意力集中在自己身上。你的竞争对象，其实就是自己过去的操作绩效。
- 你会克服许多交易上的冲动，当获利机会来到时，才放手一搏。
- 最后，你会像个专业的交易员一样，决定长期、中期或短期的投资决策。

我提出的这些改变和好处，事实上只是其中一小部分而已。透过研读本书和自我分析，读者一定能激发出更多的益处。我无法给你任何成功的许诺，但是我可以向各位保证，如果你能适时地调整和修正个人的心态，调整好你跟市场的关系，那么你所能获得的利益，将是你过去想象不到的。

在投资市场二十余年的经验使我相信所谓伟大的交易员，很少是天生的，他们要么是长期地专注和努力，要么就是能和其他人保持非常良好的合作模式。

我认为成功的关键在于"交易员"，而不是"交易系统"。一套优良的交易方法，对于交易员信心的提升，确实是有很大的帮助，也很可能因而获致成功。但是，交易系统再好、再完善，如果没有一位坚守纪律的交易员，犹如配备精良的跑车，终究还是会毁在缺乏经验的菜鸟驾驶员手上。只要操控得宜，这辆赛车理当风驰电掣；操控不当，则难免车毁人亡！

所以，让我们暂时忘掉交易系统，抛开大肆吹嘘的广告，忘记所谓"圣杯"般的技术参数，忘记完美的行情分析曲线和高精准度的行情预测。除非你在心理及行为上已经做好迎接这场艰苦挑战的准备，否则这些交易系统的优势，并不能让你占到多大便宜。

首先，我要跟各位分享一些我个人的背景。虽然，过去我身为交易员的经历是不会改变的，但是我对这些经验的认知及理解却跟以往不同。因此，我在书中对个人背景的介绍跟第一版差不多，但自第一版问世后，因为我个人的成长，我已经有了很重要的改变。

目 录

1 我的故事 ·· 1
2 市场相似点 ·· 15
3 心理学与市场相似点及其差异 ······························ 23
4 精神分析理论：童年经验是否会影响行为？ ················ 33
5 学习理论：刺激−反应模式？ ······························ 43
6 反应阶段 ·· 55
7 行为的结果 ·· 63
8 发现的过程如何认识自己 ································· 75
9 如何矫正交易错误 ·· 85
10 再论交易问题 ··· 99
11 行程表与自律 ·· 105
12 顺势操作很重要 ·· 111
13 投资服务通讯扮演的角色 ································ 121
14 你是这样的吗？ ·· 131
15 正面心态有助于成功 ····································· 137
16 客户经理与客户的关系 ·································· 143
17 综合研判你自己的状态 ·································· 151
18 社会心理学与市场 ······································· 159
19 十个投资心理法则 ······································· 173

20	认知因素	177
21	潜意识认知-无意识反应	191
22	减轻压力，更易获得健康和利润	203
23	常见的问题	211
24	性与市场：真实或幻想	231
25	利用心理学让投资达到最大成功	239
26	大师名著：鉴往知来	243
27	恐惧-逃跑创造性思考与引导心像	249
28	克服最深的恐惧：心理学如何助你成功	259
29	为什么有那么多的交易人和投资者亏损？	269
30	以成功的交易者为学习榜样	275
31	面对市场今后的挑战	279
32	一些最后的想法：面对今日及明日的挑战	283
附录	交易大师概述	289
参考书目		297
译后记		301

1 我的故事

我对股票的兴趣从念大学时开始。当时的室友，约翰，虽然年纪比我小几岁，但在他老爸极为严格的训练下，俨然已是战果非凡、知识广博的投资老手。在约翰的劝说下，我也在学校所在的伊利诺伊州香槟市的证券公司开了个账户。由于约翰当时未达到法定开户年龄，所以我们达成协议：账户由我来开，资金则由他出，他可以用我的账户边操作，边教我如何炒股，当时他在股票方面的知识，着实令我折服。遥想起来，那都是1986年的事了。

我们的投资非常单一，就是约翰最钟爱的股票，金矿类股。约翰相信金矿股将会大幅上扬，所以甫一进场我们就买了100股莱特—哈格里夫斯矿业公司的股票，这是一家加拿大的小型金矿公司，但是在美国股票交易所挂牌交易。我记得当时股价是3美元。在那个低通胀的时代，像莱特这样的公司，股价波动都很小，大约只有6美分。每个星期，我们都会到证券公司经纪商看几次盘。为了让自己感觉像个大人，我们像投资老手般，放浪形骸地坐在交易所的椅子上，盯着行情显示器上的报价，屏息以待每次跳动。那个时候，就算一天只涨18美分，都让我们兴奋不已。

在莱特公司之后，我们陆续又买过汽车股、地产股、电子股以及当时才刚起步的电脑股。在这段时间，我们有些股票做得相当成功，有时也会亏钱。然而，那份紧张，悸动的感觉，正是股票市场最迷人的地方。虽然我并没有靠投资股票赚很多钱，但从中学到了不少东西。

约翰当时已经是个非常厉害的技术分析师,现在也许还是吧。尽管我们在许多年前就分道扬镳,各奔前程了,但是得之于他的种种市场知识,我还是永难忘怀的。在技术分析方面,他懂得相当多,对于股市历史的见解,更是让人惊叹。任何股票市场方面的资料,他都会仔细研读。

但是,我当时没学到一项重要学问,而这正是日后最需要的市场技巧。这个学问,我没有从约翰或任何人那里学到。当时,约翰正忙着跟自己的内心作激烈搏斗,探索个人的心理障碍,哪里顾得上我?当然也就无法提供给我什么洞见。当我们俩耗费几百个小时,研究市场指标和趋势后,也慢慢察觉到,在我们的内心深处,潜伏着一些比指标、趋势等还要重要,比任何交易系统和方法更有价值,比交易损失更危险,比市场小道消息或内线消息更有获利能力的东西。不过,当时纵使我们有这种感觉,也无法清楚而明白地表达出来。

后来,我大学的专业是心理学,约翰则继续努力研究股市。约翰毕业后,我们又一起搬到芝加哥,跟他哥哥同住。他哥哥对股票市场也非常热衷,我们的公寓里头,塞满了各种各样跟股票市场有关的资料,例如:股价走势分析图,股票类书籍,大大小小的报告,以及《华尔街日报》。我们非常认真地研究行情,但鲜有探索心理上的内容,也完全缺乏某种"自觉"。我们在市场研究方面做得很不错,只是知道该怎么做,并不见得就能做到或会照着做。逐渐地,我对股票市场感到厌倦了。一旦投资有所闪失,我便认定是市场出了问题,而不是我有问题。当时我抱着错误的观点那么久,完全没搞懂,错的并非股票市场,而是我自己!因此,我开始试着在别的交易中寻求更好的机会。

鸡蛋价格会涨上天吗?

某个周末,我在《巴隆周刊》上看到一则期货交易的广告。该则广告做得很巧妙,也很吸引人。图上画着一艘正飞向月球的火箭,上面载着一篮鸡蛋，旁边写着："鸡蛋期货的价格，今年会涨到天上吗?"不得不说，这则广告相当高明，都是用的心理和象征性的寓意。受到广告的吸引，我前去探询。几天后，有位语速像机关枪的期货客户经理打电话给我，他的推销技巧真是令人惊叹！可惜对我却不奏效，因为我当时只有一千美元。

不过就跟所有的客户经理一样，他十分积极，也很坚持，隔三岔五就会打个电话来劝说我，最后我实在是扭不过他，还是开了一个期货账户，我手上最后那点钱，就这么丢进了市场。虽然他说得天花乱坠，但我倒没抱什么不切实际的希望。事实上，我是视死如归，早就有亏光积蓄的心理准备了。

你大概以为故事的发展结果是：一开始是小额亏损，然后被追缴保证金，最后是亏的体无完肤。你错了！我算是比较幸运的，至少一开始，幸运女神是站在我这边的。几周以后，我那位友善的客户经理（就叫他乔伊吧！）打电话来报告，说我那一千美元已经变成三千五百美元了，乔伊说这都是他操作得法的功劳。几个月后，更是超过了六千美元。

随着时间的推移，我在期货市场赚得越来越多。几个月交易下来，我赢的次数比输的次数多，而且每次赚到的钱也比输掉时的多。当时，我完全搞不懂期货市场（那个时候叫"商品市场"）里面的门路，只是每天收到诸如："本公司今日为阁下买进五手价位六十九的鸡蛋期货"的交易报告。钱滚钱，越滚越多，乔伊和我都乐透了！就当时我所理解的，期货不过是个简单的游戏罢了。

乔伊得意时，不免随口向我解释，他说，鸡蛋市场就是看天吃饭。鸡对天气状况非常敏感："天气越热，鸡越不舒服。"乔伊解释道："一旦天气太热，鸡就死了！"接着又说："鸡死了，蛋产量就减少，产量减少，价格自然上扬。小伙子，这就叫供需关系！"

找到安身之处

我觉得，一定是期货市场很适合我。我出生在加拿大蒙大拿的贫民区，双亲从第二次世界大战的集中营幸存下来，连英语都说不好。由于有这样的经历，他们很清楚，坚持到底就是最大的胜利，以及在逆境中的取舍之道。虽然父母不能提供我什么物质上的享受，但在精神上，却给了我极大的鼓舞和激励，因此，每当有机会来临，我很快就能看出来。我目睹父母终生辛劳，清早四点即开始工作，一直忙到晚上十点以后才能休息，结果也仅仅只能维持一家温饱而已。所以我早早就下定决心，要闯出一番事业来。

很快地，我把心理学上的知识带进期货交易中。我在图书馆里翻阅了许多商品期货市场的书籍，狠狠地恶补一番，再加上一点奇思妙想，居然也发展出一套交易系统，虽然里面的内容也不过是支撑位和压力位的一些东西。现在看来，那些期货书籍，说穿了，不过就是让一切看起来那么容易，总结起来，就是在支撑买点进，在压力点卖出。我用这个方法，做了几次的纸上演练，然后就兴致勃勃准备真枪实弹上战场了。

进军猪腩市场

在刻苦研究价格走势图后，某日，我认为猪腩市场的机会来了，这个机会抓住，我的资金就可以轻松翻一倍。当天，我在搭火车赶往芝加哥市区之前，先打电话给乔伊，要他帮我下单，然后，我要到芝加哥商品交易所亲自体验一下致富的快感。

现在回想起来，我当时怎么会如此天真，如此盲目呢？现在我清楚地知道，那样的自以为是，盲目冲动，就是要倒大霉的先兆。那一天，我以充满自信的声音发号施令："乔伊，开盘买进十五手二月到期的猪腩。在离跌停板十个点的地方设立止损，涨停板价设止盈。"当时我满嘴术语，故意卖弄专业。

接获指令的乔伊大惊失色，但随即恢复镇定，说道："杰克，不要买猪腩，我们还是专心做鸡蛋吧。这个才是我们熟悉的市场，突然杀进不熟悉的猪腩市场，会吃大亏。而且，你以前也没有自己操作过，不要一次就买十五手这么大！"我根本听不进去，直嚷着："你给我买猪腩就对了！"乔伊一直想劝服我："可是杰克，对那个市场，你不熟啊！你以为只要看些书，搞个交易系统，就能赚钱吗？没那么容易！不骗你！不然我自己早就发大财了啊！不要这么冲动，你会后悔的！好吧，如果你坚持，那我们买个几手就好了，别一次买十五手，如何？不然，你另外再开个账户吧，放一些钱进去，自己慢慢玩，这样更好！"

虽然他苦口婆心，我全当成耳旁风，这时的我已经利欲熏心，完全不顾什么逻辑和道理，我直接回说："乔伊，你要是不买进猪腩，我就把账户关了！我知道我在干什么！我有交易系统，今天就可以赚一倍。所以，你就下单吧！我大概一个小时以后就会到现场，亲自迎接胜利。"他迟疑了一下才说："好吧，杰克。可是你会后悔的！非常后悔！"

我从城北市郊登上了火车，直奔芝加哥市区，手上拿着一份《华尔街日报》，穿上最新的一套牛仔装。我坐在车厢里，看着身着西装笔挺的上班族和商务人士。每个人看起来都一样不快乐，一样不喜欢他们单调无聊的工作，毫无热情，也看不到未来。而这个时候的我，正做着春秋大梦："他们的生活多么无聊啊！"我一边瞧着《华尔街日报》的商品期货版面，一边想："我不必穿什么西装，就可以在市场上赚钱。我该担心的是怎么花掉这笔钱。捷豹跑车要买什么颜色的好呢？"

没多久，火车到了运河街站，我在那下车，然后搭计程车到交易所。进到这个人声鼎沸，金钱涌动的地方，我觉得好像回到家一样。这场游戏，就是为我而设的，而且是轻易上手的！我一定是天赋异禀，天生赢家。我的预知能力是谁也无法控制的。一旦掌握到窍门，就变成一个非常简单的小把戏，甚至有点无聊，我这么想着。

当时的我已经进入另一个世界，一个充满幻想、自我满足和精神自溃的世界，什么尝试、眼光、自我意识、市场感和逻辑，全部消失得一干二净，结果呢？明白告诉各位，从那天之后，我不会再踏进芝加哥交易所一步。当年在交易所等待我的命运，正是心理学中最典型的"一次尝试学习论"：在经历一次极为严苛，后果非常严重的教训之后，马上就学会某种道理，永生不忘。

搭上电梯，很快就到了达乔伊的办公室，进入行情激荡的交易室。在电梯内，我还是一路做着美梦：这时候已经开盘了，一屋子的交易者也许正在等候我的大驾光临，准备对我高呼万岁。可惜，事与愿违。我盼着乔伊咧着笑脸来迎接我，不过他脸色看起来不太妙。"怎么了？"我还在打趣。"你自己看看猪腩吧！"他回答。一边递给我交易报告，上头记录着成交价位和卖出价位，我自己看了好几遍，简直无法相信，大部分是在跌停价成交，另外有几张单子因为跌停板没有打开而无法成交。

果然是全新的体验！像这样因为没有买家，导致无法成交的状况，我想都没有想过。接下来两天，我的单子还困在里面，动弹不得。最后，终于出现了买家，我才能卖掉其他的头寸。而且我一定是"鸿运当头"，好死不死正是当天的盘中最低价！我请乔伊报告亏损状况，果然如预期般惨重。本人第一次御驾亲征，就惨遭滑铁卢。

结束与开始

故事到此结束，但也因而揭开了我期货投资生涯的序幕。我赚多少或者赔多少并不重要，重要的是从中学到了什么。跟许多股票、期货交易者比起来，我算是很幸运了。至少，我只是把之前赚的赔光而已，还有很多人一天赔掉的金额，甚至超过他们所能承受的范围。

既然我已经没有资本再做投机了，只好暂时离场观望，结果反而因祸得福。由于我旺盛的求知欲，想搞清楚自己到底错在哪儿，我饱含热情地拜读巴鲁克、利弗莫尔、江恩、道氏、卡登等大师的著作。我从中学到的不是操作技巧，而是学会了自我认知。我的经验告诉我，交易技巧本身并没有错，错的是我的心态，而且，这就是最关键最重要的错误。没错，当年我只做了一次买卖，如果可以多几次经验，也许会有机会改善我那套自行研发的交易系统。但因为我心态的缺陷，而丧失了测试的机会。由于太过托大，幻想自己是大师再世，使得我盲目地看不清事实。正因为忽略"认识自己"的基本功夫，我才会那么深切地体会失败的滋味。我们很容易受到情绪、情感的影响，变得脆弱而导致失败。

这个严重的打击，让我一次就记住了这个教训，猪腩事件就是我日后成为严肃、认真的交易者的开始，也是过去毫无规范与纪律的结束。如今，二十二年过去了，我还是孜孜不倦追求更好地做到自律。而随着时间与经验的累积，我也越来越容易达到这个要求。和情感、冲动的对抗是永无止境的，现在仍有许多交易者深受其苦，稍不留神就要付出惨痛的代价。而我写这本书的目的，就是要将这个不良的影响降至最低。

交易系统与交易者

交易系统是死的，没有人操控，它既不能自己赚钱，也不会赔钱。汽车如果少了司机，只是一堆金属和许多机械零件的组合，哪儿也去不了，只能安静地停在某处。但万一碰上一位技术糟糕的司机，则可能变成致命的工具。这辆车子也许很漂亮，机械方面也臻于完美，但少了一位好司机，它的优点完全无法发挥出来。而经验丰富的驾驶员，则可以将它的速度和性能发挥到极致。

交易系统就跟汽车一样，开在路上必须小心谨慎，变换车道或在高速公路上尤其须提高警觉。拜1990年代的电脑软件和硬件的快速发展所赐，我们可以更便捷地研究，测试更多、更好的交易系统，以及买卖下单信号和指标。然而这些研究，或者创新的工具，除非通过有纪律且

始终如一地运用,否则单纯依靠它们就可以赚大钱,均属空谈。

本书之后要谈的,重点放在交易者身上,而非交易系统。交易系统没有感情,没有情绪波动,也不会犯错,始终如一。同一套优良的交易系统,交给不同的交易者来运用,有的成绩斐然,有的成绩平平,有的却赔得一塌糊涂。再好的交易系统,如果交到蠢蛋手里,根本毫无用处。反之,经验丰富的交易者,可以利用一套普通的交易系统,创造很好的成绩。

股票和期货交易的盈亏,虽然看起来影响因素众多,但实际上,决定因素非常少,其中的重中之重就是交易者或投资者的能力。不过,除非你自己可以认清问题所在,寻求解决方案,且持之以恒,贯彻执行,否则,上述真理般的说法,对你仍然没有任何意义。几年前,我有幸与拿破仑·希尔基金会主席、美国联合保险公司董事长克莱门特·斯通会谈数小时。斯通从几乎一无所有的孩提时代开始打拼,缔造今日傲视全球的保险王国,当时我向他请教成功的秘诀,他回答:

"想要成功,你必须去看,去想象,去做。你必须能客观地看出机会在哪里,问题何在。你必须去思考解决之道或这些机会。而最重要的是,你必须付诸行动!"

没有行动,任其自行发展,那么事情最终会成功的概率将极为有限。生活中,只有很少的事物可以任其自然发展而不必费神照料,放着问题不思解决,通常情况只会越来越糟。在投资交易上遇到的困难,首先必须要找出症结所在,继而寻求各种解决方案,最后再采取行动。

冒险之必要

从古至今,投机的强烈欲望及需求就是人类蓬勃发展的重要驱动力之一。虽然随着文明的发展和技术的进步,我们在生活中所承担的风险也逐渐减少，但心里仍存有冒险的渴望，尽管我们可能不愿意承认。事实上，很多人也不曾仔细思考，生孩子其实充满着许多需要承担的风险，风险本来就是生命的一部分。我们今天所读的"投机"，早在远古时代，当老祖宗们在面对大自然众多敌人时，如野兽、病菌、天灾等，就已经存在了。

追溯至更早的历史，农夫播种或圈养动物，就已经是在跟大自然赌运气。今年要提早播种吗？今年的天气有足够的水分养活玉米吗？会提早降霜么？现在的价位是最高的吗？要不要现在卖掉？我养的鸡鸭牛猪卖得掉吗？气候异常会影响收成吗？家畜会不会染上什么疾病？

到了现代，实业家仍旧被很多事情困扰：政府措施会不会影响到产品价格？银行会不会贷款给我？我往来的银行会不会倒闭？万一倒了，我的存款怎么办？某些国际事务会不会影响作物的价格？未来经济展望如何？

对于生活中的这些风险和不确定因素，我们常常茫然无所知。但事实上，我们的生存过程就是不断地承担风险。活在这个不停变化，不稳定与不确定的环境，我们只能接受种种瞬息万变的本质，不管是开车，搭飞机，甚至只是走在路上，我们都是靠着臆测来判断后果及周遭的变化，像是会不会碰上醉酒的司机或劫机事件。而现在，因为艾滋病肆虐，连上床做爱都比以前危险许多。上医院，也可能受到感染，吃错药，或是受到不必要的威胁及误诊等。

有些人则是故意去冒更大的风险，原因很多，也许是情感上，也许是生理上，或者是金钱上。有人明知有风险，稍一闪失，可能连原先拥有的都会失去，但为了增加财富，仍然放手一搏。许多人认为，如果不能谨慎地面对市场的调整，必然会让自己的财务状况蒙受极大的风险，甚至可能一败涂地。不过对某些人而言，市场提供专业服务，可获致稳定且更高的收入。而有极少数人，运用某些技巧，在市场上赚到巨额的财富。

究竟是什么原因让我们甘冒风险，从事投机交易呢？成功的投机人

士和失败者之间,有什么特质差异呢?是否真的有方法可以提升投资表现?在股票和期货交易上,是否真有心理上的力量,足以决定成败吗?如果有,又是哪些呢?这些必需且适当的行为模式,是可以后天学习而得到的吗?成功的投机,究竟归功于个人特质,还是他们所使用的交易系统呢?在投机交易上,我们要如何才能掌控自己的处境,不致随势浮沉呢?

鉴于我过去所受的心理医学训练,加上后来以之为职业,所以我很容易就明白,不论是在市场中,还是在交易者心中,都存在着许多感情和心理上的因素。我曾经当过期货交易者,也是个心理学家,结合两者的经验,我知道投机、成功和心理问题,这三者之间有着非常密切的关系。

在花费相当多时间和精力研究人类行为和特质之后,我觉得股票和期货市场是非常棒地应用这一学科的地方,这真是非常幸运!一开始,我看不出身为执业心理医生及投资交易的兴趣之间有什么关联性。但随着时日渐长,我亏损得越来越多以后,逐渐有一个体会,这不但改变了我以后的生活,也不经意地改变了我的财富。心理学和投资交易两者看似不相关,然而一旦了解它们背后的密切关系,那条通往个人财富的道路,也就更容易辨识出来,更好走了。而在此之前,我就跟大多数交易者一样,只是个弱小而焦躁的小朋友,在喧嚣的交易厅中渴望被人听见。

交易者、投资者与成功

在投资市场中,有些人是既无学识背景,也不努力,但做起买卖来却非常成功。反观有些人,全心投入,一有空就研究行情的涨跌,结果仍是屡战屡败。我自己就认识几位交易者,他们对于价格波动背后的基本因素所知不多,这原本该是个缺陷,但他们还是可以赚大钱!但是也有些交易者,因对市场一知半解而经常亏损。市场上这种知识能力与成功成反比的现象，勾起我的兴趣。就我个人所见，比较缺乏知识的交易者反而容易成功，那些既聪明，分析能力又强的，反而却容易失败。这是为什么呢？我非常好奇。

输家和赢家之间有何差别？此问题不但有趣，而且极具价值，可以教我们许多东西。为什么那些传奇的投机大师，如利弗莫尔、巴鲁克和江恩等，都非常强调自我建设、自我控制及情绪稳定？这些特质就是他们成功的基础吗？缺乏对市场透彻的解读，是否可能成为市场赢家？自我教育，是否比交易技巧、系统或方法上的训练更重要？交易者可以学到哪些有价值的教训？而这些教训要如何学习？又该如何运用才能变成一种持续一致的获利方法？

当然，也有那种一次买卖就马到成功的，在股市或房地产上都不乏这样的例子，但是，这种菜鸟撞大运的例子仍属少见。想在交易市场当个常胜将军，需要经验、见识和自我纪律。有些人天生就被这些技巧所吸引，以一种敏锐而直接的方式学习而得，且大部分是在孩提时代形成。但也不是说孩提时代没学到，就与成功无缘。这些特质，可以在任何一个年纪习得。

常有人以为，财富上的成功存在着遗传因素。也有人抱着决定论的说法，认为某个种族或国家的人，天生就比较容易成功，像是他们控制着市场，他们天生会做生意，或是某些人因为血统的关系注定会失败等。的确，遗传确实存在着差异，但是后天的学习，更是成功与否的重要因素。要将遗传因素从环境因素中独立出来，强调孰轻孰重，几乎是不可能的事。

关于这方面的讨论，是学术的。不过，就是有人利用这些说法，来合理化自己的失败或他人的成功。用这些理由来安慰自己不必白费力气，就心理上来说，也算是逃避现实，对此，我们往后会详尽讨论。

除了决定论之外，有些怀疑论者认为，股票、期货只是一种合法的赌博。就某些个别事例而言，这样的说法或许并没有错。但是，如果是对那些了解自己，也了解市场的人来说，股票和期货市场中的投机交

易，跟赌博是有本质区别的。在往后的篇幅中，我会仔细解释其间的差别。

哲人之言

我想读者中大概很少听过神智学者葛吉夫，而他的追随者，如伍斯宾斯基、布拉瓦斯基及里德贝特，大概也没什么人晓得。事实上，就算是受过高等教育的人，也鲜有熟悉这个神智学派。原因可能是，神智学的教义对哲学的稳定性具有颠覆性，除非个人在心理上已经非常健全，否则会被这种学说完全搞糊涂。很多较为大众熟知的哲学运动，都刻意排除神智学，原因有很多种，可以再讨论。葛吉夫和布拉瓦斯基都曾被指称为骗子，但是坚定支持神智学的，也不乏社会上受尊敬的人物。神智学和一般哲学的冲突，大概是永远也无法解决的。

我个人在研究了葛吉夫和伍斯宾斯基的哲学理论之后，发现了许多自我和生活上的真理。在后继的篇幅中，我会把这些发现与各位分享。不过，在开始之前，我想先简短陈述一个葛吉夫的洞见。葛吉夫所创始的自我认知的知识体系十分复杂，并不容易做到，必须在大师亲自监督下修行数年，加上自己努力好几年才有办法完成。有一次某个学徒既沮丧又恼怒地质问葛吉夫："为什么这些修炼一定要这么困难呢？"在经过短暂的思考之后，葛吉夫肯定地说："这么一来，你的未来才会跟过去不一样！"有人大概也会怀疑，想在市场当常胜将军，为什么也要这么努力？我的答案和葛吉夫一样。如果你对于自己过去的操作表现已经很满意，就不必阅读这本书了。如果你认为自己可以做得更好，还有潜力尚未发挥出来，觉得在迈向成功的路途上，缺乏一些关键性的指引，那么你就得好好研读本书。

所见所为

几年来,我看到许多交易者败在自己手上,也看到自己失败的案例,因此我知道,失败或成功,绝大部分原因是在我们自己身上。我很抱歉,到目前为止,我一直在重复地告诉各位,成功的"公式"中,个人正是最大的变数。不过,我还是先向各位讲明,一直到你读完本书,我都会一再地重复这句话。为什么?因为非得如此,各位才能谨记在心,了解自我是很困难的大工程,比搞懂科学、数学更难。我们的"自我"闪闪躲躲,瞬息万变,更糟糕的是还非常的"自我防卫"。"自我"包含着许多方面,任何人都不会始终显露出同一方面。交易者今天碰到的这种情况,有这种反应,但日后遇上完全相同的状况,反应却可能不一样。似乎就是这种不一致,才让自我解读如此困难。要在这样的情况下抽离自我,客观衡量,实在很难,有时候甚至不可能做到。

下面几章所提供的是一份迈向自我的地图。圣经上说要"认识你自己",我希望自己写的书能成为交易者"认识自我圣经"中的一章。请各位注意,我只设定一个普通的目标,因为我很清楚"认识自我"的学问博大精深,复杂异常,所以我只能说,我所提供的只是其中一章而已。如果各位在这个议题的书架上加入我这一章,将可以向目标更靠近一步。只要能够认清自己在心理上的定位,就可经由这条最直接的成功路径达到财富目标。

2　市场相似点

本书的第一版中，我没有谈及多年来由众多交易者或投资者所发展出来的所谓黄金法则，而在这个修订版中，我发现还是有必要再次声明，未来我所提出的观点，跟这些传统上的、未经验证的市场真理可能有所不同。我的一些想法和观点，也许会引发争议、愤怒或恐惧，甚至被你当成垃圾。那么，容我再次建议你，先严肃、认真地思索，再说你的结论。其实我的这些想法也不新，事实上，有些还是传统的老智慧。但差别在于，我的做法是寻找出各种市场中最基本、最本质的东西。这个本质是由人性和情感的相互影响所产生，所以它并不同于经济法则或原理。不管是投资、交易、买进、卖出、抢帽子、价差交易、买卖期权，或者在不同金融商品间套利，都是对未来这个主题的种种变奏的猜测，而目标只有一个，就是"获利"。因此，这种种不同的形式，多是臆测和投机。

自有历史记录以来，人类社会中就有投机。投机与生存紧紧相连，甚至说没有投机就没有生存，也不为过。如果我的作品能够唤起他人内心中那个沉睡的巨人，让它们自己出来说话，这才算是真正的成功。如果能因此让一个市场的失败者变为成功者，我的任务就算完成。

知识就是力量，这已属老生常谈，而且所谓的"知识"也太宽泛了。若说自我认知就是力量，我觉得更恰当，更有意义！在这本书里，我要详细讨论的正是这个自我认知。如果你以为我或是任何人，可以提供什么成功的"密匙"，那你就错了。如果你以为，那些在市场上赚到大钱的人，必然是有什么不传之秘，那你还是错了。不过，如果你相信抱持着积极、自信的态度，平和地控制情绪，适当地鼓励自己，这样就有可能在市场上获得成功，那你算是步上正途了。而且只要你继续往下阅读，就能找到一些很有意义的答案。虽然，我不太强调交易的基本技巧、市场基本面和经济因素，但这不代表这些事情不重要。我只是刻意将个人心理层面，从传统的交易技巧中区分开来，特别强调运用这些信息和交易技巧的人。我们不像巴鲁克、威科夫或利弗莫尔，所以我们不仅要弄清楚事情发生的原因，更要懂得如何应对。经济学可以告诉我们事情是怎么发生的，说不定也能告诉我们未来会如何变化，但是他不会教我们如何善用未来的变化，让我们从中获利。从过去到现在，不曾有哪一本书教我们如何把"未来"化为"真实"，让我们可以从中获得经济利益。关于大师的知识，总是零零碎碎的，有一本专门讨论投资交易心理层面的书，早已等候上场多时了。现在，时间到了！

市场总览

所有市场的运作原则其实都差不多。不管是股票、期货、房地产，甚至是在零售市场，买卖双方都会受相同的宏观经济、基本面因素及新闻事件所影响，然后做出反应。交易者据以反应的，就是对于真实的"认知"。但是，这种"认知"却会随着时间和个人而有所不同，个人的内在因素也会影响到认知的形成。交易者必须善加处理个人内在的种种力量和冲突。这就是为什么我会说，交易者所学到或所理解的传统交易技巧，相对而言会变得比较不重要的原因。相对于纯学术的探讨，探讨某种不同的分析观点，也许能对心理层面有更多的了解。所以，接下来我将以分析交易者及投资者的行为为基础，从心理学的角度出发，提出我对市场的观察。

我观察的对象，主要是放在个人及团体，而非整个市场上，所以在市场专业术语方面，只需要一个大概的了解即可。在市场中，几乎每一个操作层面都跟参与者的心理和行为有关联。这里所谓的"操作层面",指的是成交量、未平仓量、线图形态、限价单、经纪人角色、场内交易者行为机制、基本面经济报告、新闻、市场氛围、卖空、涨跌停板,以及其他许多市场的规定、做法、行为和现象,等等。纯粹就操作层面而言,上述这些因素都有客观且相当机械论式的定义。然而,在实际层面上,却比简单的操作定义,派生出更多含意。

例如"每日涨跌停限制",在期货交易中,每日涨跌停板是指根据前一交易日收盘价,算出当日上涨或下跌的限幅,像在激烈的牛市中,当天涨跌幅度就是前一个交易日收盘价上下 150 点。定义非常简单,但派生出来的意义却很多。首先,涨跌停可能让许多交易者感到恐惧或惊慌。他们害怕什么呢?怕万一行情不如预期,单子会被"锁住"。不管是上涨或下跌,一旦到了停板,就可能出现惜售或观望的情况,使得套牢的人出货无门,被逼空者回补无望,单子就锁在里头了。虽然这种情况不多见,但确实可能出现。有些市场,例如柳橙汁期货就曾经连续停板多日。

涨跌停式的价格波动,其心理暗示为何?单子锁在市场里,几乎是每个交易者都会担心害怕的。单子锁在行情不利的市场中,大概就像人被锁在衣橱内,或者被关在即将起飞的飞机一样,有一种失去控制的无力感,好比自己的命运操在他人手中。对于某些交易者来说,这种恐惧会影响交易的意愿。尽管可能是一个有利可图的机会,但这种恐惧也许会让交易者不敢下单。很多交易者都害怕抢到最高点,或卖到最低点。但话说回来,大家都怕单子锁住,而一旦真正出现停板状况,它代表的意义又可能完全不一样。出现涨停板时,虽不是一定,但常常就是上涨行情快要结束的时候,而跌停板也最常出现在下跌行情快要到底部时。当然,也的确有一些例外的情况,不过还是有些特别的操作方式来避免这种停板危险。那么那种连续市场,即没有涨跌停限制,这样,对害怕单子被锁住的人来说,应该是比较好吧?其实不然,事实上,有人觉得这样反而更恐怖了,因为价格没有涨跌停限制的"保护",波动幅度将更为惊人。此时所害怕的事又不一样了,例如,害怕价格大幅波动,止损单在行情还没走对方向前,就先被执行,或者,可能让交易者有种如临深渊的恐惧幻想,认为自己可能遭遇无上限的亏损。但是,只要交易者可以保持思路上的清晰和客观,这些恐惧和风险,都是有办法可以避免的。

被情绪主导的交易者,无法客观地转移这些恐惧。除非他们可以真正搞清楚自己和市场的关系,不然什么灵丹妙药都是白搭。顺便一提,上述那个涨跌停的例子,只是简单提一下,不过也能衍生出许多的讨论,这正足以说明市场的个别差异其实很大,而且都受到不一样的心理及行为层面的影响。对于其他跟市场惶恐有关的情绪变化,之后我还会仔细讨论。

股票、期货及其他市场:相似点及差异性

理论上来说,在自由市场,商品与劳务的价格波动,是由买卖双方的意愿所决定的。一般认为,股票价格的涨跌会受到经济状况、供给与需求、公司业绩、企业管理能力、政府政策、国际局势、天气及行业景气等因素影响。在期货市场中,影响因素也差不多,特别是天气、作物生长状况及供需等。

不管是交易还是投资,无非就是想赚钱,低价买进高价卖出,高价买进更高价卖出,或者是高价卖空低价回补,低价卖出更低价回补。另外,其他的投资组合和衍生性金融商品的操作,例如股票或期货期权、价差交易、套利等,也都是为了这个目的。不管我们观察的是哪种市场,操作的原理都很类似,蕴含的心理特点也应该都差不多。

例如,参与者众多的房地产市场,事实上也跟股票市场差不了多少,买卖双方无非是为了赚钱利润或避免更大的损失。房地产市场并没有一个特定而集中的交易所,交易的标的是空地、农牧场、住宅或商业大楼等,买卖一般则是通过房地产经纪人进行,而这些经纪人都是经过

训练，领有执照，且受政府法规的约束，这一点跟股票和期货的客户经理一样。

虽然房地产市场的波动比股票缓慢许多，但是其他很多方面，这两个市场都很相似的。在股票市场中，投资者可以跟券商借钱来买股票，也就是付一笔保证金，跟券商融资，利用所谓的财务杠杆。而房地产的买方也大都是向银行贷款，通常现金比例只要一成到三成就可以了。

期货交易虽然比较复杂，但究其本质，跟股市及房地产市场还是很像。房地产交易土地，股市交易公司股票，期货市场中的交易者则是交易约定未来特定时间交割的商品契约，所以才叫"期货契约"。投资者以特定价格买进期货契约，无非是希望价格上涨，因而获利。在股市及房地产，同样希望低价买进高价卖出。期货交易也可利用保证金来融资或融券，而且保证金的比例只要总价的1%到5%，因此期货投资者不管是赚大钱或亏大钱，所需要的本金都比较少。跟其他市场比较，期货交易的投机性最强，也是变动最快、最大的。期货交易的潜在风险最大，但获利的潜力也最大。

期货、股票与房地产相比有一个基本差异，就是股票和期货都可以卖空，但房地产交易不可能这么做。房地产市场要是下跌，投资者就无计可施了。或许正因如此，房地产陷入衰退后，总是持续很久，而且损失惨重。

所有的金融市场都有些共同点。首先，市场就是金钱及商品的交换场所；第二，市场中的操作可能带来利益，也有可能造成损失；第三，市场的波动及流动性都跟参与者有不同程度的关系。不论是买还是卖，都必然是由"人"来行使，尽管计算机可以操作交易程序，但是整个过程中，还是缺少不了"人"这个环节。有些人以为"有朝一日"投资和投机的交易可以完全交给计算机来执行，不过我对这么一天的出现持怀疑态度。不管是什么市场，"人"的因素都是核心，尤其是涉及人的情绪及情感的一面。在所有的市场中，都有一条共同线贯穿其中，那就是"人"的因素。要了解市场，就得了解人。一旦你了解自己，了解自己的行动方式，也摸清别人的行动方式，你就可以了解市场，不管交易的是什么品种。

市场的机械性操作是简单明了的，你只要研究并熟记那些市场现象，即可应付自如。但在市场活动背后的行为方式，却不会那么明确，需要更多时间的研究才行。市场的活动，是由人所推动，而要了解人，要先从了解自己做起。因此，想在市场中百战百胜，不只要了解每个市场的专业领域及其操作方法，同时，还要致力于人类心理及行为模式的研究才行。

在市场中成功

每个市场都有其独特的专业方面，如果想了解某个特定市场的情况，以求操作顺遂，那么，就得研读许多相关资料才行。但是，千万不要以为知道这些专业知识，就能保证你在市场上一定会成功。很多交易者对市场的状况都算行家级，但还是照样亏钱。相反地，有些交易者对市场所知不多，尽管有这么严重的缺陷，却仍然赚了大钱。我们还可以更进一步说，了不了解那些推动市场活动的基本面因素，事实上，跟成功与否无关。

好几年前，我遇到一位芝加哥商品交易所的场内交易者，他让我明白了这一点。他的专长是美国国库券期货。我们在聊到一些市场上共同的兴趣后，我问他对美国长期利率走势有什么看法。结果他回答："什么是利率？"我很惊讶地问："你说什么是利率，是什么意思？"他解释说："我不知道什么是利率。我只知道利率跟国库券有些关系，不过到底是怎么一回事，我不清楚。"这真是难以置信，我说："要是你不知道什么是利率，也不了解利率跟国库券的关系，你要怎么做交易呢？"他说："很简单啊，我只要知道国库券（期货价格）每个跳动点代表二十五美元就够了。"

这个亲身经历，要是认真讨论，可以说上几个月。这个成功的场内交易者每天都要买进、卖出好几笔期货契约，但除了怎么买卖外，他什么也不知道。对于许多可以影响价格波动的基本面因素，他更是完全不懂，但是这种"信息真空"的状态，反而对这位场内交易者有好处。对于市场，他只要就他亲眼所见的来反应，而不必去理会那些常常是无谓干扰的外在因素。

我并不是说，深厚的市场知识及掌握许多影响因素，对于在市场上成功毫无助益。但是从我举的例子可以看出，交易者或投资者能够持续获利，显然还需要其他重要的特质。我这种说法，其实已经偏离股票和期货市场的"正统"了。但是对于那些众多交易者奉为圭臬的市场操作的机械方法、定义、基本面及种种经济学上的解释，我仍旧只是"有限度"地认可而已。关于交易和投资的技巧，已经有许多投资及交易方面的书籍可供参考，然而论及交易内在层面的好书，却是寥寥可数。

这本书的重点是放在大盈大亏之际，人类行为活动的内在与外在过程上。至于那些投资及交易的基本功夫，我假设各位都已一一学会了。我想说服各位的是，投资想要成功，不是花时间研究经济理论、市场供需或K线图，我以身为交易者的经验，加上我观察其他交易者的心得总结投资想要成功，应该要钻研的是人类心理学。如果能弄懂这一门大学问，不管你是一名投资者或者投机者，都能持续保持成功！

重点回顾

- 股票、期货和房地产市场，均以相同的基本经济原理运作。
- 知道怎么下单、市场名词和运作方式，以及认清所冒的风险，这样就足够你笑傲市场，大胜而小败了。
- 交易者只需具备市场本身的实战即可，就可以大赚小赔，当个常胜将军。
- 比前述三点更重要的是，交易者认识自己，持续探索自我的能力。如果想要成功，也许只要掌握构成市场的情绪因素就够了。
- 各位如果还未学会市场运作的基本功夫，得先打通这个关节，再来研究以下章节要讨论的心理学。

3　心理学与市场相似点及其差异

虽然本书不是心理学教科书，不过因为要从心理学的角度来观察市场，研究人类交易及投资的行为模式，因此有必要先对心理学上的概念、说法及历史发展有所了解。本章将针对心理运作及其机能，做一个概括论述，包括人类及非人类的心理运作。各位如果有兴趣深入了解，请参考书末所附的参考书目。

对于人类行为的研究，数千年来，科学家、神学家甚至神秘主义者，都提出许多高明的理论。他们提出各式各样的前提、假说，从迷信的占星术一直到科学的医学派，都有通过自己的一套方法所得出的结论，这些结论从恶魔附身、神灵附体，一直到自我决定论，数量浩若繁星。而其中能为大众所接受的、欢迎的理论，大概也只是刚好符合了那个时代的氛围而已。在某些社会中被视为怪异的作为，在其他社会里却可能是稀松平常、寻常之至。事实上，某些脱离常规的人类行为，其实仍然是社会的产物，并非凭空出现。很多病态心理行为，正是特定社会的特产。在这些病态行为中，有些根本从未被治疗过，也从未被命名，而是让时代自行将它们矫正过来。而为这些病态行为命名，则代表它已经在当时非常流行了。

人类生活经验与社会结构的错综互动，创造出更为复杂的人类行为。能够影响人类行为的因素，实在是太多了，有时候我们想去了解其背后的成因，是根本办不到的。但是在某个程度上，人类行为可说是一连串刺激的关联反应与互动结果。的确，心理学上的行为学派，就以

"刺激—回应"理论来研究人类行为。

今天,我们觉得人类行为很神秘,但远在欧洲的"黑暗时代",当时的人们就深感人类行为莫测难解,为了驱逐所谓"发自内心的恶魔",甚至发展出许多诡异而残忍的检验模式和驱逐方法,且沿用许久,甚至一直到文艺复兴的"启蒙时代"。尽管当时人类已经"启蒙",不再依靠巫术魔法,采用比较合乎人道、理性及逻辑的方法,但仍有"圆锯"法,(就是把头颅锯一个洞,好赶出恶魔)或者"放血"法存世,这些方法都注定是失败的。我们今天还是有些类似的情况,例如电休克疗法,让病人在电疗之后可以恢复正常的心理状态;或者胰岛素休克疗法,以过量的胰岛素引发病人短暂昏迷,以期发挥疗效。

心理治疗之所以会出现这些野蛮而残忍的疗法,仅缘于不了解人类行为的成因:对于什么事情会刺激出什么行为,或者什么事情会让行为持续,认识不足所致。如果我们可以了解行为是因何产生,也许在必要情况下,我们可以改变行为或控制行为。

经过许多年的尝试与错误(大都是错误),人类发展出人类行为学和庞大的知识体系,来解释人类行为,但误入歧途的状况仍然居多。有些心理理论,看起来挺合乎理性的,但据之而发展出来的治疗方法,却跟巫医的妖术一样,既没效果,又荒诞不经。事实上,也是直到近代,研究人员才知道他们研究的成果,顶多只能解释人类行为。这种近乎无知的情况,不允许我们据以预测或控制人类行为。关于人类心理和行为,同时也该有其必需的伦理考量,这使得状况更加复杂。

总的来说,了解人类心理的这条路已经走了几百年,但进展得非常缓慢而且困难重重。尽管其他的科学、技术已经快速发展,但是心理学及心理病理学仍停留在初级阶段。也许这是因为人类抗拒认清自己所致。认清真相通常带来痛苦,而大家都想避开这个痛苦。真相会制造紧张和痛苦,但无知却是快乐的。很多交易者及投资者正是如此。在了解自我的这条道路上,处处是障碍,而这些障碍并不是外在的,而是发自我们内心的。幸好,从1970年代以来,人类心理学就稳定发展,如今已经发展出更可靠的方法，来了解并改变人类的行为。

现代心理学基本上可以分成两个派别，这种情况就跟投资界分成技术派和基本面派一样。交易者和投资者根据个人的投资方法，基本上可归类为基本面派或技术派。当然，有些交易员的手法是属于混合型，但基本上仍不脱离基本面及技术面分析。接下来，我就比照这个方式说明心理学的两个派别。

在股票和期货市场中，基本面派将焦点放在经济指标的解读上，认为如此有助于预测价格的变动，或据以做出投资决定。基本面派会根据个别经济指标，或结合几个指标综合判断，做出买卖决策。所谓的基本面信息，包括作物收成量、天气、供需统计数字、经济预测值、利率走势等。还有，像是美联储会议政策、出口统计资料、作物耕作状况、家畜繁殖情况、房屋开工率、交叉汇率、政府经济建设计划和民间消费状况，也都会列入考虑。基本面分析的本质，是判断供需状况，再据以推测未来的价格走势。

基本面分析的目的，在推测股票或期货，在未来几天、几周、几个月或几年的价格走势。预测准不准，就看信息够不够、正不正确。不过，要维持准确度，还得看市场状况正不正常，当市场反应过度或异常之际，信息常遭扭曲，并产生不循常理的结果。

房地产投资者在运用基本面分析时，同样会碰上许多缺陷和潜在问题。也许有些新的基本面信息并未发挥其该有的影响力，有些则或许未充分曝光，或者有些资料根本就是错的，或被错误解读了。

相反地，技术分析派只根据机械性及数学性的法则，来判断行情。技术分析不需需要关心什么经济状况、供给、需求、农作物产量、企业盈余或天气，只研究价格趋势图、数学指标、移动平均线、统计循环指标等。就算是用占星术来做股票，一样是根据某种特定准则来决定买卖，所以也算技术分析。在这个范围内，技术分析用一些价格数值来运算，即可据以定出买卖决策，不需要其他的信息。其中有一类是图形分析派，他们是看价格趋势线形在做买卖，不愿浪费时间研究基本面消息，认为基本面分析是越搞越乱。

我认为技术分析派具有相当的优势。这种方法比较客观，可以以"机械式"地做出投资决策，而且其依据的资料数值及运算结果都是正确的，例如价格、交易量、未平仓量，以及衍生出来的其他指标等。不过也有缺点，就是交易者完全不会考虑对行情影响甚大的某些重大事件。但是，对技术分析派来说，可能反而是个优点，因为如此一来，正好排除了难以量化估算的基本面影响。

最后要说的是，这两种分析方式管不管用，似乎也不是因为方法本身，终归还是在于使用的交易者身上。事实上，不管是技术分析的交易指标，或者是基本面的经济预测，即使表面看来很客观，但最后结论还是得靠人来诠释。

还有些人用的方法，毫无道理可言，也不知该归到哪一派。同一则消息，或者同一个指标，今天可以是买进，明天却变成卖空。不管怎么看都看不出道理来，凭的只是感觉而已。这类型的多属场内交易者，不过他们对这种直觉猜测的技巧用得还不差。

从对这些投资理论派别的观察中，我发现两件事：第一，绝大多数的交易者根本没有所谓的交易系统，不管是技术派还是基本面派；第二，运用感觉的交易者，不管是成功还是失败，他们所依靠的其实还是个人心理衍生出的交易纪律。

预测行情的学问，到现在，还是襁褓中的婴儿的水平。事实上，够不够格称得上是一门"学问"仍大有疑义。有些人及研究机构已经发展出相当复杂的计量经济模型，来协助预测经济。他们认为利用电脑的强大运算能力，可以预测经济形势，这方面的技术如今也用在股票和期货市场。不过在本质上，这仍然是一种基本面分析方法，还是需要某种诠释和解读。虽然最近在这方面大有进展，但在经济预测的方法上，至今仍属初始阶段，未来我们还有很多要学习的。这种情况跟心理学差不多，事实上，心理学家和精神科医生，在所谓流派上的分布情况，跟投资者的基本面派和技术派差不多。

在任何学术领域中，往往并存着许多种思潮派别，这些流派可以归类出两个极端，在这两个极端之间，又分布着大大小小的衍生、折中和变形。从宗教到政治，基本上都可以套入这个模式。投资学也是如此。基本分析和技术分析各占一端，中间又包含着各式各样的变化，各有亲疏。心理学家和精神科医生的情况也一样，一端是传统的弗洛伊德学派，另一端则是行为学派。

传统心理学家就好比是基本面派，以人类行为的潜在原因为研究主题，这一派所关心的是：

- 人为什么会以某种方式行动？
- 引发行为的潜在因素为何？这种心理上的骚动是什么？
- 我们要怎么利用个人过往的生活经验来帮助他？
- 以某种方式刺激人类行为的到底是什么？
- 刺激行为的矛盾、欲望及其发展的是什么？
- 刺激某项行为的潜意识过程是什么？

这些问题的问法，跟投资界的基本面派很像。基本分析想要了解的就是价格因何而涨跌，造成行情波动的潜在原因为何，传统的基本面分析者则类似传统派心理学家。

另一方面，行为心理学只研究明显而清楚的行为，比较关心的是：

- 某种行为出现的频率是多少？
- 在什么事件中会出现这个行为？
- 该行为的前后，发生了什么事？
- 该行为是否可以通过操控环境因素来改变它？
- 以某个特定方法来改变行为，要花多久时间？
- 目前的这个行为，已经出现多久了？

为了回答这些问题，行为主义者使用相当"技术"性的方法。他们感兴趣的是特定倾向的侦测、频率计算等操作技术的应用。这跟侦测趋势，以特定运算方法来研究行情的技术分析派很像。虽然技术分析派不可能改变市场行为，但它所关注的重点在于外在明显可见的征兆，而非内在的潜在因素。基本面派和传统派心理学关心的是潜在因素，技术派和行为主义者只注意明显可见的因素。

传统精神病理学及心理学

传统精神病理学的创立者是布罗伊尔及弗洛伊德。十九世纪末，这两人在维也纳开业行医。二十世纪初，弗洛伊德发展出一套理论，研究童年经验，并假设了多种心灵结构来解读人类行为。他认为大部分的行为，都有其潜意识的冲动和促发过程。当然，弗洛伊德理论博大精深，非常难以理解，想三言两语交代过去是办不到的。弗洛伊德及其追随者都认为，大部分的行为是源自内在心理机制的互动。

要理解心理运动过程和行为，梦及其象征是弗洛伊德理论常用的工具。弗派的学者曾制作一份非常详尽的象征意义对照表，将这种解读理论化，精神病理学家可据以确认某些人行为的真正原因。弗洛伊德理论认为通过跟病人对话，以及包括催眠等许多方法，可让病人认清其行为与潜在欲望和压抑之间的关系。而只要妥善地使用这套方法，困扰病人的怪诞行为均可被治好。这个方法就是"精神分析"。

精神分析及精神病理学的研究与发展，是经过了多年艰苦卓绝的努力才有如今的成就，不过，我们不是在读心理学理论史，不需对此长篇大论。各位要是对这方面有兴趣，可参阅书后的参考书目。我在此以很短的篇幅，谈这些心理学，只是想让读者有个基本概念，好进行我们的主题：投资者与交易者心理学。

弗洛伊德精神病理学派的出现，激发出许多不同的理论观念。不过，在某个程度上，不管是阿德勒学派，还是荣格学派或兰克学派，都是从弗洛伊德精神分析的弗洛伊德基本观念出发的变形。这几个本属同根生的心理学派，如今也都有追随者，不过一般而言，它们也被分成弗洛伊德学派与非弗洛伊德学派。弗派理论的精髓在于行为的"潜在原因"，这个方式跟投机与投资用的基本面分析差不多，均认为市场波动都有个特定的原因。

行情会涨，是因为：供给太少，需求太大，作物收成不佳，或者天候状况太糟。价格跌了，则是因为：丰收了，出口需求降低，盈余减少，或者销售状况不佳等。病人出现焦虑，可能是因为童年时的心理创伤；害怕权威，则源自他害怕自己的父亲，而害怕父亲是因为他对母亲抱有性欲望，这份罪恶感使他害怕受到父亲的惩罚。弗洛伊德学派要研究人类心理，基本面派要了解市场行情，都是从探索潜在因素或所谓的基本面着手。不仅如此，两者的优缺点也很相似。

弗洛伊德心理学是采取"医疗模式"来做治疗和分析，就像治疗生理疾病的医生一样。

生理疾病的医生会找出致病原因，消灭病菌或割除坏死的脏腑器官；心理治疗师则是发掘不当行为的"病因"以便于"矫正"病人。因为这是非常专业的技能，所以所有心理治疗师都必须接受医疗训练。这种基本概念，在行为失调的治疗中也可以看到。现代医学对于医药治疗的依赖，源自药品可以改变疾病或器官功能问题病因的信念。病因必然是在病体之中，如病体中有病因存在，也许靠药物就能医治，因此西方人大量使用镇定剂及安眠药。而"医疗模式"正是从这种医疗方式中产生的。

尽管医疗模式在医药治疗方面取得了重大进展，但自1980年以来，这种传统做法开始引发疑虑。有很多种疾病其实是源自基因遗传或心理因素，包括紧张、沮丧和一些消极想法，都可能降低免疫系统的功能。有些理论认为，心理因素可能导致癌症恶化。也有人指出，心理状况可以强化或减弱医药效果。对于外在行为、遗传基因、环境及疾病医疗等等的相互关系，我们要学习的还很多。

行为心理学

与弗洛伊德学派相对的,就是所谓的行为心理学,开山祖师是华森、斯金纳、桑代克。我不想用大段的篇幅来介绍这些人的理论,我只想让你们知道,行为心理学只注意可见的症候,而不关注医药派会检视的诸如罪恶感、潜意识活动、性幻想等这些原因。从基础理论而下,行为理论也衍生出许多派别。

行为理论模式

非常简单,本质上,它假设环境对生物体会产生影响或刺激,而生物体再据以反应。根据生物体反应的结果,行为可变成习惯性行为或者完全被制止。如果某种行为可带来满意的结果,生物体就会重复前项行为;如果原来的行为并不能带来满意的结果,自然会引发新的行为。简单来说,行为是否持续,视其后果而定。

行为派心理学,跟市场上的技术分析派颇为相近。我们之前曾经提过,纯粹的技术分析派,只注意市场上可见的行情线索和征兆。投资只根据信号的出现,而非种种潜在因素做决策。表3-1为心理学及市场上两派各据一方的情况。

表3-1 基本面分析派—技术分析派类比

介绍完投资学及心理学的简单背景,我们再来检视心理学与投机的相关问题。在心理学的领域里,有许多不同的学派,有人一辈子钻研好几项理论,有些则是在两大阵营中择其一而安。由于这门学问博大精深，所以未来我在应用、讨论时，只会挑选出对我们后边论述有帮助的话题。各位如果之前就对心理学有些了解，那是最好，如果只是刚刚获得一些概念，那也无妨。我刚才所做的介绍，已足够各位理解本书的说法，并从中获益。

我主要的论点是放在那些可以帮助我们成功投资的概念和理论，以下章节我准备这么进行：首先，我会介绍多种实用的心理学方法；然后，从心理学角度解释投资者行为的心理机制；最后，我会提出一个总结，说明如何运用心理学及精神病理学的实用方法，让各位在投资及投机上获取最大效益。

重点回顾

为什么要研究心理学与投资的关系？就拿我个人举例好了：

- 我太自大、太自负、太骄傲、太不切实际。
- 对于市场本身、价格行为及市场活动模式我所知甚少。
- 以上二者相加我必败无疑。

这样的失败模式，与许多交易员犯了同样的毛病，对于第二点，我们可以找到很多解决的办法，例如：参加投资交易课程，研读相关书籍，或者累计实盘经验也有效果，但是关于第一点呢？光靠市场投资经验，还是无法改变个人态度，唯有认识自己，了解自己，才是成功的关键。在阻止我们自己犯错前，有一件事更加重要，更加困难，那就是怎样知道自己正在犯错。

4 精神分析理论：
童年经验是否会影响行为？

　　传统派的心理学家和精神病理学家一致认为，许多行为有其潜意识成因，依其理论，人的心灵可分为三个部分：本我、自我和超我。我们日常生活中，行为的最终主宰者就是这种一分为三的结构在运作。婴儿刚出生时，只有吃和排泄的基本需求，他们观看世界的方式都和身体的孔洞有关。在婴儿出生后的第一年内，嘴巴的活动是整个需求状态的简化，也是满足感的来源。口腔满足感会逐渐扩展到其他相关活动，例如：咬、啃、舔、吃、尝，等等。婴儿对于世界的经验，就是从口腔开始的。这个第一年，称为本我冲动。

　　本我冲动基本上是动物性和人体机能中最基本的需求。由此出发，而产生侵略、占有、激烈的情感和情绪，以及潜伏的性冲动表现。恐惧和贪婪也是一种本我冲动。本我冲动带有非理性及被动的性质，因此可能不受逻辑或理智思考所约束，引起不计后果的盲目行动。社会化过程就是人类控制本我冲动，使我们的行为适时而合宜，行为是否合宜是由社会来决定。

　　婴儿人格发展第二个重要时期是控制括约肌。婴儿在很小的时候，谁也不会去强制他如何大小便。但是当年纪渐长，父母亲就会要求他控制自己。其所代表的意义是婴儿与父母第一次的斗争角力，亦即婴儿与外在世界的第一次斗争，这也是婴儿和威权的首次面对面接触。

　　弗洛伊德认为，所有跟排泄有关的活动，都是由快乐原则出发，弗洛伊德理论的中心主题，就是这个"快乐原则"。婴儿之所以会这样做，或者那样做，是因为这些行为可以带来快乐。不论这个快乐是伴随着排泄活动而来，或来自对父母的某些操控，都是个快乐的活动。如果弗洛伊德的理论是正确的，那么我们许多人格特质，是在如厕的训练期所形成的。

紧跟着，父母亲与婴儿在马桶训练上的角力之后，婴儿会把兴趣从直肠转移到性器官。出于好奇心，婴儿会玩弄这些部位。这对婴儿的意义，不只是带来快感，同时也让他分辨出性别。

婴儿早期人格发展的重点在于：

- 婴儿根据快乐原则来行动。
- 这些早期经验，即使没有全部遗忘，要回想起来也很困难。在弗洛伊德理论中，"幼年失忆"原则是关键。因为我们无法记起幼年时代的重要经验，所以无法彻底了解造成我们行动或刺激我们行动的所有因素。
- 婴儿与父母的冲突，预示着日后个人与社会以及其他人的冲突。

阉割情结／伊底帕斯情结

这两个概念也是弗洛伊德理论的基础。据弗洛伊德的说法，儿童在某一段时期会害怕父母以阉割作为惩罚。这是因为儿子对妈妈或女儿对爸爸抱持性幻想，导致儿童产生罪恶感。

弗洛伊德的这个说法，始终争议不断。他认为，"阉割情结"是所有儿童在某个成长期的共同经验。不过，很多社会学家反对这个说法，认为并不是所有儿童都有这个经验，有些权威的心理学家、精神病理学家也表示，只有极少数的儿童真正有过阉割焦虑的经验。

有些社会学家则搜集到相当多的资料，涵盖各个文化和区域，认为阉割恐惧只是单一文化现象，并非放诸四海皆准。不过，弗洛伊德学派认为，阉割情结深埋在潜意识的深处，是不可能回忆起来，也无从证明其不存在。这样针锋相对的争议，至今尚无定论。

在婴儿最初的人格发展阶段之后，其早期的本能生活会转化进入"潜伏期"。弗洛伊德认为这个潜伏就是"防卫机制"发展的阶段之一。想要理解精神分析理论，就得先搞懂各种不同的防卫机制。这种复杂而精巧的防卫心理、态度及行为，是为了保护自己，逃避太痛苦或太具威胁性的儿时记忆及经验。防卫机制让个人从真实情况中抽离出来，可根据其运作程度来判断它是否恰当。有些防卫机制让我们得以免除某些旧时心理痛苦的折磨，这是可以接受的。但也有防卫过当的情形，对当事人造成更多痛苦，并表现出功能精神变态等心理病症。弗洛伊德曾说明多种防卫机制，下面会简单介绍。不过，要透彻了解交易者的行为时，防卫机制是重要的认知基础，所以未来我说明交易者的行为及心理是如何养成时，还会进一步解释。

升华

这个名词代表幼年时期冲动转化为社会上可接受行为的过程。弗洛伊德及其追随者认为那些不能被接受的幼儿行为，例如吸吮拇指、涂抹或隐藏排泄物等，都会在成人时期转化成为可被接受的模式。例如，隐藏排泄物的行为，会升华为集邮、储存金钱及其他跟压抑、搜集有关的行为。

个人是否具备如此的升华能力，能否以社会可以接受的方式表现出来，将关系到本我冲动会否影响成为个人的社会成就，进而影响到个人生活、职场表现及人际关系的成败。足球运动员和杀人凶手的重大差异，即在于侵略需求的升华能力。完成升华的足球运动员为社会大众所接受，赢得财富和声誉，反之则难逃牢狱之灾。

- 压抑：表示幼年经验的"遗忘"过程。"压抑"可以应用在任何创伤事件上，对于极为痛苦的经验，我们都有压抑或将之推入潜意识的倾向。压抑并不是一个有意识的过程，它似乎都发生在我们完全没有主观上发现的情况下。
- 抑制：对于负面经验有意地压抑行为，称之为抑制。这是有意识地要把经验从记忆中排出，跟潜意识的压抑不同。
- 退化：在紧张和压力下，有些人会退化成儿童行为，例如有些精神病患会涂抹排泄物，把自己弄得脏兮兮的，或者随地小便。有些则出现童言稚语或其他幼童行为。老年人常有退回儿童行为的现象，希望他人像照顾小孩一般来照料他们。
- 逆反：有些人对于某些状况或行为极端厌恶，会出现逆反行为。根据精神分析理论，这种非常强烈的反应，根源于儿时的相同经验，只是因为"幼年失忆"，使得行为人不复记忆。但是该项行为引发行为人强烈反感，而故意做出与之相对立的行为。
- 合理化：某些例子显示，有些人会"精巧"地防卫自我，合理化自己的行为，用看似合理的理由来保护自己。这种人认为，一旦使用合乎逻辑、合于常识的理由来解释，某些问题即可迎刃而解。例如，老烟枪可能会这么说："死于肺癌或心脏病的人，不一定抽烟，吸烟者也不见得会死于肺癌或心脏病，所以吸烟不是不良的习惯。"

要将某事合理化有很多种方法，这也正是投机人士及投资者最常使用的防卫机制。因为"合理化"看来是个合乎理性的过程，因此让人很难察觉。合理化防卫都会有个坚实的根据，所以既难察觉，也很难反驳。

这里提到的几种防卫机制，都是未来章节会用到的。

精神分析理论与心理治疗

弗洛伊德理论的应用同样是治疗。精神分析治疗的目的，是要通过内视，让人卸下防卫机制。所谓内视，包括以言语表述冲突，并确认其儿时根源及之后的改变。弗洛伊德理论认为，一旦原先被多种防卫机能所庇护的内在冲突能够浮出表面，加以讨论，就会带来改变契机，情绪障碍即可治愈。

至于治疗的方法，根据不同的精神治疗师及精神分析流派的差异，也分成许多种，不过简而言之，就是治疗师必须能够激发病人，让他产生移情作用。移情作用是指病人最初对父亲或母亲所感受的情绪、情感、态度及冲突，移转到治疗师身上。此时，治疗师替代病人的父亲或母亲，让病人在比较不具威胁的环境中，用言语表述其情感状态。

如同我先前说的，弗洛伊德理论特别是在性心理发展方面，一直遭到许多心理学家及精神病理学家的强烈批评。以如今科学挂帅的时代而言，弗洛伊德的著作中缺乏坚实的论证，当然会引发许多争议。而且，就当今标准来看，弗洛伊德的观念也许还有很严重的性别歧视！然而，任何理论的真正考验，不论其是否有科学论证，就是要能经得起时间的考验。事实证明，不管是什么原因，弗洛伊德理论总算是流传下来了。而且，在一些临床治疗上，也的确成功了。

在现代的精神分析理论中，弗洛伊德理论也出现许多修正，并为弗洛伊德著作提供诸多科学论证。虽然这些经验论证并未涵盖弗洛伊德所有理论，不过我们知道至少弗洛伊德论及治疗师与病人的关系所言不虚。这个治疗师与病人的关系，对所有弗洛伊德理论是非常重要的。"移情"作用让病人可以跟治疗师模拟他与父母的互动与冲突，治疗师则得以充分了解病人感受到的冲突，帮助他进行内视，更有助于心理机能的重建，减少病态的行为。

在弗洛伊德原先提出的种种理论中，最不易理解，也最不易被接受的，就是他宣称的男童因为爱恋母亲而怀有罪恶感所造成的阉割焦虑。这个焦虑的来源很容易理解。男童依恋妈妈，毕竟他们是很亲密的关系。但是这层依恋，让男童意识或潜意识地害怕受到父亲施以阉割惩罚，各位不一定能接受这个理论，不过就象征意义而言倒是不难理解。

有很多人在功成名就之际，反而不知如何自处，这是因为成功的事实让他们感受到儿时对父亲的恐惧。这种恐惧感源于年纪很小的时候，成人之后则隐藏于潜意识中。因此，成功的男性投资者或交易者可能会在不知不觉中，由于早期的童年经历，害怕将失去他所获得的一切。对许多人来说，物质财富的损失是能力被削弱的表现，因此，在无意识的层面上，被表达为阉割焦虑。在完成一项非常高利润的交易或投资后，有些人觉得"一切都是遥不可及"。这种感觉通常是非常具体的。他们可能担心收税的家伙会找上门来，厄运降临，或者如果他们不停止交易，他将失去所有。这些神经质的恐惧，在精神分析方面，是阉割焦虑的表现。

个体，自我和超我

如前所述，精神分析理论的一个中心特征是它的思想三层分裂。个体是弗洛伊德用来描述三方面中"最低等"的术语。在个体里面居住所有动物，都是被本能所驱动，冲动而幼稚的，且仅以快乐为原则。个体这个等级的人只寻求自我满足和避免痛苦，完全不顾社会的规则。我们需要寻求一些控制个体等级中冲动和驱动力的机制，这个控制机制在潜伏期期间发展并且反射独裁的态度。它（独裁的态度）本质上是一个内在的父母的声音。超我是最发达的机制，它是所有其他驱动的规则，反映了个人的社会和自我的努力。道德和社会价值来自超我。在有意识的生活中，个体、自我和超我表达的各种方式是精神分析研究和治疗的实质。如果我们学会识别驱动力的来源，我们就能学到很多关于我们自己的知识。投机中的恐惧和贪婪往往是在个体层面。个体层面的冲动可能会让我们得到我们想要的东西，但伴随着这些"愿望"的实现，内在危险却被忽略了。稍后将详细讨论此问题。

梦的解析

弗洛伊德认为，梦代表了一个象征性的行动，通常反映了个体冲动和冲突。通常，梦是不被理解的，因为他们是由无意识伪装，使我们无法理解它们真正的、令人害怕的意义。在治疗过程中，分析人员利用病人的梦来产生联想，这是获得洞察力的一个关键。有许多对梦的解释。新弗洛伊德主义认为，梦并不像弗洛伊德相信的那样重要。其他人把梦想看成是解决问题的技术。在任何情况下，梦可以告诉我们很多关于我们的真实感受。对于一些没有意识到自己的感受、冲动和期望的人来说，理解他们的梦可以提供有价值的见解。这也将在后面的章节中讨论。大致了解传统的精神分析理论的这些基本方面，不代表你有资格去实践心理学研究，但是这个背景将允许你理解下面我要讲的内容。那些从未接触过这些想法的人可能会被启发，去做一些灵魂的探索和自我评价。（你可以看一下我推荐的参考书目。）你可能很难想象弗洛伊德原理是如何适用于市场的。在进入下一个主要的主题，也就是学习理论的基础前，我想给你看一个例子，说明弗洛伊德分析的关键方面之一。

遗忘，被认为是正常的、每天都在发生的事情，但是根据经典的精神分析理论，这可不仅仅是一个随机事件。一个人忘记了，因为他或她不想记住。回想以前关于抑制和压抑的讨论。这两个机制主要负责遗忘。想想交易者"忘记"在足够的时间内放置订单使得没有成交的情况。这个交易者真的忘记了吗？根据传统的弗洛伊德的解释，没有一个强有力的例子，事实上，就是没有。这种情况很可能就是潜意识不想成交！由于没有"遗忘"的分析理论，"不要记住"的行为在治疗情境中具有深刻的象征意义。

偶尔遗忘没什么不合理的，但反复忘记的人却揭示了猫型人格，动机、欲望和无意识过程中的一些非常重要的方面。我记得有个交易者经常"放错"他的交易。（"我明明是这样想的，但是我下单的时候搞错了！"）他只保留他的立场的精神笔记。他经常"忘记"了一个交易，当他被提醒时，他的损失已经累积了很多。他开发了一个记录保持系统（他本来应该拥有的）来纠正这个问题。没多久系统就不见了，他"忘了"他的记录本放在哪里。这很快成为一种习惯，他意识到新的系统将无法工作，有人建议他的经纪人每天告诉他仓位情况。这种方法取得了立竿见影的效果，但不幸的是，这个方法也很短命，似乎我们任性的朋友发现越来越难记住他的经纪人的电话号码！

对你们许多人来说，这听起来是不可能的。但是对于那些受这种情感问题折磨的人来说，痛苦是非常真实的，有很多人遭受着明显的、更具破坏性的症状。如何处理这样的问题？"遗忘"是什么意思？根据精神分析实践，最有可能的是一个不同的答案，每个个体，取决于他或她的历史。在这种情况下，习惯性的"遗忘者"很清楚地告诉我们，（1）他对自己的交易感到焦虑，因此选择忘记他们，以避免恐惧或焦虑。（2）他在不知不觉中创造了一种，最终会给他带来足够大的损失，最终让他完全离开市场的局面。两个结果都证实了无意识的失败愿望。

这里有一个简单而深刻的例子，说明了如何用传统的弗洛伊德方法来解释看似无辜的行为。交易员每天展示的许多行为都能提供有用的洞察力。通过使用洞察力，治疗师可以帮助你克服这些财务方面，甚至更严重方面的问题。精神分析定向治疗的三目标是正视问题，解释其意义，并以积极的方式进行重组。

刚才介绍的解释材料是对一个复杂而广阔研究领域的一个简单概述。第5章还提供了一个关于心理理论和实践的高度概括，它涵盖了交易者行为动态的一个方面。其目的是为你建立一个初步进入交易者的头脑和行为的基础，并制定一个整体框架，以建立对随后章节的理解。

重点回顾

- 弗洛伊德是精神分析导向的心理治疗的创始人。
- 这种人类心理的观点对儿童早期的经历有很大的影响,并解释了当前人格与这种经验的关系。
- "快乐原则"是弗洛伊德理论的中心特征,会随着心理发展和防卫机制的发展而升华。
- 发展是通过各个阶段进行的,具体的冲突是每个阶段的特点。
- 在生活的最初几年之后,人类大多数早期的童年经历都被遗忘了。
- 个体、自我和超我发展为有意识的控制机制。
- 梦在心理治疗中被赋予了重要的作用。
- 洞察力的获得,冲突和感觉的释放,移情都是传统治疗的目标。
- 对于传统的分析概念缺乏实验和科学验证,存在着相当大的争议。很难用科学客观的方法来检验弗洛伊德的理论。

5　学习理论：刺激-反应模式？

据说，吉普卜人只用一个简单的训练，就可以让熊跟着配乐起舞。被拴住的熊站在烤得火热的板子上，不断扭动以纾解痛苦，吉卜赛人则在一旁奏乐。如此，音乐即成为一个刺激。有了这个经验之后，乐声即可唤起熊脚的动作，看来像是在跳舞。

引自本杰明·沃尔曼的《心理学手册》

学习理论基础篇

心理学中的"技术分析派"是行为理论派，行为理论派正好跟精神分析派分踞两个极端，遥遥对立。不过，行为理论派的说法也引起相当多的争议，我会尽量以不偏不倚的态度，为各位介绍行为理论派的诸多观点和探讨主题。不过，本章的内容也许还是会或多或少带有我对于行为学派的学习感悟。

行为理论可以回溯到俄罗斯心理学家巴甫洛夫，他所提出的狗流口水的条件反射，大概是最为读者熟悉的。但他在行为理论方面的诸多建树，恐怕一般人所知不多。巴甫洛夫在1920年代提出许多实验证明，动物行为可以解除反射，使它和原来的反应分离。他的实验非常简单，简单到让人不太相信。他先做一个小手术，把一根小管子插入狗的唾液腺里面，当狗分泌口水时，口水会沿着管子滴到收集杯中。接着，他给狗闻生肉，肉出现之后几秒再摇铃响。那个最著名的实验是这样的：先听到铃响，再出现肉，然后狗就流口水。如此反复几次，铃铛响后，肉不现，狗光听到铃响，就会流口水。在这个实验中，口水分泌经过检测，光听到铃响的刺激，没看到肉时，狗的口水分泌会越来越少，此情况称为"消失"。从很多方面来看，"消失"过程跟"遗忘"相似。利用肉的香味，将铃铛和流口水反应联结起来，这种方式成为"条件反射"。不管是人还是动物，都能利用条件反射，以简洁条件，刺激出相同的动作。

巴甫洛夫的实验，标志着心理学中行为革命的开始。他的理论和实验，事实上是相当复杂的，我们无法在此详细讨论。如果各位有兴趣深入了解，我推荐阅读他的专著《条件反射》。

与巴甫洛夫同一时期，美国心理学家桑代克则致力研究人类及动物的智能。另一位美国心理学家华森，在研究人类情感时，所应用的实验和理论，则类似巴甫洛夫那一套。华森的研究成果很重要，不只是因为他完整地呈现人类学习的过程，其理论也彻底脱离了传统心理学的研究、理解方法。

华森对于人类学习课题的研究，提出人类和动物的学习过程是没有明显区别的理论，这一点应该是最骇人听闻的。更不客气的是，他根本不理会传统心理学家奉为圭臬的潜意识和探索心灵深处的内视法则。华森在1913年时写道：

行为主义者认为心理学也是自然科学的一支，它绝对可以客观地做实验来证明，其理论目标在于预测及控制行为。在行为理论的方法中，内视法并不重要，而且由解读潜意识所得到的资料，也毫无科学价值。行为主义者致力探索动物反应的单一架构，在此，人与兽是没有明显区别的。我们认为，所谓人的行为与动物的行为，是在同一个水平上，而且对于行为的了解，也都是一样的重要。

对于其他理论的问题，华森认为是因为这些理论不是科学，不够客观，根本不可能做到前后一致，因此无法成功加以应用。六年后华森又写道：

如果把心理学当作是意识的科学，我们什么资料也找不到。读者会发现，我们不讨论意识，也不谈什么知觉、感受、注意、想象、意志等。老实说，我根本不晓得这些词是什么意思，也想不出谁可以前后一致地使用它们。

从很多方面来看，华森所采取的立场，就跟投资市场中的技术分析师一样，华森希望通过资料解读、可预测人类及动物的行为，而技术分析师也是运用资料以探知商品价格及行情走势。当然，基本面派也运用资料进行分析，可是技巧及所得的结论大相径庭。基本面派所注意的那些未知性，跟所谓内视法获得的意识一样，都会被华森所拒绝，因为这些概念同样有不可知的成分，好比技术分析派排斥基本分析运用的某些信息一般。

在与琼斯合作的经典实验中，华森论证了条件反射在人类行为中的重要角色。华森利用小孩害怕巨大声音的恐惧，将之应用到一只兔子上。实验中，导入巨大声音，让小孩感到害怕，而在制造声响的同时，也给小孩看到一只兔子。反复几次之后，不必有巨大的声响，光靠兔子就能让小孩哇哇大哭了，这个实验称为"条件恐惧反应"。

华森还发现，只要是毛茸茸像兔子的东西，都会让小孩哭泣。相似度越接近兔子，恐惧反应也就越明确，这种情况叫作"刺激一般化"。即使没有巨大声音的威吓，也能让小孩大哭，换言之，小孩等于已经被教会要对某项东西产生哭泣的反应，这个实验的确是个真正的突破。华森以明确的科学方式，论证其理论的有效性。许多行为就是经由刺激、反应和结果三个阶段而学会的。这个想法看似简单，却是革命性的创举。华森这项令人敬畏的发现，至今已超过五十年，可是很多美国教育

人员却还意识不到华森的重要性。

华森针对生物机能及条件反射做了许多研究,他认为通过条件或教导,人类几乎可以学会任何行为。同时在人类行为的了解和解读方面,弗洛伊德理论所主张的什么内在、潜意识,没什么用处,甚至是毫无用处。华森利用严谨而扼要的实验来支持他的理论,增加了许多可信度。有鉴于弗洛伊德学派缺乏实证资料来支持自己的方法和信念,华森及其他行为主义者都努力地做实验,搜集许多客观资料,以支持自己的理论。不过,在行为主义的学习理论方面,华森只是诸多贡献者之一。

当代行为理论之所以举足轻重,还要归功于斯金纳。斯金纳利用动物实验,发展出统一的行为理论概念。他的实验不只客观、具备科学性,而且严谨又富新意。最后,斯金纳的理论导引出行为理论治疗方法,也就是根据行为主义实验所得原则来进行心理治疗。包括托曼、古特利、胡尔、莱曼及沃培等人,都在行为主义的理论及临床治疗上极有建树。

学习的行为法则

简单来说,学习的行为法则如下:

外在环境对生物发生作用,使得该生物对外在刺激产生反应。反应带来结果,而结果的正面或负面效果,将决定这项反应的未来。如果结果是快乐的,这项反应很可能就会再发生,如果带来的是痛苦,也许日后出现的概率就会降低。

图5-1是人类学习的基本模式。如果详述每个元素,几乎可以解释及证明任何人类学习的活动。利用这个学习基本模式,即操控刺激、反应及结果等元素,我们可以教导,塑造或消除任何行为。学习理论同样也分成许多流派。当然也引起许多争议,反对者甚至视其为罪大

恶极！

环境 → 刺激 → 生物体 → 反应 → 结果

图 5-1 学习基本模式

斯金纳曾在实验中训练鸽子学会非常复杂的动作，其他的行为主义者运用相同的原理和方法，也训练许多不同的动物，如狗、黑猩猩、鸟等，学会各式各样的把戏，从类似生产线操作流程，到数字序列辨识，不一而足。像这样的训练，只要实验者想得出来，而被实验者在技能上可行，几乎就没有做不到极致的。

自从 1950 年代以来，行为主义治疗师和学习理论学家，即根据斯金纳原理，缓慢而扎实地发展出自己的一套临床治疗方法。这套治疗方法一直都很有效，也持续有所成就。对于一些原先认为是不可救药的行为或"心理"困扰，也可靠这套方法来治疗。由于方法的独特性及可靠性，加上很快就见到疗效，使得行为主义疗法获得越来越多的肯定。这套疗法从各方面来看，几乎都是由上边我们提到的简单学习基本模式演化出来的。

恳请诸位确实理解学习基本模式及行为学习理论的基本原则，因为后文在详细讨论行为法则及交易买卖时，我会广泛地使用到这些观念。

学习理论方法

以应用到投资市场的心理学而言，行为主义方法应该是最合适的。我之前已经说过，行为理论者认为，学习是大部分人类行为的基础。就我从事种种临床治疗的经验，我已经见识到行为主义方法的疗效，对之极为重视。以疗效及解释人类行为而言，行为主义方法可谓是当今最优秀的。而且，如果用行为主义法则来解释投机与投资，会变得很容易解释和理解，因此这个方法应该是最适用的。

此外，就现代心理科学而言，行为分析及疗法也是长期以来最有效的方法之一。不过也有批评者认为，行为主义方法肤浅、残忍、无效率，而且把生命当成机器。有些反对行为主义方法的人宣传，行为主义方法丝毫不留空间，让人进行反省、内视等心理活动。等我更详细地介绍行为主义方法论之后，我会谈谈这些批评。

行为主义学习理论的基本应用

行为主义学习理论的基本法则，即是强化法则。"可带来正面结果的行为，会一再重复"，这个原则说起来非常简单。学习理论基本模式也有许多衍生。

现在，我们来看看行为主义学习基本模式在投资及投机行为的应用。切记，在这个比较普遍化、宽泛的讨论中，我无意批判斯金纳的理论。如果要加以批判的话，以现在我们介绍的方式就太复杂了。我只是要让各位了解行为学习基本模式最重要的方法、主题和方向（如果想深入研究的话，请参阅书末参考书目）。

我们把交易者放进学习基本模式中（图5-2），跑一遍标准的交易买卖程序。我所谓的"标准"是指"理想状态"，不过我们也都明白，市场中很多状况都不是理想状态的。但我们如果能了解标准模式是如何运作，也应该可以类推其他类似情况是如何变化。

刺激	生物体	反应	结果
市场信息 指标 →	投机者 交易者 →	买、卖 或观望	赚/赔
#1	#2	#3	#4

图5-2 投资者学习基本模式

学习理论：刺激–反应模式？ 5

假设交易的操作过程很理性，以牢靠的技术分析或基本分析为基础，投机人士根据分析所得的市场指标进行反应。反应即是买进、卖出或者观望。然后，会出现一个结果：赚或赔。如果结果是赚钱了，那么交易者很可能会更相信这个指标，下次还是使用、相信它。如果这个指标值得信赖，那么照着做就能赚到更多钱。万一赔钱了呢？理论上，这个指标就会失去它的强化效果，对之而起的反应就会减少甚至消失。图5-2说明了这些情况。

生物体（在此即为投资者）受到刺激后作出反应，所得结果可正可负，即赚或赔。如果在不考虑其他条件的情况下，根据这个模式来看，只要所使用的交易方法证实有效，那么大多数交易者会乐于故技重施，也应该会有比较好的操作表现。

按照这个说法，有经验的投资者在累积了相当的经验后，应该会得到不错的成绩，因为那些导致投资失利的信号（刺激）会渐渐失去强化效果。不过，世上可没什么理想状况，也没有什么理想的市场。

从这个基本模式可以知道，成功的交易者之所以操作顺利，是因为他掌握了有效的信息；反观，失败的交易者除非能够改变其行为的刺激反应结果，否则很难翻身。

我们根据学习基本模式，来看看一些妨碍成功投资的要素。首先，来看第一部分（参考图5-2中的编号），根据市场活动情况求得买卖信号，看似简单，但市场活动分析有许多不同的方法，而信号的解读也有许多分歧。同样一个技术分析信号，不同的投资者会有不同的反应。举个例子，交易者用移动平均线来形成黄金期货的买卖指标，当三条移动平均线都反转向上，或者其中一条从下向上穿越另外两条时，即为买进信号。现在，黄金期货出现买进信号，则此时应该要买进。只有在买进是唯一的选择的情况下，这样才能成为有效学习，不管当时金价正处于高位，是否还会上涨等。

现在，这位交易者打开《华尔街日报》，报上头条刊登了许多不利黄金价格的消息。这时候，交易者处于两个交易系统的冲突之中，一方面是专家指出黄金价格会跌；另一方面，技术分析指标则显示会涨。他该怎么办呢？像这种无所适从的状况，我相信大家都会经常碰到。

　　结果可能有几个。假定他遵照指标买进黄金期货，而且每次遇到这种情况，他都能坚守技术分析的原则，这是最好的。如果最后是赚钱，那么这个行动就会成为证明有效的学习经验。他之所以赚到钱，是因为遵照交易系统，而且没被其他信息干扰。在使用技术分析时，这些信息是根本不应该考虑的。不管是新闻媒体、客户经理、投资顾问机构或哪个朋友传来的信息，我们这位交易者都不为所动，依照技术指标的要求来下单，这可不是简单可以办到的。像这种正面学习经验只需出现几次，交易者就能学到良好的操作习惯。

　　遗憾的是，大部分交易这个第一关都过不了。他们一开始的交易成绩，通常不是遵守交易系统来的，而是包含太多跟交易系统毫无关系的东西。因此，他们所使用的交易系统，不论好坏，根本没有机会在实战中加以验证。这个学习模式一开始就错了。学习过程的时间越长，受到的影响也越大，最后，甚至连要"忘掉"这个失败的学习也不可能了。以行为主义学习理论的术语来说，这时使之"消失"也不可能了。

　　假定这位交易者没有遵照交易系统，而是听信了旁门左道的信息，而交易系统又刚好不那么准确，他听来的消息反倒让他赚了钱，这下子可麻烦了。因为他不遵循交易系统反而躲过一劫，以后要改掉这个行为就难了。而且，因为是系统以外的信息让他赚到钱，所以，很可能这个系统再也没有验证的机会了。根据我先前提到的学习基本模式，交易者应该会重复有效的行为，即重复听信外部信息的行为。这样一来，交易系统在被验证管不管用之前，就已经被完全舍弃了。

　　再一种状况是，交易者依照交易系统所给的信号行事，结果却亏了钱，即依照信号却得到负面结果。但是，即使是这样，这个负面结果其实还是发挥了正面效果。经过几次反复测试，交易者将可以检验出这个交易系统在实战中到底管不管用。如果不能坚持依照交易系统的原则来做决策，就无法测知其功效如何。各位请参看表5-1的学习成果分析。

表 5-1 交易信号多种反应的结果分析

信号	反应	结果	评价
系统信号	遵照信号	亏损	正面学习
系统信号	遵照信号	盈利	正面学习
外界信号	未遵照信号	平手	正面学习
外界信号	遵照信号	亏损	正面学习
外界信号	遵照信号	盈利	错误学习

最后的关键，就是交易者的纪律。经验告诉我，大多数交易者之所以赔钱，不是因为交易系统不好，而是纪律问题，是因为他们不照着系统操作。除非你切实遵照系统要求来做买卖，不然什么灵丹妙方、什么技术分析或基本面分析，均无济于事。喜剧演员曼森说过一个笑话，令我印象深刻。

有一次，曼森在节目中说道，以前他可不像现在这么处之泰然。当时为了寻求情绪的稳定，他曾经找过心理医生。

医生做心理治疗时告诉他："现在，你要开始寻找真正的你。"

曼森回答："我如果不是真正的我，那我是谁？如果，我不是真正的我，也许，你就是那个真正的我。那我干吗付钱给你？或者，我是真正的你，你反倒该付钱给我才是。我会问问我朋友，他们都知道我是谁。"

当然，这是个笑话，不过跟我们现在的讨论很有关系。如果你想在交易系统、投资方法中找出真正的你，你就必须"成为"真正的你。而且你只能遵照交易系统的指示，来成为那个真正的你，尽全力坚守这个原则。事情就是这么简单，也是如此复杂。

在我们刚刚讨论到的多种反应中，更重要的问题，是部分强化或随机强化的情形。假设我们这位交易者只是部分遵照信号，有些没照着做，那么他就是选择性地使用交易系统。我们再假设，他有些买卖还是听从其他交易者、客户经理或投资顾问给的建议，如此一来，交易者所接受到的强化效果，是多方面的刺激，结果学习过程变得更加复杂，交易者不但从中得不到训练，而且也会陷于混乱。

输家多于赢家

做买卖可能赢一次就要输十次，只要继续在市场中交易，就一定会有亏钱的时候。现在想象一下，如果一个人不遵照交易系统的信号，从市场中得到许多部分强化效果，也用其他的信息做了许多买卖，当然就会变成一个混乱、沮丧的失败者。斯金纳曾毫不含糊地指出，部分或随机强化效果带来的行为是最难戒除的。他的实验证明，经由随机强化学习的行为将永远不会忘记或消失的，尽管生物体已经维持好几年的"良好"行为，还是很可能故态重发。

我刚刚说的这些，也许就是这本书中最重要的一部分。如果你能了解这些话，并且也努力弄懂了这个的内涵的话，那么，我的目标基本上就完成了。各位要谨记于心，错误的学习内容或方法会带来更多的谬误，而错误学习到了一定程度，就会堵住那条通往成功的道路。因此，对交易系统，切忌三心二意。否则，到时你终于发现走错了路，想改弦易辙，重新来过，会困难重重，处处险阻，这就是因为刚才提到的学习的本质，也是为什么输家常常还是输家，而赢家总是一帆风顺，而且越来越顺。

请反复阅读本章，确实把它搞懂，而且谨记于心。我告诉各位的所有内容中，就属这些最重要。而且我认为，各位所学到关于投资和交易的事情，这些知识也绝对是重中之重。

重点回顾

我们已经介绍了行为理论学习基本模式跟交易的关系，也结合市场信号及交易结果讨论了刺激与反应的关系。多种变量及不同的结果，也都一一做了举例讨论。部分强化效果，可能导致强化学习、有效学习或者造成损失。

另外，还有其他要点：

- 行为主义学习理论，可以用来了解，改变交易者及投资者的行为模式。
- 人类的学习基本模式，完全可以用斯金纳的学习基本模式及强化原理来解释。
- 学习过程的结果，会受到市场信号的互动和许多不一样的交易者作为所影响。
- 反应结果的正面强化效果会让交易者具备成功的行为模式；负面强化效果会让交易者长期受到失败的条件反射而成为彻底的失败者。
- 要利用好学习基本模式，不可受到外界各种信息的干扰，必须坚守单一的交易系统。
- 每一个反应都必须是针对交易系统而发，如此即能很快测知这套交易系统是否管用。
- 任何不是针对系统而发的反应，或者选择性地来操作交易系统，都会使结果的强化效果变得混乱。
- 根据对动物部分强化效果的研究，我们确知坚守单一交易系统是非常重要的。

6 反应阶段

"反应"总览

现在，我们来看看在行为过程中，还有哪些地方容易出纰漏。从出现市场信号到交易者做出反应，这段时间通常很短，但可能受到的影响和干扰，却是相当复杂。我们现在就一一加以检视，获得的结论可能相当宝贵。

学习基本模式中的第二个阶段是"反应"，假设我们这位交易者，在基本模式中即是生物体，已经接受到一个信号形式。再假设他的动作完全来自他所属的信号，而非其他外来的建议，这位交易者已经准备要反应了。在刺激（即市场信号）和反应（及交易者根据反应做出行动）之间，我们可以再加进一个恒定的因素。这个因素我们稍后会讨论。图6-1同样是在说明学习基本模式，可以看到这个恒定因素会影响交易者的反应。

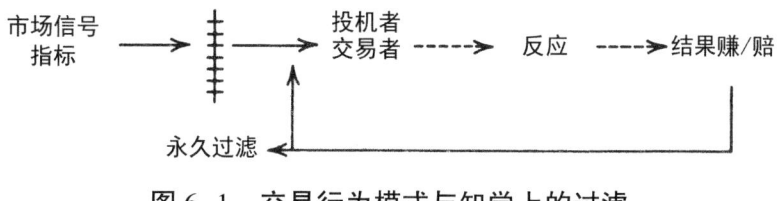

图 6-1 交易行为模式与知觉上的过滤

我们暂时假设认知因素不重要，换句话说，交易者接收的信息（信号），就跟它原先传送出来的完全一样。在接收的过程中，不会有错误认知的状况发生。不过事实上，这样的情况很少见。关于认知因素，我们以后会再详细讨论。

一旦接收到一个明确的信号，交易者会怎么做呢？大家可能都会问，这还能怎么做呢？明确的买进或卖出信号难道不该是明确的买进或卖出反应吗？事实上却并非如此，大多数交易者还是会因为许多干扰而不知所措。这里头仍有三种选择：买进、卖出或观望。

下面我们举个例子，来说明从做出买卖决定，到实际执行交易，还可能发生什么状况。

现在，交易者得到卖空牛期货的信号，他很正确地解读这个信号，然后打电话给客户经理下单。客户经理问他，"你确定要下单卖空吗？牛的饲养报告今天会公布，在公布之前，不要变动仓位比较好！""嗯，有道理"，交易者可能这么回答。于是他就没有开仓，保持观望。

结果的发展就像我们在前一章提到的一样，如果交易者因此而避开了一次亏损，那么他因为听从外来的情报而受益，这是个错误学习，极有可能带来长期的负面效果。严肃的交易者此时不该听信任何外来的信息，而应坚守其唯一交易系统所给予的信号。由这个例子可知，不管交易信号是买进还是卖出，都可能有阻碍学习过程的种种变量。

而对于明确的信号却采取观望态度，也会产生不良的学习过程。优柔寡断、迟疑不决，也是交易者及投机人士最大的敌人。迟疑，就等于输了！交易市场更是如此。这种优柔寡断的群体，稍后会详加描述，而它和日常生活中的神经质行为也大有关联。不做决定的好处，就是不必承担任何风险。因为没有决定、没有行动，其结果就不会是不好的。没下单就不会赔钱。因为没有下单，当然就没什么事情好焦虑，这个也会带来强化效果。但是，这种可以说没有明确反馈的结果，对于检验交易系统来说，毫无用处。从交易者的角度来看，也算不上是有效的学习。

在继续讨论之前，我想再强调一开始所提的，关于刺激及反应之间不同阶段的差异。先前我举的例子是，交易者在各类信息中无所适从，所以选择观望。现在这个例子中，交易者已经正确解读出信号，只是欠缺临门一脚，真正付诸行动。虽然这两种状况看似差不多，但第二种情况中，交易者的表现已经比第一种要强多了，因为他已经试着要以正确方式来反应。

在第一种情况中，交易者在正确解读信号之前，就已经受到外界噪音的干扰，而第二种情况，刺激已经引发正确意图，交易者打电话要下单了，但在最后时一刻受到了其他消息的干扰。对纯粹的行为主义者而言，就"反应"的部分来看，这两个情况是一样的。不管是一开始就茫然不知所措，或者到最后一刻才功亏一篑，总之都是没有反应，因此都一样。然而平心而论，这两个状况还是大有差别。第一种情况中的交易者表现更不理想，距离成功的正确道路更遥远；而第二种情况的交易者，至少已经到了做出决定的阶段，他已经拿起电话、打出去、表示要下单，只是没有坚持到底。从决策质量上来说，他已经是进步许多。要矫正两种状况，需要采取不同的方法。

我之所以要这么仔细的讨论，是为了让各位了解自己是处于哪一种情况。知道自己所处的位置，才能更好地解决问题。我看到过不少交易者，简直是浑浑噩噩，根本不知道自己哪里错了。之所以不厌其烦地做这些分析，是希望帮助各位确定自己的问题。如果你觉得我现在所说的，和你的状况全不匹配，那么就跳过这一章。但如果你心底有一丝怀疑，明明在行情分析上没什么错误，却还是常常赔钱，那么你该好好地阅读本章，找出症结所在。

再回来谈那两种情况。第一种情况中，交易者根本没有做出决策，该如何加以矫正，我们会在第 7 章介绍；第二种情况，问题不在决策过程，而是在最后的执行部分。这个问题，我们也在第 7 章讨论。

我们就学习基本模式讨论的任何情况，都可以应用到交易上。不管是止损单的使用，还是下单进入市场或退出市场以及其他操作，都可以套入学习基本模式来讨论。而每一种状况，都可以看作是行为中的一个反应。整个交易活动，可以拆开，如表6-1所示，整个过程基本上可分为三个步骤。表中的每个步骤，都有对应的结果，也需要明确的行动加以配合。我们可以把这三个步骤拆开来看，检视"行为"的零件。比方说，在步骤一中，必须坚守住交易系统，不管你是运用基本面分析、技术分析还是其他任何方法来做交易，都要先进入这个阶段。如果你没办法坚守交易系统，那就需要多费工夫来矫正。这个问题留待第7章再谈。

表6-1　交易过程的输入、输出及结果

步骤	输入	输出	有效结果
1. 坚守交易系统	资料	买、卖、观望	交易决策
2. 打电话给客户经理	信号	下单	进场或出场
3. 等待新信号	资料	买、卖、观望	交易决策

再论"反应"

检视任何活动的行为都相当简单，但是要把我们的观察转换成行动，就是一项重大的成就了。我们从小到大所接受的教育，从未接触过行为学的概念，对产生外在行为的内在因素知之甚少，这些内在因素太过压抑，所以很难直接被经验得到。从传统心理学的角度来看，这里大有玄机。不过，即使我们相信行为主义能够解释人类行为，也不见得就要拒绝传统心理学的说法。行为主义及传统精神分析的观点，事实上是可以有效融合的。

在弗洛伊德理论中，反应的重要性，并不比在行为主义中的低。毕竟，反应代表行动，而行动是整个行为过程最重要的一环。

据此而言，我们可以说，要探知交易者是否进退得宜，唯一的客观方法就是看他的行动。要评估一套交易系统是否管用，必须从其行动和结果来观察。我们必须要确定，不管是正面还是负面的结果，都必须是从交易系统本身运作出来的，而不包含交易者自身的缺失所造成的影响。交易者必须对交易系统做出正确反应，才能公正评价其效果。不过，就我们所看到的，有些交易系统明明有用，却遭交易者摒弃；有些交易系统明明是胡扯，却被当成宝。无可避免地，交易方法的终极检验，还是跟使用者有关。

现在，你也许觉得如果依靠电脑，这些问题就不存在了，不过，电脑再强也强不过使用它的人。如果投资者缺乏自律，反应模式有所偏差，那么电脑也帮不上什么忙。根据精神分析的说法，如果一个人的潜意识存有自我毁灭的倾向，那么不管他利用什么科技来帮忙也无济于事。不管你用行为主义或精神分析的理论来看，系统的成败最终还是握在交易者手中，如同我先前一再强调的，交易者本身是比交易系统还重要的环节。如果交易者本身具备自制和纪律，而且能适时反应，不管他使用什么交易系统，应该都是所向无敌的。

反应的价值可由三方面来看，第一，也是最重要的，"反应"是测试任何交易系统的关键。尽管我们也可以用电脑来客观而全面地测试交易系统，测试到让它完全不发生错误为止（比方说利用除错程序来辅助），但是我们也没办法保证交易者会以同样客观的态度来使用这个系统。除非交易者在心里、情绪上都能够克服一些障碍。这时候，你也许会问："何不让电脑自行去控制买卖呢？"这在现代是办得到的，你只需要购买适当的软件，其他都可以交给机器去办。那为什么不呢？我觉得有以下几个原因。首先，成败是最大原因；其次，机器也可能会出错，所以一定要另设安全防护装置，于是"人"的因素又混杂其中了。最重要的一点，机器的功能必定是受制于设计它、使用它的那个人，如果设计中缺乏自制和纪律，系统也会跟着反映出这个缺点。

反应的第二个价值是它的强化能力。简单来说，反应可以让你知道，自己这样做或那样做到底对不对。如果没有反应，万事均无从测试。可以这么说：没有反应，就不会有结果。这正是我个人极为反对纸上交易，模拟下单的原因。有些投资指导者会教导学生，在真正进入投资市场前，先进行纸上模拟操作，这种方式似乎能让你知道自己做得好不好。有些人也以为模拟操作可以让投资者学会下单，使用止损单，似乎通过模拟交易就能获得一些专业技巧。我倒是认为，纸上交易充其量只能够教会你一件事：那就是纸上谈兵！从严格的行为主义分析来看，纸上交易或模拟交易根本不必承担风险，输不是输，赢也不是赢，你要是犯了错，并不会有什么后果需要承担，没有这个"后果"，就谈不上真正的学习。指导者如果比较明智，事实上，是可以利用行为主义的原则，让纸上交易变得像真正进入市场一般。不过就我所知，外面的股票速成班、期货培训班好像都没有这样的课程设计。没有风险，没有报酬的交易，不算是真正的交易。想通过无风险、无报酬的方式来学会交易，是不可能的。在第8章，我会告诉各位要如何"练习"交易。

反应的第三个价值，是可以客观地评估结果。不管投资者的交易技术高不高明，都必须要能客观地评估结果。如果投资者能全力坚守交易系统，依照信号来进行交易，所得到的结果才会是客观的，这样的测试才能排除掉交易者及其情绪的影响。

完美是必要的吗？

在讨论反应的时候，我希望不会带给各位错误的印象，以为完美是必要的。我们是人，人只能接近完美，不可能达到完美。如果我们每个人都以严格的纪律来运用行为主义的学习基本模式，世上就不会存在所谓的"市场"了！市场正是"靠"人的不完美，才得以运作。正因为人对相同的刺激会产生不同的反应，其间才有机可乘，才能够投机。我此前一再提及，重点在于内在省思和改变。不了解自身内在缺陷的投资者，必须下一番内省的工夫，看清自己的内在，才能利用行为主义原则来改变自己的反应模式，朝完美迈进。

幸运的是，想要赚大钱，并不是说一定要臻于至善才能达成。事实上，你可以跟完美毫不搭边，但照样是市场赢家。若能彻底、客观地解读信号、做出反应，就算完美操作，我们给它十分，而完全的混乱、无纪律、一塌糊涂是零分的话，市场上大部分成功的交易者，应该在七分的水平，一般的失败者在五分左右，甚至更低。而能够在市场上呼风唤雨，取得极大成功者，约是八分或者更高一些。这是我通过个人观察，对于现实的评断意见。如果我的分析没错，那么赢家的完美反应模式和输家的之间，事实上只有极小的差异存在。我要告诉各位，你只要在"反应"阶段做些小小的改变，就能让交易结果有很大的不同。

在结束本章对于反应的讨论前，我要将华森的一段话送给各位：

> 行为主义者强调反应，却招致许多人的批评。有些心理学家以为行为主义者只对琐碎的肌肉反应有兴趣。这真是胡说八道！让我再强调一次，行为主义者关心的是整个人的行为，所观察的是人从早到晚履行日常职责。换句话说，行为主义者关心的反应，是希望对这些问题有常识性的答案："他在做什么？为什么这么做？"（1924, p. 15）

重点回顾

- 只有反应才能形成结果。
- 反应和行动，代表相同的行为。
- 反应提供回馈，可据以检验显示，并具强化效果。
- 要改善交易结果，行为模式中的反应阶段必须有所改变。
- 想要成功，不见得必须达到完美。
- 通过行为主义的方法，我们可以改变反应的模式。
- "纸上交易"模拟操作不是好的学习方式。

7 行为的结果

> 承认自己的错误,不会比研究成功的历史更有用。某位股票投机人士经常会犯错,正在犯错时他自己也知道。在犯了错之后,他会问自己,为什么这么做呢?在惩罚的痛苦面前,他冷静地思考良久。他也许会知道这个错误是怎么造成的,是在什么时候造成的,在交易的哪个时点犯下的,但不必知道为什么。
>
> **摘自利弗莫尔《股票大作手回忆录》**

利弗莫尔的这些话,表示他自己知道投机会带来什么后果。事实上,如果不知道会有什么报酬或惩罚,谁还费那么大的劲儿交易呢。不管你说它有没有风险、损失或盈利(就像经纪商所说),最后这个结果就是投机得到的成绩。到了最后,市场自然会让你知道自己做得如何。在期货市场,行动之后很快就会看到结果。股票或其他金融市场的投机活动,有时则得等上几个月才会见分晓。不管是什么市场,也不管是要什么花招的交易,最后结果不外乎三个:赚、赔、不赔不赚。因为有这个冷酷而真实的情况,我们知道,市场的确是了解行为的最佳所在。至于"为什么"要这么做,则显得没那么重要了。大部分的人只要知道"如何"做,就可以赚到钱,这样就够了。进一步探索"为什么",他们可没什么兴趣,也没有多大的直接好处。利弗莫尔很清楚行为结果的重要性,尤其是负面结果。同时他也了解,知道"为什么"并不很重要。

行为的"为什么"和"怎么做"

前几章我曾说过,要探究行为"为何"发生,就留给那些研究潜在因素的心理学家,至于行为"如何"运作,则属于行为主义的范畴,不过也有心理学家将两者加以融合。杜拉德和米勒都是专业的精神分析师,他们以弗洛伊德理论为基础,再加入行为主义的概念,来解释行为如何运作。我们不必钻研这两大学派要如何融合,我们关心的,永远只是如何改变行为,以最精简的理论概念,发挥最大功能。最简单的方式就是最有效的,在交易系统上也是如此。

复习一下,各位还记得行为主义学习理论最后一个阶段是"结果"吧,正是这个"结果",决定了特定行为日后是否会再发生。"结果"对于行为的塑造及维持力量,值得一再强调。斯金纳及其他行为主义者在实验中,借由操纵结果,以引导、强化他们希望发展的行为。如果某个特定行为会带来正面结果,那么它很可能再次出现,而且,会丝毫不差地重演。从动物研究中可知,有报酬的反应甚至可以要求到最细微的肌肉运作层次。

对某些人来说,行为主义技巧所带来的行为控制力量,不但让他们觉得受威胁,而且也有一种道德上的厌恶感。利用行为主义方法来塑造行为,其实是没有道德好坏之分的,它可以用在善良或好的目的上,也可以用在恶意的目的上。在此,我们不准备讨论改变行为的道德问题。我要提醒各位,我们这个社会,就是照着行为主义的原则在运作,我们每天都在互相改变彼此的行为。在社会中,处处都找得到奖惩,我们认可好的行为,不同意、甚至惩罚不好的行为。市场的情况,正是现实百态的一个镜像。

如果交易者遵从某个信号指示而赚了钱,日后他会更加顺从这个信号;如果是因为这个信号而赔钱,以后自然就会少用。这看起来再正常不过，应该是理所当然的，但在实际行为中却不一定如此。在学习基本模式中，强化效果会决定日后该行为出现的频率，然而发挥强化效果的那个"结果"，有时明明是负面的，却在特定事件或环境中发挥了正面效果。例如，有个经典的实验，是研究学生在教室里的行为，研究结果发现，因为离开座位而受到老师责骂的学生，比从未被责骂过的学生更容易再次离开座位。换句话说，老师以为责骂是一种惩罚，没想到却产生正面强化效果。

惩罚与失败的作用

如果惩罚了小孩或宠物，结果发现他们比以前更不乖，这是因为"惩罚"反而产生"奖赏"的功能。事实上，惩罚可以看作是一种表达方式较为负面的关心，而对某些人而言，负面的关心照样算是一种奖赏。这种异常现象的形成，也可以用行为主义的术语来解释。不过，我们只要从效果来判断是否为奖赏就够了。例如，我对某人特定行为提供了奖赏，可是该行为出现的频率却没有增加，这就代表我的奖赏没有发挥功效。此时应该用其他方式来达到强化效果。如果我对某种行为施以惩罚，却发现该行为出现频率反而增加了，那么就得特别留意才行。

我想起以前有个人打电话询问投资的问题，我请他把问题说清楚。

他说："我就是没办法在市场上赚钱。每次交易都一定亏损。每一次我设定止损，行情每次都刚好把我扫出场，然后就反转了。我总是一而再，再而三地补缴保证金，所有朋友都认为我是个蠢蛋！"

我问他："赔钱的时候感觉如何？"

"很糟！"他毫不犹豫地回答。

"怎么个糟法？"我问。

"糟透了！我几乎不想从办公室回家。"他回答。

"那你又是怎么回家的呢?"我又问。

"朋友载我回去的。"他说。

"直接回家吗?"我问,

"唔,不是的。我们会先上酒吧喝几杯,忘掉不愉快,然后到一家不错的餐馆吃晚餐。"

"然后呢?"我问。"她的反应如何?"

"她抓狂了!她说,如果我还是一直亏钱,她就要跟我离婚。她大发雷霆,对我又吼又砸东西。然后打电话跟她妈妈诉苦,她妈妈也跟着歇斯底里。有几次她妈妈还特地赶过来,对我砸东西!看她们两个在那儿发疯,我几乎笑了出来。看起来好像她们赚钱了一样兴奋。"

"你看到她们生气,感觉如何?"我再问。

"我刚说啦,看起来很好笑。看到那两个泼妇口吐白沫的样子,真爽!她们活该!"

"为什么看到她们生气你会觉得好笑?"

"这么些年来,我做牛做马,就是赚钱供她们花费。我还真是希望她说话算话,早点跟我离婚!那我就自由了。想在外头混到多晚就多晚,不回家也无所谓。高兴的时候就去钓鱼,什么时候想交易就什么时候交易。如果不是很烦被她念叨,也许我早就赚到钱了。她抓狂的时候我就觉得很爽。她要知道谁是老大嘛,是谁在赚钱!亏了难道我不难过吗?在市场上输掉的可是我的钱啊!"

"听起来,好像你太太生气的时候,你的确很高兴?"

"你不会吗?如果你太太是个叽里呱啦的泼妇,你不会不高兴吗?你不会想让她生气,让她痛苦吗?"他说。

"听起来,你亏钱时,老婆生气带给你的乐趣,似乎大于交易失败的痛苦。而且你好像是故意为了让她生气才亏钱的,你希望她最后会跟你离婚吧。市场只是你的工具而已,你利用它要达到的目的,是比赚钱或赔钱更重要的。"我对他说明。

"荒谬!我还真是前所未闻!"他下了这样的注解。

几年后，我在一场期货说明会遇到他。他随即跟我道歉，请我原谅他在电话中的无礼。然后他说，我以前对他的观察是对的。在那次通过电话之后，他破产了，也离了婚，前前后后在市场上赔了几十万美元，最后终于爆仓，被赶出了市场。在他心不甘情不愿地退出市场那段期间，才恍然大悟，了解过去那种刺激—反应的行为后果。

他说："我在交易场上的问题，事实上跟交易毫无关系。当年，我刚进投资市场时，跟其他交易者一样，也赔过钱，不过每一次亏钱我都很在意，我会找朋友或合作伙伴诉苦。他们都很同情我，这正是我要的。每次，他们都会鼓励我，我喜欢这种被关心的感觉，然后我会忘掉亏钱的痛苦，等待下个交易机会，事实上，是在寻找下一次博取关心的机会。过了一阵子，我渐感不安，渐渐觉得亏钱也许是故意的。不过，这种状况让我无法自拔。只要一亏钱，就有很多朋友关心；如果赚了钱，反而，谁也不会在意我。我赚了一大笔钱，跟朋友说，朋友只回答：'太好了，老兄，我就知道你能行。'就这样而已，令情况更糟，则是我太太的勃然大怒。但是她不晓得，我看到她生气反而觉得很爽！当时我也不知道是这么回事。于是，我在市场上的失利，在生活上扮演了重要角色，它既可以让我得到朋友的关心和注意，也可以激怒我太太。这些，都让我觉得很快乐。当时我要是知道这些关联，也许就能改变最后的结果。现在我知道了，还好，不算太迟。"

我问他现在交易状况如何，他很骄傲地回答："再好不过了！我现在知道，每一次亏损都是个教训，而赢钱才是奖赏。每一次我交易失利，会尽快把痛苦抛诸脑后，努力去探索是否因为我误判交易系统才会亏钱。如果我犯下什么错误，我会把它记录下来，时常拿出来看一看，以免再犯同样的错误。如果我在市场上亏了钱，只有我跟我的客户经理才知道，其他我谁也不讲。如果是赚钱，那就好好庆祝下。我会拿点钱来慰劳自己，其他的就存在银行。我会跟朋友分享我的喜悦，告诉他们我真是太聪明了。我称赞自己，全心享受胜利的果实。"

这个故事带给我们的启示，比任何交易系统、训练课程、理论或是交易信号，都更有价值，想必能引起许多人的共鸣。就算你不能认同，也可以看出其中的门道。各位只要回想一下我刚刚介绍的行为后果，就可以了解这位交易者何以一而再、再而三地亏钱。很多人以为，只要能在市场上赚到钱，不就是最好的奖赏？但上例并非如此。对那些本身有目标、有动力，家庭和乐，没什么冲突的人，在市场上赚到钱，也许就是正面的"结果"，然而对很多交易者来说，光是在市场上赢钱，仍不足以让他维持成功的交易行为模式。

市场结果如何影响行为？

每个市场结果，都可能出现三种行为结果：奖赏、惩罚或持平。因此有许多不同的组合，我会逐一讨论，解释其含意。假设有一笔交易最后赚了钱，理论上，这笔盈利本身就该是个奖赏。不过我也说过，对大多数交易者而言，仅是在市场上赚到钱还不足以成为奖赏，所以需要其他的结果来确保奖赏的效果。如果你发现自己每次交易都如预期地盈利，很可能它就没有奖赏效果了，赚了钱也不过就是赚钱罢了。对我个人来说，这样是够了，不过有些人可能觉得还是不满足，那么有很多方法可以强化这个奖赏效果。

表7-1列出许多正面结果，可以用来强化获利交易的行为奖赏。请各位记住，除非是交易已经成功，否则在任何状况下都不该使用这些方式。换句话说，在交易完成之前，你绝对不可以奖赏自己。所谓交易完成，是指单笔交易走完全程，如买进后卖出，或卖空后回补。如果还持有仓位，甚至是"本来要买"的想象交易，或模拟的纸上交易，都不应算作完成。适用正面结果的最佳时机，就是交易一完成，刚取得胜利的时候。表7-1列出许多种适用的方法，有些也许看来有点好笑，不过我敢说它真的有效。

表 7-1　交易赚钱时的正面结果

1. 把胜利的交易记在账本或记录本上。
2. 要称赞自己，告诉自己做得很好。
3. 告诉别人你做了笔好交易，让他们称赞你。
4. 大家庆祝一番，办个 party。
5. 买东西慰劳自己。
6. 马上叫你的经纪商开张支票给你，取出利润的 25%。
7. 把部分利润存到储蓄账户。
8. 想办法得到你的客户经理的称赞。
9. 把胜利果实放在身边，时时享受那种快感。
10. 不要客气，可以在旁人面前吹嘘。

获利及惩罚

明明是交易赚了钱，却反而变成一种惩罚？买卖成功，却变成了负面结果，有这回事吗？当然！事实上还挺常见的。举个简单的例子，各位就能了解重点在哪里了。比方说，你刚完成一笔交易，大赚一笔，兴高采烈地告诉朋友，他却泼你冷水："你知道吗，有赢家就有输家。你不觉得那个把钱输掉的呆子很可怜吗？你把他的钱拿走，说不定他家都要喝西北风了！"另一位"朋友"提醒你交税："当然，你是赚了六千块，可是山姆大叔永远与你同在，所以你只剩两千块了！赚得可真是不少呀！"还有个不识相的可能会说："唔，运气真好！也许没有下次了。"这种朋友，真是比敌人还要讨厌。

如果你这次赚到钱，并不是靠你的交易系统，那也不可以使用表

7-1来强化结果。但如果你十分确定，而且十分严格地遵守交易系统，那么就大方地使用吧！要把一切可能让你不愉快的感觉排除在外。如果你发现有谁老是要泼你冷水，小心，离这个家伙远远的，这种朋友跟他断交也无所谓。表7-2列出成功交易后应该避免的事项。

表 7-2　交易赚钱时的负面结果

1. 不要把交易结果归功于运气。
2. 不要拒绝别人的赞美。
3. 不要以任何方式贬低你的盈利。
4. 不要让任何人贬低你的成就。
5. 不要对任何人感到愧疚。
6. 不要对那些输家感到抱歉。
7. 不要苦恼赚钱要交多少税。
8. 别因为这次胜利而对下次交易有压力。
9. 不要因为自己做得对而觉得不好意思。
10. 心里不要有任何负面的想法。

虽然人数不多，不过有些人在成功交易后反而感到罪恶感或不好意思。他们觉得自己赚了钱，另一个交易者就得倒霉，有些交易者对成功感到胆怯，有些则对以后的表现有心理压力。这些反应对成功的交易者来说都是不必要的。如果你能坚守自己的交易系统，那么每一次成功，都该是全心全意的喜乐。不管如何，都没有必要忽略或不承认你交易的有效性盈利，贬低自己的成就。也不管是谁会泼你冷水，或否定你的成就，都要把他们摒除在外。若放任让这些负面评价进入行为模式中，就会降低奖赏效果，并影响到交易系统的整体战力。

不赚不赔

还有一个交易结果,是既没有赚钱也没有赔钱,具体分情况讨论。如果你是在扣除手续费之后不赚不赔,那么事实上是赚钱了,必须要以成功交易来看待它。交易虽然没实质赚到钱,但能因此确定交易系统是管用的,所以行为结果就应该是正面效果。虽然它没办法提供盈利实质奖赏,但其他的强化方法都应该套用在上面。而且,如前所言,任何对没有盈亏交易的负面评价,也都应该回避。

亏损的行为结果

对于亏损所造成的行为结果,我该怎么说呢?最重要的,对于亏损,我们总是比获利更难适当地处理,万一你亏了钱,心理已经觉得很难过了,还需要什么惩罚才适当呢?对于亏损的行为结果,我在此提出几点原则。假设赚钱能发挥强化作用,让交易者学会这个行为,那么亏钱本身就是一种责罚,可以减少这种行为出现的频率,但是对大部分交易者而言,情况却并非如此。之前的讨论中,我曾强调,必须确定市场信号是来自你的交易系统,假设某次交易的市场信号的确是来自交易系统,若这次交易你亏了钱,那么可推测出两个结论:第一,交易系统本身的内在缺陷。交易系统可不保证百分之百能赢;第二,跟交易系统无关,而是你自己解读错误或估算错误,或者单子下得不好,止损线设的有问题,或撑不住提早平仓。这两种情况,有不同的处理方式。

如果你确实遵照系统要求下了单,结果却赔了钱,那么对此结果,你什么也别做,只要把亏损记到记录本,再确定一下是否真的如实遵守交易系统,若答案是肯定的,更换、调整交易系统,忘了这次失败。太过关心亏损,可能反而会变成奖赏。对于失败经验,千万不要自怨自艾,别人的同情和安慰也要避免。碰上这种"无失误亏损"时,要避开某些事情，请参考表7-3。

表7-3 无失误但亏损的行为结果

1. 接受失败，然后忘了它。
2. 记到本子上，不要涂改。
3. 不要想得到任何人的同情和可怜。
4. 不要可怜自己。
5. 不要觉得自己受到惩罚。
6. 不要跟任何人谈这个亏损。
7. 不要理会客户经理的嘲笑或责难。
8. 不要因为亏损而惩罚或延误自己。
9. 别想以安慰自己为由，奖励自己。
10. 万一伴侣苛责你，不要放在心上，当耳旁风。
11. 不要害怕下一次交易。
12. 一切如常，不要因此停止研究行情。

尤其是千万别让任何人把这件事情搞得人尽皆知，反而变成正面效果。第十条说法，不准去大吃大喝、拈花惹草，并不是说一旦亏了钱就得挨饿受冻或禁欲，而是指你的反应不该因此超过界限。世上可没有什么"一醉解千愁"，或大吃大喝就能遗忘的事情。诸如此类的不当行为，只会让你因为亏损而得到奖赏。以满足基本需求为手段的奖赏，应该是在交易成功以后，而不是亏钱的时候。

那么，如果亏损是因为交易系统使用不当呢？在失误之后，该有怎样的行为结果呢？什么样的错误才应该被考虑进来呢？如果不是"无失误亏损"，每次亏钱都要当成宝贵的经验，好作为日后正确交易的借鉴。利弗莫尔曾如此写道：

当然，人要是够聪明而且够幸运，是不会犯下两次同样的错误。只不过，相似的错误成千上万，随时等在一旁伺机而动！（《股票大作手

回忆录》)

的确，市场上可能搞砸的事情真是太多了！而做对的事情倒是既珍贵又稀少。在行为模式的任何一个步骤中，都可能出错，相对于一个正确的行为，可能就有一百个以上的错误正在暗处等着你。应该怎么避免这些错误呢？表7-4提出了一些行为主义法则的建议。如果你的亏损还是因为不当操作交易系统，我建议就先照着表7-4来做。再依照标准的步骤来处理。也许，错误所能扮演的最重要角色，就是提供经验和教训，如果你犯了错又把它给忘了，那"学费"不是白交了？

表7-4　因失误而亏损的行为结果

1. 把犯的错误分类出来。
2. 把失误记录在专门的本子上。
3. 把错误存档，分门别类。
4. 检讨错误，确认自己哪里做错了。
5. 如果旁人可以告诉你错在哪里，请求他们帮忙。
6. 看看是否能想出一个办法，在犯错之前预防。
7. 看看是否有一套办法，在犯错之前先有信号提醒你。

我建议各位都应该要设定一个程序来处理发生的错误，以求减少错误出现的频率。我个人以为，矫正错误是非常重要的，所以第8章会专门讨论。

重要复习

- 知道如何矫正错误，比知道错误如何发生还要重要。
- 光是靠成功交易带来的报酬、失败交易导致的亏损，仍不足以发挥改变行为的强化效果。
- 要判别行为的强化效果，必须全盘考量及记忆整个结果。
- 在市场获利及亏损之后，都伴随着许多正面及负面的社会结果。
- 审慎区分无失误亏损及市场错误是很重要的。
- 行为主义学习基本模式可用来产生正面改变，也可用于成果分析。

8 发现的过程如何认识自己

不管你是个保守的投资者，还是激进投机者，你一定要搞清楚自己的长处和弱点。每一个人都必须尽可能地去了解自己。要了解自己看似很容易，但实际上对个人来说，却是最困难的事。"自我"，事实上是最难捉摸的。我们心里有很多的防卫机制，我们几乎不可能完全了解自己。虚荣、骄傲、恐惧、嫉妒、冲动、压抑等情绪，都会妨碍对自我的认识，因而必须仰赖某些方法，来增加"自知之明"。

大部分的精神治疗就是以增进自觉、认识自我为目标。虽然很多人把情感、情绪赶到意识层面以外，但并未压抑到无法恢复的地步。如果你防卫心太重，很可能就无法在投资上取得成功，不管你是多么努力，多么严格地遵循投资计划。如果你不论如何努力都无法改变自己，那就需要一些专业的协助，从这个角度来说，也许投资市场反倒不是最主要的问题。如果生活、婚姻、家庭、工作以及人际关系都出现问题，更是需要专业协助。假如情况已经到了这个地步，很抱歉，我这本书提供的这些技巧和建议就不足以解决问题了，去找医生吧！

除非把每个驱策我们行动的因素和刺激，以及对各种内、外在事件的反应意义加以衡量、评估，否则我们是绝对无法完全了解自己的。以我身兼交易者及心理医生的经验，加上多年来对其他交易者的观察，我拟了一份检查表，帮助各位踏上发现自我的道路，虽然这份检查表尚不能说事无巨细地涵盖交易者行为的所有蛛丝马迹，不过我个人认为，它已经详细到可以帮助各位描绘出自己的投资性格。

我发现，使用这种检查表，是评估自我目标及情绪最有效、最迅速且最简便的办法。各位需要回答检查表中的问题，只要据实以答，就可以全面地了解自己的优缺点。先声明：这份检查表不是交易者资格的标准或认证测验，也不是心理测验。不过，通过这个评估，可以在交易及投资事务上协助各位。请记住，我的目的旨在帮助你看到交易时可能发生问题的地方。

检查表（说明：请回答是或否，不要遗漏任何一题。后面会有测评。如果各位希望结果是有意义的，请如实回答。）

1	是□	否□	我订阅三份以上投资刊物。
2	是□	否□	我认为客户经理应该提供投资建议给客户，这是他们的工作，应该主动做到。
3	是□	否□	在我真正交易前，已经做好了完整的投资策略。
4	是□	否□	我离场多半是因为被执行止损单。
5	是□	否□	我主要做长线投资。
6	是□	否□	我在好几家经纪商开了账户，这样才能知道更多专家的看法。
7	是□	否□	当我亏钱时，回家后就变得非常暴躁。
8	是□	否□	我从事交易是为了挑战。
9	是□	否□	过去五年整体来看，我亏了。
10	是□	否□	只有知道内幕消息的人才能赚到钱。
11	是□	否□	客户经理鼓励你频繁进出，所以他是你亏钱的罪魁祸首。
12	是□	否□	交易就是赌运气。
13	是□	否□	我听到好消息时买进，坏消息时卖出。
14	是□	否□	我是个多头。
15	是□	否□	价格太高不敢买进，价格太低不愿卖出。
16	是□	否□	让我真正赚到大钱的交易，都是价格突破前期高点或低点时来的。
17	是□	否□	那些庄家总是打爆我的止损，所以我从来不设止损。
18	是□	否□	我对交易的态度比较超然，亏钱仅仅是亏钱而已。
19	是□	否□	我常常会因为交易而紧张到失眠。
20	是□	否□	我每笔赚的钱，比每笔亏的钱多。
21	是□	否□	我有固定的时间研究市场。

22	是☐	否☐	对于每一笔交易，我都设有目标价位。
23	是☐	否☐	做交易前，我会征询各方的意见。
24	是☐	否☐	如果有更好的交易系统，我就可以赚更多的钱。
25	是☐	否☐	我从来没有读过市场大师的书。
26	是☐	否☐	市场上最佳的成功之道，就是把自己从别人的意见中独立出来。
27	是☐	否☐	一旦下单，从来没有改变过心意。

结果评量

现在各位已经回答所有问题了，让我们逐一检视，告诉各位我认为的"最佳"答案，以及理由何在。

【第1题】大多数成功交易者并不需要太多投资刊物。反倒是情绪比较不稳定的投资者才会广征各方意见。我觉得两到三份权威刊物就够了。各位做交易，最好是"心无旁骛"，只靠自己的研究，或者信息来源限定在少数几个就好。本题答"是"者得0分，答"否"得1分。

【第2题】提供建议并不是客户经理的工作。客户经理的工作是处理买卖单，对交易单子反应灵敏、处理快速，可以及时改单子，等等。除了极少数例外，不然依靠客户经理的情报做买卖的投资者几乎都是输家。那些对客户经理过度依赖的人，总是要失望的。如果你真的以为客户经理的工作包括提供投资建议，那你大概不会是个成功的交易者。本题答"是"者得0分，答"否"得1分。

【第3题】事先做好投资计划，备妥投资策略，然后谨慎地付诸行动，这是成功交易者的写照。本题答"是"者得1分，答"否"得0分。

【第4题】也是成功交易的标签。有纪律的交易者对于投资仓位会下好止损单，然后放着，让行情自己去发展，直到交易系统另有指示出现。对许多交易者而言，止损单是成功的关键，如此才能使损失不致扩大。尽管止损单的价值犹待时间的考验，不过使用止损单的确是代表着成熟的交易。"止损"的概念并不见得一定要下单，但必定是不可获缺的。不真正下止损单而能恪守止损概念的人，一定是更有纪律的投资者。他们只需在心里设定一个价位，点到就自动离场。本题答"是"者得1分，答"否"得0分。

【第5题】本题答"是"者得1分。成功投资的另一个指标是"长期投资"。基本上，做短线的投资者（除非是场内客户经理、场内交易员等特殊的工作人员）都是输家。最成功的投资者是那些买进或卖空后，就持有一段时间的人。如果你不是交易所业内人士而回答"否"，得0分。

【第6题】会在几家不同经纪商开设账户，以接收"有用"的信息，是投资新手的特征之一。事实上，这种情况往往造成投资者的混乱。同时接收这么多信息，往往很难做出正确的投资决策。同时，这也代表着不安全感。当然，单纯地在多家经纪商开设账户本身并没有什么问题。不过如果你意在借此获取更多信息的话，那结果就基本上可以确定了。投资者是不应该依赖经纪商提供咨询的。本题答"是"者得0分，答"否"得1分。

【第7题】这一题非常浅显明白。如果你自己都觉得交易失利后，你在家里的行为让人难以忍受的话，可见你很清楚自己的缺点。这是太过情绪化的交易者经常出现的状况。本题答"是"者得0分，答"否"得1分。

【第8题】"挑战"可不是从事交易的好理由。去爬山也可以有挑战的快感，进入市场做交易，唯一可以让人接受的原因，就是想要赚钱，或者是利用它来对冲现货市场的风险。那些只是寻求挑战的投资者，虽然不一定是输家，但是他们比较喜欢赌运气，试手气，渴望冒险，来交易只是为了寻找惊险刺激，结果非常可能是一败涂地。本题答"是"者得0分，答"否"得1分。

【第9题】代表情绪掌控能力的最佳数据就是你过去五年来的操作

结果。就算只是不赚不赔，那也是相当不简单了。不过，如果五年总结算证明你是个输家的话，很可能你就需要一些心理重建。请仔细把这本书读完，好好探索一下自己的心灵深处吧。本体答"是"者得0分，不过如果操作表现持平或只是小赚，还是可以加1分的。至于答"否"，不用说，加1分。

【第10题】基本上，市场中的"常败将军"会有这种想法。或者长期结算下来仍是输家的投资者，也会这么想，而且说明你也可能会这么想。如果你这一题答"是"，那这种想法会让你赔得更惨。本题答"是"者得0分，答"否"得1分。

【第11题】说客户经理"让"你怎么样，根本就是傻话。投资者应该为自己的交易负责。会说客户经理"让"他怎样，"不让"他怎样的投资者，根本就是个喜欢推卸责任的人，失败就是对这种人最好的"奖赏"。本题答"是"者得0分，答"否"得1分。

【第12题】这一题也代表一种失败心态，认为市场纯属运气的人，哪会相信凭自己之力可以走向成功。因此，抱着这种心态是没办法成为成功投资者的，很可能过去也常常失利吧。本题答"是"者得0分，答"否"得1分。

【第13题】单纯的投资者听到好消息就买进，坏消息就卖出。经验老到的投资者则是"预期"好消息时买进，一旦好消息公布就卖出。等"好消息"出来才买进，正是"群众"的态度，在投资市场从众，最后如果能够不是输家，一定是大牛人。至少在好消息时卖出，在坏消息时买进，这可是情绪相当稳定，心态非常成熟的投资者才办得到。本题答"是"者得0分，答"否"得1分。

【第14题】这一题也是一种"群众"心理。有经验而成功的投资者绝对不会是死多头或者死空头。既会做多也会做空的投资者才有可能赚到钱。不过，多空之间还是有些差异，例如，大钱通常是做多时赚到的，而想速战速决赚钱，通常是要做空。如果你光会做多，或大部分都做多的话，我只能给你0分，答"否"者得1分。

【第15题】成功的投资者才不会去管价格太高或太低。如果交易系统有信号显示，投资者自然是跟着信号走。价格高低是没有什么好犹豫的。只有市场菜鸟或是情绪不够稳定的投资者才会怀疑自己的交易系统，"现在价格太高了吧！我还是等拉回再买。"当然，不是说价格没有太高或太低的时候，但还是由你可以信赖的交易系统来判定，也许是使用技术分析，也许是基本分析。以价格太高或太低为理由，而不跟从交易信号的指示，其实就是破坏了自己的交易系统，同时也是缺乏纪律的表现。本题答"是"者得0分，答"否"得1分。

【第16题】要顺着趋势做交易并不容易。不过，跟着趋势走，买进强势股，卖空弱势股，在价格向上突破压力点时买入，跌破支撑点时卖出，的确是成功的投资技巧，但这也要情绪稳定的投资者才办得到。能够紧跟趋势做交易的投资者，不但可以赚大钱，也必定是情绪稳定、进退有据。本题答"是"者得1分，答"否"得0分。

【第17题】这只是不设止损的借口。如果你就是这么认为的话，很抱歉，我要给你0分，答"否"者得1分。

【第18题】没有哪个投资者是完美的，我们都有成功和失败的时候，不过最重要的，是那些可保平常心，不会因为一次的失利就沮丧灰心者。他们最平常的反应，就是尽快地忘掉亏损。如果你斤斤计较，让亏损困扰几天，甚至影响到你的自信，那就是情绪上的问题了。本题答"是"者得1分，答"否"得0分。

【第19题】这一题跟第18题有关。我们偶尔会失眠，有时也的确是因为投资之事而辗转反侧。不过，如果你常常因为仓位太大或交易而睡不着的话，显见你对市场太过情绪化，而且还表示你有大问题，比如没有安全感、缺乏自信心，加上交易技巧可能太差劲。本题答"是"者得0分，答"否"得1分。

【第20题】用平均亏损及平均盈利的金额来比较，就可以判知交易纪律。投资者如果谨守完整规划的交易策略，平均亏损及总亏损金额应该会比较低。如果你的平均亏损额比较高的话，很可能就是因为没有依照有效的交易系统做买卖。或者你没有跟随交易信号的指示，把赔钱仓位抱得太久。本题答"是"者得0分，答"否"得1分。

【第21题】这一题也许是求胜纪律最重要的指标，而这种求取胜利必须具备的纪律，也许只有通过情绪掌控才能达成。那些年年保持常胜记录的投资者，一定会事先安排好，每天或每周固定的时间来研究市场。不管是技术分析或基本面分析，都必须要安排特定和规律的时间来研究才行。本题答"是"者再加2分，答"否"请扣2分！

【第22题】这一题也是投资者是否严守交易纪律的指标。唯有成熟的投资者才有能力遵照计划，严格执行。要想交易赚钱，这是必备的能力。本题答"是"者得1分，答"否"得0分。

【第23题】做交易前想广征各方意见的人，一定很欠缺安全感。这种需求正是情绪不够稳定的表现，也是一种心理障碍。事实上，群众一致性的看法往往是错的。有安全感的投资人，可以在没有他人认可的情况下，独立做出交易决策，并付诸实行。本题答"是"者得0分，答"否"得1分。

【第24题】会这么想的投资者，说白了，还是爱推卸责任。交易系统再重要，也没有使用它的那个人重要。傻瓜开名贵跑车照样是傻瓜，顶多只是个拉风的傻瓜。如果你以为没赚到钱，全是因为交易系统的话，也许你在心理上还没准备好要做交易。本题答"是"者得0分，答"否"得1分。

【第25题】成功的投资者一定都很愿意拜读大师的著作，可以从中学到许多事情。投资人如果想改善自己的操作技巧和投资表现，必然时时刻刻都在注意更好的办法。毫无疑问，大师的著作就是来源之一。如果你还没这么做的话，我推荐你快去读读这些投资大师写的书。本题答"是"者得0分，答"否"得1分。

【第26题】真正成功的投资者，必能领略"孤独"的好处。许多投资者最棒的一次交易，通常都是靠一己之力做出决定。能够把自己孤立出来做决策，表示情绪稳定，且可以不受外界刺激所干扰。本题答

"是"者得 1 分，答"否"得 0 分。

【第 27 题】坚定的决心和贯彻的意志，都是成功交易的特征。如果你没有能力坚持走完整个预定的交易，就是缺乏成功的关键要素。本题答"是"者得 1 分，答"否"得 0 分。

现在请计算总分，最高分为 28 分。底下解释得分所代表的意义。

● 21 至 28 分：你应该是个非常成功的投资者。如果你分数这么高，可是在市场上仍未赚到钱，也许你的交易系统真的有问题。建议你可以试试别的系统。

● 15 至 20 分：你具备正确概念，但还需要一些改进。虽然已经走在投资成功的正确道路上，但还需要更严格的纪律。本书提供的练习和技巧都可派上用场，请特别注意那些答错的题目。

● 10 至 14 分：你只拿到一半的分数，表示照目前的方式做下去并不容易成功，同时警示着必须在纪律上多下功夫。建议你要特别注意本书所提的投资行为模式。

● 9 分或以下：就我个人意见，你正走向毁灭！尽管你现在还没看到大坑洞。在心理、情绪上，你必须从步骤一开始，重新教育自己。我甚至要建议你，在重新评估自己的问题及找到全盘改善的方法之前，暂时停止交易。

重点回顾

对我而言，告诉你需要什么帮助是一件重要的事，但更重要的事，是准确无误地告诉你，要得到什么帮助？如何得到？当然，本书介绍的许多技巧和建议，都确实有助于改变，但如果你已是经年累月地亏损，那么要踏出改变的第一步也许都相当困难。再者，如果你没有交易该有的自律，自然也会缺乏纪律来完成自我再教育。如果情况果真如此，我有几个应该很有效的建议。请注意，这些建议是针对十五分以下的投资者，不过有些原则是适用所有人的。

- 离开市场一段时间。我建议你阅读一些投资的经典著作，我个人首推利弗莫尔的《股票大作手回忆录》。本书最后也列有参考书目，也许你会想要把他们大部分都读过之后再回到市场来。摆脱亏损的最佳方法，就是断然离开那个让你亏钱的状态，至少也要暂时离开。所以我建议先离场一段时间。要是你还继续顶着头去撞壁，或许久了就麻木了，也不知道这是在毁灭自己，甚至你的家庭，那个时候再想改变，就更不可能了。

- 如果你还是要继续交易，那么就组个俱乐部或小团体，这可帮助自己检视及衡量交易状况。对于任性或反复无常的投资者，团队压力与指导是非常有用的。要组个投资俱乐部不难，而且借由团体方式所灌注的纪律，效果是相当惊人的。像这种俱乐部要统一买卖意见，有时得耗上几天，但是整个过程却是事无巨细。研究透彻，常可以赚到钱。等你学会大家的技巧，就可以在此评估自己的能耐，准备好去单打独斗了。

- 不要模拟下单！我特别反对"纸上交易"的模拟下单训练方式，这在第六章就提过了。我认为利用模拟下单，你学不到真实投资市场的任何事情，只会培养出毫无道理的信心，或许日后就败在这一点上。

- 寻求心理顾问的专业协助。如果你在生活其他方面也遭遇到一些问题，那就该去寻求心理专家的帮助。个人是否有情绪障碍或者喜怒无常，从他在家庭中的表现就可以看得出来。

9　如何矫正交易错误

人都会犯错，不过有些人犯错的频率的确比较高。从心理学来探讨，焦虑和维持正确之间，的确是有些关联。从某些方面来看，背负一些压力或焦虑其实也有好处，有些人在压力之下，会表现得特别好，但是压力和焦虑如果超过临界点，将会大幅提高错误的发生概率和严重性。在投资市场上，焦虑过大造成的紧张，往往会以亏损收场，但不管错误是否出于潜意识层面、个人无法控制，我还是认为，可以借由改变环境因素，来降低错误出现的频率和严重程度。有些人并不缺乏改变行为必要工具和方法，但还是不愿意动手，这可能就需要专业的治疗来协助。不过我相信，大部分情况并不至于此。事实上，大家都可以通过行为方法来克服许多问题。在针对许多交易的错误行为展开矫正之前，我要先详细介绍关于这些行为形成与消失的行为主义理念。

各位还记得"形成"这个阶段是如何应用行为主义学习基本模式的吗？比方说，现在心理学家要教会动物按控制杆，便将控制杆连接到一个供应食物的装置，如果按下控制杆，就有做成丸子的食物掉到盘子中，这个食物奖赏会让动物持续按杆子的行为。不过哪有动物天生就会按杆子呢，这得靠后天的学习才能学会按杆子。

行程表

接着,我们把主题放在"行程表"上。现在我们决定每按五下,才给它一次奖赏。等到它有稳定反应,再改为二十下才给奖赏,逐渐提高次数。借由这种强化行程表,可以让主体执行许多行为。假设在几周的训练之后,我们完全不给任何奖赏,你猜这个动物会怎样?你一定以为过了一段时间之后,动物就不会再去按那根杆子吧。答对了。不过,动物对于停止奖赏的最初反应,是增加反应频率。这种情形我称之为"挫败效果",这在停止奖赏的行为模式中是很常见的。如果经过一段时间,还是没有提供食物,按杆子的行为就会消失(即被遗忘)。偶尔,它还会去按杆子,不过随着时间越来越久,频率会越来越低。图9-1即从获得到消失的行为学曲线。

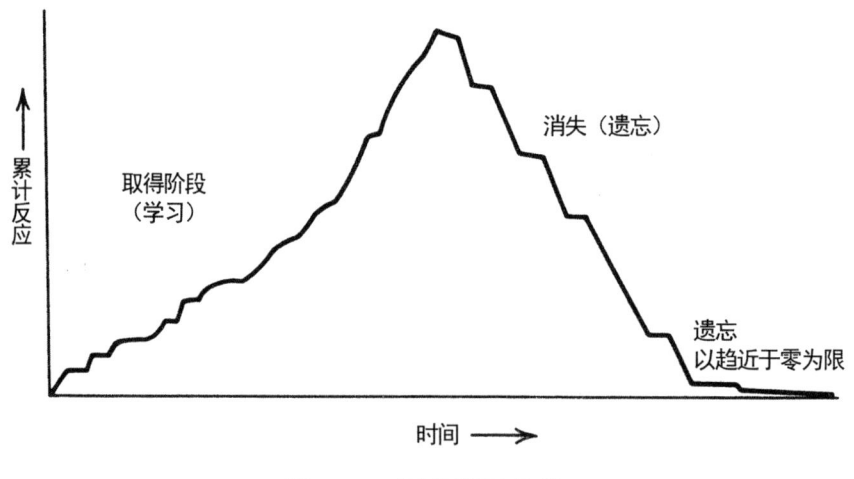

图9-1 标准学习曲线

现在,假设我们以随机行程表来训练动物,奖赏的出现不是根据特定时段或特定反应次数。不管控制按几次,奖赏都是随机出现,任何时候都有可能出现，如此一来，学习曲线就跟标准模式不同了。虽然行为的形成会花更多时间，但养成后也更不容易消失。有些接受实验的动物，甚至在奖赏完全停止以后，还会继续反应几个月之久。综合来看，投资市场正类似于一个随机强化行程表。即使奖赏几个月都没出现，投资者还是继续在做交易。这里也有许多类似于赌博的行为。某个行为持续出现几个月或重复许多次以后，似乎就此确立，几乎不可能遗忘，这就是习惯。如各位所知，不是所有的习惯都是好的，很多人一辈子都改不了会导致自我毁灭的习惯，一直到死为止。比如，抽烟和酗酒就是两个很常见的恶习。

我反复地提醒各位，市场上的交易行为也是一种习惯。它可以是一个好习惯，带来益处，也可以是让你万劫不复的坏习惯。其实应对很简单，把这些行为产生的"坏结果"去除掉，以惩罚代之，再把行为导向有用的结果，再施以奖励。

在做实验的时候，我们可以完全控制那只动物，整个过程可以做到相当机械化。对人类来说，要进行改变并不容易，心理治疗师要改变患者的行为也很困难，而如果没有他人协助，要靠一己之力来达成改变，这个挑战就更大了。以下要介绍的方案，就是针对单打独斗的自我管理而设计的。

持续做记录

要开始改变自己，有好些事一定得做。第一件就是做记录。我建议所有投资者都应该把自己的交易记录下来，包括日期、买进还是卖出、进场信号、平仓日期、盈亏金额。而最重要的，是万一亏钱的话，是为什么而亏钱。亏损理由，必须从几个类别中选出，再记下代码即可。如果既不是交易者的失误而亏损，也不是系统操作错误所致，要另外用一个特定的代码或编号来代表。如此一旦发生亏损，你就可以很快掌握到各种理由出现的频率有多高。每个投资者都有比较弱的地方，表9-1列出常见的亏损原因。也许你个人还有不在列表中的原因，例如："昨晚喝个烂醉，所以看错了价格趋势""我当时还没到公司，所以忘了设止损"，等等，但凡你个人碰上的原因，都要列入表中。如果有新状况出现，也要记得加进去。一般来说，尽管状况千奇百怪，大概分成二三大类就足够了。

表9-1　常见的操作错误

1. 未设止损。
2. 听客户经理的买卖建议。
3. 未听从信号平仓。
4. 没有跟踪止损。
5. 太早平仓。
6. 系统发出买入信号前就买入了。
7. 听小道消息。
8. 听信政府的报告或公司的业绩报告，无视交易系统的指示。
9. 未到止损位，但自己因为害怕，而主动平仓。
10. 恐惧和贪心。
11. 在卖出信号出现前，由于仓位太高而爆仓。

Trade	Date In	Date Out	Profit/Loss	Trading Rule	Reason for Loss—Comment
Bot—Dec 79, corn	6/17/78	6/21/78	−$ 247.50	6, 3	Stop loss hit—rules followed
Sld—Feb 79, hogs	6/23/78	8/11/78	+$1250.50	6, 5	Rules followed—no loss
Bot—100S GM	7/11/78	7/12/78	−$ 245.20	11	"Scared out" too early
Bot—Feb 79, gold	8/12/78	9/12/78	+$1450.00	12, 7	Profitable trade but got out too soon on news report
Sld—Feb 79, hogs	9/15/78	9/23/78	−$1227.60	None	Bot on rumor and took large loss one week later
Bot—200S IBM	9/26/78	9/27/78	+$ 250.00	None	Bot on bullish earnings report—broke trading rules
Sld—Jan 80 OJ	11/12/78	1/14/79	+$2560.00	3, 7, 2	Followed all rules—1st trade after reevaluation of rules
Bot—100S PRD	1/23/79	2/17/79	+$ 980.50	1, 5	Followed rules and made another good trade!!!
Sld—100S PRD	2/17/79	5/25/79	+$1160.50	1, 2, 3 5, 7	All trading rules followed to the letter—profit!!!
Sld—100S XRX	6/11/79	6/15/79	−$ 768.90	5, 4	Followed rules for entry but did not liquidate on stop
Bot—Mar 80, corn	7/01/79	9/11/79	+$ 143.50	3, 4, 5	Entry OK but did not use a stop and gave back big profit

Bot–Mar 80, oats	9/13/79	9/15/79	–$ 265.00	3, 6, 1	Followed rules but still lost—getting frustrated . . .
Bot–Mar 80, oil	9/15/79	9/17/79	–$1220.00	3, 7	No use of stop. Overtrading—very anxious—be careful!
Bot–100S LVO	9/19/79	9/23/79	–$ 550.00	None	System working but I'm not taking break to evaluate

Trading rules:
1. Buy on penetration of 3-week high–sell on penetration of 3-week low.
2. Buy/sell penetration of 10-day moving average.
3. Buy/sell on 50 percent retracement from breakout.
4. Buy/sell on penetration of triple high or low.
5. Place stop at 75 percent once in excess of $1000 open profit.
6. Buy/sell 3-day pullback to trend change point.
7. Buy/sell on weekend rule (close on high or low of week).
8. Buy/sell on 2-day upside reversal (downside reversal).
9. Buy on penetration of contract high with open interest high.
10. Close out position after key reversal.
11. Buy/sell on new 5-week high or low.
12. Buy/sell new all-time high or low.

表9-2 交易记录表（交易法则设定版）

对于那些最常出现的失误，要另做醒目标示。另外，在失误之后，若有特定的惩罚或奖赏，或者其他值得记录的后续发展，也可一并记下。

到月底时，请详细检视记录表，注意那些比较常出现的失误，以及过去常常出现的状况。我们要找的，就是某些固定的交易行为模式，把它们单独挑出来，这些就是你的目标。

除非你能先搞清楚自己做错了什么，否则是不可能有所改进的。所以，我必须极力强调做记录的重要性。

在进行"治疗"之前，先说一下我们采取的步骤：

- 行为主义学习基本模式已经介绍过，并特别强调"刺激—反应—结果"的关系。
- 行为能否持续，是看"结果"的好坏。例如，如果某项行为持续出现，我们必须假定其结果是奖赏，即使它看起来像是负面的效果。
- 借由改变行为结果的好坏，将可改变行为本身。
- 为了改变行为结果的好坏，必须尽可能个别地仔细加以分析。
- 要改变行为（即治疗），根据我先前提到的学习基本模式，必须依据客观、特定且具组织性的步骤来进行。

即使你不认同行为心理学的理论，想必也能够同意这个方法的逻辑和客观性。为了达到我认为改变行为时必须具备的科学方法，我们要忽略那些惯常使用的主观用词。不过，这并非表示在我提出的这个方法中，情感和思想都没有用处，而是代表着从现在开始，那些无法清楚衡量、评估、观察，那些不可见的"本质、存在、实体"，只能放在一旁。

改变行为

下个步骤就是治疗。在此，先了解一下行为心理学家在精神治疗时使用的方法，肯定是好处多多。各位应该还记得，行为的"消失"即"无法学会"或"遗忘"的过程。根据不同类型的奖赏行程表，改变行为可能非常简单，也可能需要比较久的时间。

我们可以说，会产生不良后果的行为，基本上都是因为随机强化行程表。这个说法应该没什么问题。当然，这是指市场行为的大部分情况。情况常常是这样的：你违反了交易法则，结果这笔居然大赚！有时候呢，你只是忽略了一点点的交易法则，却又造成亏损。于是我们永远也搞不清楚，如果我们违反既定的交易法则，到底是会赚到钱还是会赔钱？之前说过，类似的随机奖赏行程表，让这种行为更不容易改变。要改变市场行为，也有几套方法可以使用。不过，我在提出这些方法以前要先声明，利用文字来帮助各位，还是有它的缺陷。因为我的建议，并非直接在我的掌控下执行，所以我无法跟各位保证它的效果。由于没有一位专业的心理治疗师在旁做监督，各位得靠自己挑起全责，就看你是不是有决心改变自己的行为。要是你能找到谁来帮忙，将更容易成功。我个人无法跟你提供任何保证，尤其是如果你的状况严重到间接帮助也无法移除的话，那就更别提了。

止损方案

我现在要讨论的，将集中在表9-1中的第一条：未设止损。让我们先假定，在所有投资市场中，使用止损都是比较好的操作方式，也符合大多数交易系统的要求。有些人还会下"止损同时反向开仓"的单,也就是在止损被执行时,自动顺势再加一张单子。

很多以移动平均线为主的交易系统,都会挂这种"止损同时反向开仓"的单,因为他们想一直持有仓位。不管所下的止损单是哪一种,单纯的止损、"止损限价"或"止损同时反向开仓"单,反正只要是交易系统要求,就必须要这么做。我们也只能假设,投资人之所以没有使用止损单,是因为随机强化行程表在作祟。意思是说,尽管没设止损,有时候照样赚钱。虽然未止损单而照常赚钱的情况不是常有,但学习功能照常进行,因而有了这个坏习惯。附带一提,这也许是市场中最常见的问题。未设止损的借口应有尽有,有些还非常巧妙,不过这些都没有任何意义!成功的资金管理,一定要包含限定亏损的概念,不过我不准备在这里跟各位"传教",说明止损的价值,我只是假设,下止损单或其他类似能够限定亏损的办法,符合大多数投资者的利益。

我们要如何运用行为主义的技巧,来矫正这个问题呢?请回想先前提过的学习基本模式,让我们利用图9-2更仔细看一下。我们就以图示的刺激—反应—结果联结关系,看看有什么办法可以用来矫正不用止损单的行为。

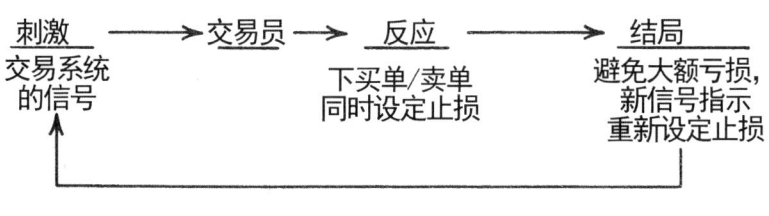

图9-2 刺激-反应与止损

止损单的问题,在于使用之后奖赏太低。止损单是用于防止行情反转,因此有时也可以在有获利时使用,以保障已经获得的涨幅。但如此一来，可能使交易赚得的钱比原先该有的还少，然而这就是止损的概念，是在购买行情反转时的保险。所以，除非是发挥了限定亏损的功能，否则实在看不出有什么正面的结果。而且，因为是行情反转才会触发止损，于是每当止损被执行，你被迫离场时，感觉上好像挨了一记闷棍。如果老是这么挨闷棍，谁还会乐于下止损单呢？如果你是在单子有浮动盈利的情况下挂止损单，一旦被触发，那就表示平仓后的真正盈利比你原先该有的还少，这给人的感觉同样是负面居多。万一行情先向下触发你的止损，然后又掉头回涨，那种感觉更糟！

本质上来说，使用止损单的行为结果，几乎没有一样是正面的。唯一的好处，只能说：因为下了止损单，所以亏损不致扩大。不过这种想法还是从负面来做思考，我们只会把止损当成必需的预防措施而已，没有奖赏的感觉。

这也是许多投资者在必须认赔了结时，常常会出现犹豫的原因。完全从行为主义理论来看，使用止损几乎找不到直接的正面反馈。止损跟保险一样，我们都知道要保险，却又希望一辈子都用不上。由于止损单总是带着负面经验，难怪很多投资者都不想用。若以弗洛伊德理论来说，亏损可以比为遭受阉割。这可不是开玩笑的，有些人会觉得，每次交易亏损，好像身体的某个部位被切除了一般。因此要求投资者一定要加挂止损单，是很困难的。这也是为什么很多投资者怨恨、嘲笑、滥用或误用止损单的原因。那我们该怎么办？既然使用止损单是资金管理必要的工具，那我们该如何替止损单找出好处，赋予它正面结果呢？

【步骤一】

要改变任何行为，一定要先找出类似的新行为，如果这项行为相当复杂，或个体完全没有这项行为的话更是如此。假设你从来没用过止损，再假设你的交易赔得很惨，所以想改变自己的行为，那我们可不敢期待你一天之内就能学会。今晚睡前是罪人，明早醒来变圣人？没这回事儿。你必须先设定一个新行为，再慢慢达成你的目的。第一步要做的是，你每次下单后先设定一个止损价，记录到你的账簿上。光是把它记录下来，并不会带来亏损，或者有任何你想要避免的不好经验。但是这么做，却有助于你最后想要采取的类似行为。如果你能找到一位毛病相同的朋友，互相激励、协助，互相监督，那效果更大。每一次交易，只要你愿意记下止损价，朋友就给你口头奖励一次："不错！真高兴你记下来了。""嗯，要继续努力喔！"或者"你进步得挺快嘛，我有点吃惊！"等等。反正是说说好听话就可以了。要是你连这个小动作都不太乐意做，我看你还是算了吧。如果你会使用止损单，只是不能贯彻，那么你可以从下一个步骤做起。如果是那些从来不用止损单的人，而且还是市场上的常败将军的话，则前述的协助是必要的。别忘了，我们是要改变行为。

要执行这个步骤，最好别人从旁协助。如果只有你自己一个人，很难会因为记下止损价就鼓励自己；再者，时间一久，懒劲一发，说不定你还会自己骗自己。在选取奖赏方面，当然得多费点心思，选择一些符合自己需求的方式。如果你能有所进步，而获得朋友的肯定和鼓励，那你就更接近目标了。如果没有好友帮忙，要是你的客户经理乐意协助，那也成。你可以给他止损价，要他记录下来，但不真正挂单到市场上。从他做的记录，就可以看出你的进步，同时也请他鼓励你。

这个阶段，如果你没有做好记录的工作，是否该施以惩罚呢？我想，就是有惩罚，大概也不管用。如果你真的想在市场上成功的话，这点动力应该也就足够你撑完这个步骤才是。要是你连这么简单的记录都做不到，我建议你早日放下执念，离开投资市场吧！这才能真正挽救你日后免于大祸临头。我说得这么明白，也是在考验你的诚心。你要是真心希望自己能在投资市场出人头地，那就照我的话做。不然，你以后真正赚钱的可能性，恐怕是微乎其微。如果你可以维持三个月，或者连续二十五笔交易都切实做下止损记录，就算合格，才可以进行下一个步骤。下一个步骤是把止损价报给客户经理，但仍然不是真正下单。如果之前没有朋友帮你，也许你就该直接进入这个步骤。如果在做记录方面也完全没问题，那就进行步骤二吧。

【步骤二】

为求有效的行为改变行程，我们必须遵循由简单到复杂的步骤。如果你遇上的困难非常基本和浅显，那就由步骤一做起。如果你的问题不是那么严重，那就晋级。这是要改变行为模式的方式，也是行程表的做法。一点一滴地完成小目标，才能迈向最终目的地，不要想着跳过某个步骤。如果当中有某个阶段你做得并不成功，请退回到更基本的项目重新做起，这样才对。

止损工程的第二个步骤，是把止损价报给你的客户经理。要进行这个步骤，你必须先完成前一个阶段。本质上，第二个步骤跟前一个差不多，唯一的差别只在于止损价不但要自己记录下来，也要报给客户经理知道。你要告诉客户经理，只需记录下来，不必真正下单。

如果他愿意帮忙，而且每一次都能表扬你两句，那是最好不过了。除了客户经理为你记录止损价位外，你自己也要继续做记录。这样做的目的，是要消除止损单的负面效应，让你以后要下止损单时比较容易。不过到现在，还不需要真正下止损单。

像步骤一样，你必须在步骤二获得客户经理、朋友及跟你一起进行学习的成员的口头夸奖，目标是要百分百地乐意下止损指示。这个大概几个礼拜就可以办到了，一旦达成目标，即可进行步骤三，让客户经理真正下止损单。不过在此之前，我想你一定愿意再用一个小技巧，让止损单对你的价值感更强。在步骤二，你可以一边做止损价的记录，一边计算如果使用止损单的盈亏状况，再跟你原来的操作方式做比较。你应该会发现，如果真的使用止损单，你的成绩肯定比目前的要好得多。这个简单的动作可以发挥神奇效力,会改变你对止损的观感。一旦你了解止损单能够带来的巨大利益,使用起来将更起劲,而且必定在获利上有极好的效果。

【步骤三】

改变行为的目的,就是要让自身打上新行为的印记。在改变的过程中,我们把正确行为和正面强化联系起来,行为越常被奖赏,以后就越可能再出现。止损学习的第三个步骤,也是两项的强化联系,与步骤一和二相比,只是需要真正下止损单。我们还是使用之前一样的奖赏,让朋友、伙伴及客户经理给你口头奖励,还有,你也不要忘记鼓励自己。止损记录照常继续,然后你下止损价给客户经理,让他帮你下单。到了这个阶段,想必在前两个步骤中已经准备妥当,不会再有害怕的感觉了。千万别忘了,在下止损单之后,要设法给自己奖赏。

如果你能做到每一次交易都下止损单,那就最好!如果不能做到每次都奖赏,就可能造成错误的学习。大概花三个月时间,就可以养成这个好习惯。一定要循序渐进,一个阶段做好后,再进行下一个。

【步骤四】

这个步骤就是"练习,练习,再练习"。我先前一再说过,我们希望养成的行为,需要通过不断地给予奖赏,这很重要。要做到这一点,唯一办法就是始终一致地使用正确行为,而只要你这么做了,就会被奖赏。道理其实跟你使用交易系统差不多。要调试它,最好的办法就是去用它。

重点回顾

- 要想交易成功,必须要学习好的行为。
- 要彻底戒掉那些不好的、会造成亏损的行为。

- 可以使用行为主义学习方法，培养新习惯，戒掉旧习惯。例如："形成""消失"及"强化"，等等。
- 强化行程表，可以控制行为出现的概率，或者让它变成习惯。
- 在学习过程中，做记录是非常有效的方法，是改变行为不可或缺的技巧。
- 投资者会犯下的市场"错误"，远不只十种而已。
- 改变行为的过程（即治疗），必须经过几个阶段。而各个阶段的成败，都是互有关联。
- 过程中的每个阶段，都必须比前一个复杂一点，而期间出现的各行为，必须导向终极目标行为。
- 行为一旦学会之后，要经常去使用，才会记得住。

10 再论交易问题

不用止损单或误用止损单,不过是投资者可能犯的两项错误而已。足以造成亏损的错误实在是太多了,我们无法逐一说明清楚。不过,大概可以归类如前一章的表9-1所示。根据行为心理学的指示,想要改变市场中的不良行为,可以利用表10-1的基本形式来达成。只要照着步骤做,也许就能有效对付多数(或许是"所有")的市场问题。为了使各位以后可以独力来进行这项工作,我会以市场另一个常见的问题,演练一遍给大家看。现在我们来对付投资者的另一大通病:太早平仓。

表10-1 改变行为的形式

步骤	预期结果
1. 记录行为	确定目标行为
2. 注意行为出现之前的情况	确定刺激
3. 注意行为的结果	判断奖赏是什么
4. 想出"新"行为	拟定明确目标
5. 改变刺激因素	改变反应
6. 改变行为结果的因素	增加"新"行为出现频率
7. "淡化"奖赏	让"新"行为取代旧行为
8. 检视"新行为"	确定已经成为习惯

要进行改变行为的计划,一定要把想要改变的目标行为界定清楚,行为主义心理学家称之为"操作定义",定义越清楚、明白,越能成功改变。"太早平仓"的操作定义如下:

在投资者交易系统所指定的价位或时间来到之前,就清掉所有仓位。

再来就是照表操作。第一,先记录下想改变的行为,亦即如表9-2所示的记录方式,记下在一定时间内,该行为出现的次数、频率,之后我们才能有比较基准,知道我们到底改变了多少。届时我们就能很精确地知道,到底有多少交易(例如七成),是在适当时机之前结掉的。

第二步是要记录目标行为发生前的刺激状况,例如,也许只要有某个特定因素出现,就会让你"太早平仓"。在我自己早期的交易经验中,"太早平仓"九成是因为盘中接到客户经理打来的电话,这些电话会打击我的信心。这个环境刺激,是可以改变的。后来我要求客户经理,除非是要回报成交,或者是我要他打电话过来,否则不要在盘中打电话给我。只是一个简单的动作,就有效地解决这个问题。让我只遵循交易系统的信号,来获致该有的报酬。也因为遵循交易系统而得到奖赏,我同时建立了信心,后来对客户经理盘中电话就能处之泰然了。在很多状况下,要改变某一种行为,其实只要改变会带来刺激的因素即可,各位千万别忽略这项极为有用的技巧。不过,刺激也常常是难以单独操控的,如此就必须再往下进行。

第三步是"注意行为结果"。在这个例子中,不管是赚多、赚少,太早平仓都明显可以纾解持仓的"焦虑",那种让人松了一口气的感觉就是奖赏。很多状况下,客户经理也会为平仓的动作提供奖赏,而客户经理自己往往不晓得,他的一言一语却成了这个行为的奖赏或刺激。比方说，你太早平仓之后，客户经理可能这么安慰你："高兴点，我们总算脱身了嘛！"或是"你卖得好啊！我想行情要走下坡了。"以下几句话，也是太早平仓之后可能听到的标准奖赏：

"哎呀，起码我们不必再担心它了啊。"
"至少也赚到钱了嘛！"
"虽然只赚到一点，也比赔钱强啊！"
"还好已经平仓了，不然再往下，可能就打爆你的仓位了！"
"我们离开的正是时候，后来行情就大跌啦！"

另外还有一些说法更微妙，对于交易的严肃性也带来更强的破坏力：

"这没什么损失啊，如果嫌太早平仓，随时可以再跳进去嘛。"
"人生总有例外的啦。"
"交易系统可不是每次都对。"

这些话可以让人解除焦虑，因此就发挥了强化效果，结果对部分投资者来说，太早平仓就成了奖赏。在某些状况下，例如太晚认赔时，光是一个单纯的平仓动作，就可以发挥奖赏的效果。对大部分投资者而言，抱着仓位，承受的压力是非常紧张、吃力的。所以尽管是太早平仓，但等于解除这种让他紧张的状态，反而成为一种正面经验，如此一来，在以后的交易中，"太早平仓"出现频率就可能增高。至于那些亏到家徒四壁才认赔的人，平仓也可以算作是正面的经验，两者都可以解除紧张，就感觉好像在奖赏不良的行为，这好比有个笑话，说某个呆子不停地用头去撞墙，人家问他为什么。他说："因为停下来不撞的感觉真好！"那些不知在适当时机认赔出场的投资者，可能抱着逐渐扩大的亏损，把紧张和压力逼到极限，然后才以平仓来寻求纾解。有些行为心理学家，如艾斯蒂斯特别强调，这种有效终结的强化机制会延迟认赔，结果看来反倒是有理的。而一旦某个错误根深蒂固之后，再要改变，就得大费周章了。所以，我才一再强调，交易和投资，都要用一种有规划、有特定方法、有条理的方式来进行，尤其是在防止一些错误行为的侵蚀上。

对那些情绪不够稳定，还不成熟的投资者来说，谁都可以把他耍得团团转，不管是朋友、投资顾问、场内交易者、新闻报道、大舅子、小姨子甚至隔壁大婶的儿子，他们只需"一言"就足以"丧智"矣。投资者的不安全感，常常就跟这些过于庞杂的信息渠道有关。在这种情况下，"刺激"来源相对复杂，不是我们可以单独改变的。

第四步，定义"新"行为，通常即我们要矫正的行为的相反行为。要成功改变行为，最好弄清楚操作定义。本例的定义是：

不管其他信息渠道有什么消息，只有在交易系统发出信号时才进行平仓。

第五步，可能的话，就去改变刺激因素。在某些状况下，有些事情是不能改变的，如果固执于此，那就不切实际了。不过，就算有些不能改变的，也应该先着手消除那些可以消除掉的，即可减少一点不良的刺激。几年前，我自定的"救命"法则就是，不惜任何代价，避免跟任何人讨论行情，连行情报道、预测、分析等都不看，毋言毋视毋听，这就是我的办法。这可不容易，像是市场刊物、新闻报道、投资刊物和经纪商刊物等，全部拒之门外。万一旁边有人在讨论，还得学会把耳朵关上才行（要做到这一点，通常要先学会闭上嘴巴）。我当年要改掉赔钱的坏习惯时，就是这么做的。

第六步，最重要的是改变行为的"结果"。这里就需要你多花点心思了。你必须设法从旁人、你自己和市场上去获得奖赏，增进强化效果。我们之前介绍过的方法，尽管拿出来使用，获致自己视情况来调整。诀窍是，在完成目标行为时，就要立即获得奖赏。请各位谨记在心。

第七步，"淡化"奖赏。这一部分我们尚未讨论过，不过各位可以先了解一下这个术语。如果时日一久，我们希望养成的行为已逐渐增加，就可以逐步减少奖赏，终至戒断。因为这个行为本身就能提供自我满足，也会增加在市场上的获利，自然会有强化效果。

第八步，检视"新"行为。这个步骤不难，因为你从自己的交易表现和结果，应该就可以看出行为改变是否成功。不过，记录工作最好还是继续，如果自己在交易时出现什么改变的话，从记录上即可一目了然。就算不会马上影响到获利表现，也有迹可寻。

除了我们前面提到的常见市场问题外，其他还有很多好行为，是必须加以培养的，"纪律"就是最重要的一个。我的看法是，行为只要能够加以定义，就学得会，在此，我要详细介绍一些方法，让各位来训练"自律"。

在进行行为改变时，若能切实遵行以下这些关键因素，你的努力将会更加有成果。

- 尽可能详细定义所有相关行为。
- 正确记录产生刺激作用的事物。
- 正确记录所有反应结果。
- 尽可能详细定义目标行为。
- 一旦完成目标行为，一定要马上给予奖赏。

- 改变工程完成后,持续检视行为。
- 在改变行为接近百分百完成时,停止奖赏。
- 对整体交易计划而言,所有相关行为都是重要的。
- 经常注意交易行为的变化迹象,通常可以从亏损的增加瞧出端倪。
- 尽可能寻求亲戚、朋友及客户经理的协助。
- 切勿低估控制刺激因素的潜在利益。
- 要有组织地进行交易。有效地组织化,可以充分记录、掌握所有的必要的行为、刺激-反应状况的,频率,判断是否需要改进。
- 以科学的方法来进行行为改变,观测行为线索、计算行为发生的频率,把发生次数记录下来。
- 不要花大多时间去推理,去想自己为什么要这么做,只需要注意自己在交易过程中有没有不好的行为,再针对它拟定计划来改变。

重点回顾

- 为了要改变旧行为、培养新行为,必须依靠一套有效的行为理论步骤。
- 必须进行的步骤,都要详细规划,不能打马虎眼。
- 行为改变工程必须高度系统化。
- 尽可能寻求他人的协助。
- 不用浪费时间去找出行为背后的原因。

11　行程表与自律

在前几章中，我提到行程表及其重要性。以详细的行程表来操作，有三重好处：

- 可以让你避免代价高昂的错误及疏漏。
- 可以帮你维持有纪律、有秩序的交易方法。
- 可以帮你培养良好习惯和健康的态度。

学习者必须坚守一套组织完备、具特定目标、详尽、适用广泛且实用的行程表，才能达到最圆满的目的。具有良好的组织能力，不但能办成许多事，同时还可以拥有许多空闲的时间。最后，只要谨慎地善用行程表，在做事态度及获利上，均可收到立竿见影的效果。当然，有许多成功的投资者并不是利用行程表而有今天的佳绩，或许他们这辈子根本没用过行程表这个玩意，因为他们用不着，就已经达成你想要达到的境界了，所以拿这些人来做例子并不合适。一旦你也能够达成目标，自然也不必再用到行程表，因为其观念已内化到你心里。如果这本书洋洋洒洒、长篇大论的结果，只能激发你去做"一件事"的话，我希望那是使用"行程表"。

从哪儿开始

要建立一套实用的行程表,必须先把你想做的事一一罗列出来。现在我们讨论的都集中在市场交易活动,所以只要把这些目标纳进来即可。未来如果你想应用在生活的其他方面,那也不难,只需比照我们现在建立交易活动行程表的模式即可。有些人以为,交易活动的行程表应该包括:阅读市场报告、准备价格趋势图表(或者是基本面资料)、做出交易决策、更新交易记录、阅读市场相关素材、研究交易规则、测试及发展交易系统、空余闲暇,以及筹备一个五年计划等。

决定要包含哪些活动项目之后,接下来再根据各个活动的发生频率,进行时间分配,如表11-1所示。每天都在市场上进进出出的人,当然得花更多时间在这上面,其他很多投资者则属业余性质,不必这么拼命,只要每天花费少许时间来照顾即可。不过,这个时间最好安排在日常工作开始之前或之后,最好不要夹在中间。我可不建议你在白天从事全职工作的时候,偷空研究股票。

表 11-1 每日记录

日期	时间	内容
星期一	晚上 7:00-8:00	阅读市场报告
星期二	晚上 7:00-8:00	规划长期目标
星期三	晚上 7:00-8:00	分析业绩报告
星期四	晚上 7:00-8:00	研究交易法则
星期五	晚上 7:00-8:00	整理每周结果
星期六	下午 2:00-3:00	更新 K 线图
星期天	晚上 7:00-8:00	制定下周策略

每天挪出一个短短的时间来做研究，反而比长时间投入更见效果，所以我建议各位，每天拨出时间不必太长。当然，有些目标行为是要每天都一定要做的，有些则每周一次就够了。如表 11-2 所示，这位投资者显然是另有全职工作，交易只是业余的。

日期	内容
星期一 19：00-21：00	进行止损计划第三步。评估上周的进度。规划本周进度。
星期二 19：00-20：00	分析上周交易状况，检视所有交易法则是否都遵守了交易系统。计算亏损/盈利比。
星期三 20：00-21：00	跟客户经理讨论止损计划的进度，看是否到有什么改变。制定下一个步骤。
星期四 20：00-21：00	检视行为结局，以确保目标行为有足够的奖赏。
星期五 20：00-21：00	确定交易计划的下一个步骤。拟定大概的时间。评估现在目标的整体进度，并在必要时做改变。
周末	周末进行技术分析，并规划下周交易

另外，每周建立一套新的行程表，也是不错的方式，可以顺便检视各项活动完成的进度如何。同时，可以为自己的进步，做些适时的反馈。

花多久的时间最好？

要花多少时间在投资上呢？过犹不及，太多或太少都不好，每天不必超过一个小时。不过就算只有一小时，也许还是太多了。不同的交易系统需要不同的时间，我的建议是你每天分配给投资市场的时间，在研究，分析上不必超过一半，其他时间应该用来分析操作表现，行为结果，自我评估以及五年计划之类的长程规划。等你慢慢熟悉行程表作业之后，就可以更精确且更节省地来分配各项活动的时间了。

如果你也安排了本书提到的行为改变计划，那么每天所花的时间就有必要再增加一些，而且最好在周末利用两倍的时间来安排，规划下周的交易，通常只要两个小时就足够你安排下周交易事宜了。

严格遵循行程表

如果你想要有效果，一定要严格要求自己，毫不含糊地遵守行程表。我建议你把遵守行程表视为每天最重要的工作，一直到它成为你的一部分为止。要追求投资上的成功，一定要有纪律，所以你必须把投资活动定出一定的时间表，即予以行程表才行。而每天最重要的是培养自己遵守行程表。

有弹性，但要坚定

要让你的活动行程表带有正面感觉，必须兼具可操作性和完整性。你要是认为活动行程表既单调又无聊，心不甘情不愿的，那它必定起不了什么作用。在行程表中，一定要有点弹性，通常感觉上会比较好过。如果其中有些例行公事，你觉得多余、无聊，或者不知道有什么用处，那就把它们拿掉，让时间空着，或者另外安排更重要的活动都行。届时你会发现，常常做些变换，执行起来更愉快。当然，有些人比较喜欢变化，有些人则乐于固守一套既定的清楚行程表，这就看个人的态度，只要将行程表效果发挥到极致就行了。

优先事务、必要工作及自由时间

行程表中必须包括哪些事情呢？大部分都视个人而定。不过，有些特定目标，我建议每一个投资者都该列入每日行程表内。

1. **为市场做准备**。如果你是技术派，那一定要定期做功课，而且是每天做比较好。不过有些投资者，特别是以长线投资为主的，或许觉得每个星期做一次就够了。如果是基本面派，你要经常研究相关的统计、财务数字及阅读各类报告。这些研究功课，对任何交易系统都是最重要的，阁下应该将最大的努力放在这上面，且将其列为建立行程表的首要之务。诚如我前文提及的，市场症状和负面态度中，不积极做功课研究市场及行情，将很快尝到苦果。一旦你开始偷懒，不做研究、不做准备，投资表现很快就会反映出来。等到你想到要更新资料，比方说补满价格趋势线图时，也许会发现："如果线图能随时更新，就不会有那次失误了！"这就是行程表可以帮助你的地方。我强烈建议各位，每天或每周特别安排一段时间，认真地做投资功课。就算你选择不安排时间做任何活动，也要特别腾出一段时间来研究市场。这个很重要，真的很重要。许多投资者在市场上碰到的问题会对于他研究市场的意愿形成立即且负面的影响。

2. **交易决策**。大部分投资者是在更新 K 线图或进行技术分析时做出投资决策的，但我不推荐这种方式，我认为最好是在做完所有技术分析及基本分析的功课之后，再做决定。所以，别忘了在行程表中，腾出一点时间来进行投资决策的拟定工作。之所以这样建议，是因为投资决策过程非常重要，不应该跟其他事情混杂在一起。投资者如果忙着更新资料、研究财务报表，脑子里一定是乱糟糟的，哪还能做出理性的决策呢？如果是先把该更新的更新、该研究的研究完毕，对每个市场状况一目了然，不会受其他杂务所干扰时，判断会更客观。进行投资决策时，一定要不慌不忙，以公平而超然的态度，为投资利益做最大的考量。我发现，特别拨出一段时间来做判断，决策质量更值得信赖。

3. **做记录**。对于进出频繁的投资者，我认为每天做个记录、回顾一下，是必要的。至于保守的投资者，在市场上进出很少，但最起码也要每周做个回顾记录。各位一定要充分掌握自己的投资状况，不管是任何时候，都要知道自己的投资情形和投资成绩如何。如果你跳过第10章中关于做记录的小节，请你现在翻回去读。

4. **行为工程**。如果你正在执行行为改变计划，记得拨出时间将其列入行程表。

5. **长远目标**。之前提过，要拟定一个长远的财务计划，把自己的期望描绘出来，再加以规划。这个时间是不能省的，抽点时间好好规划你的五年计划。要怎么做呢？就是把自己的目标写出来，比较一下目前进度和先前所订的目标，掌握实际进度如何，了解一下自己朝目标前行的速度是快是慢，这些事情都得花时间。

行程表选取的标准，以最符合投资者交易需求和生活方式为准。对于刚进入市场的投资新手而言，行程表可以让你很快地步上正轨，不然可能会很快陷入亏损的悲惨命运。只有通过行程表来建立信心和纪律，否则很难在投资市场上成功。梦想着获利，却运用既无组织也没纪律的方法，注定要失败。

重点回顾

- 能在投资市场上成功的方法，必定是有系统性而且严格要求纪律的。
- 使用行程表，有许多好处。
- 根据你个人想要达成的目标来设定行程表。
- 每一项必要的活动，都要安排时间来做。
- 不管你的投资方法或目标是什么，有些市场要点一定要列入行程内。

12　顺势操作很重要

经验教导我们，不管你用的是哪一套交易系统，顺应市场大势来操作，肯定才是最有赚头的交易方式。股票和期货行情都会有长期的趋势，这些趋势常会持续数年之久。在浪潮刚起时就抓住趋势的投资者，往往可以获利数倍（有时还会更多）。如果他们够幸运，能在趋势达到顶峰或即将反转时出货，则赚得更多。至于那些投机炒短或做短线的投资者，也可以利用长期趋势来获利。在既定的市场行情趋势中，大部分的短线获利，同样来自趋势操作。这个基本原则，在所有投资"大师"的书中都曾提及，或许《股票大作手回忆录》说得最简洁有力：

后来我了解，只有在行情大幅震荡时才有机会赚大钱。而不管造成行情大幅动荡的原因是什么。趋势之所以得以持续，是因为某些基本面因素的支撑，而不是靠主力资金的操纵或财务人员的狡诈操作，不管是谁想抗拒趋势，都不可能做到。震荡的幅度和时间长短，都由这个基本动力来决定。

投资，就是希望掌握长期价格趋势：技术派研究价格线图，寻找所谓的"突破点""头肩底"等价格图形，也是为了掌握趋势的变化。经济分析师研究经济趋势，寻找相同的历史经验，目的仍在界定趋势变化的时间范围。移动平均线交易系统，以时间为基准，来追踪趋势的变化。不论是基本分析或技术分析，大多数的交易系统都是要找出一定的价格模式，利用它来预测行情，以达到获利的目的。至于搞短线的投机人士或"抢帽客"，对于掌握趋势也很感兴趣，他们将焦点放在找出较短的趋势，来调整他们手上的仓位。也有投资者是以趋势中的"极端状况"为交易主调，他们当然也要了解趋势何在，才能决定行情是否已经走到极端。

然而，尽管市场上对于趋势有种种看法、说法和做法，包括移动平均线、经济周期、长期价格模式、信号、财务经济指标、趋势反转、关键反转、企业盈余报告和各式各样的市场指标，投资者要做到顺势操作还是相当不容易。因为如果这么做简单的话，市场上一定有更多的有钱人，读者也不必费神来看我这本书了。可是我得说，照利弗莫尔的说法，趋势的概念可是简单的吓人。

显然地，在牛市中做多，熊市中做空，事情就是这么简单。听起来很蠢吧？可是我花了好长一段时间，才体会出这个浅显的原则，才了解，它就是赚大钱的唯一方法。

引自《股票大作手回忆录》

要运用趋势法则来赚钱，显然是有些缺陷，才会变得这么困难。大多数投资者宁可当多头，而不愿当空头。为什么会这样呢？我认为心理因素本身就是关键，是一种人性的本能。而更令人丧气的是，事实上，趋势是非常容易辨认出来的。

趋势是什么？简单说，趋势就是在某个时间内，特定的移动方向。图12—1中，（a）图是玉米价格的长期趋势；（b）图则是更放大一些来看；（c）图是由许多趋势变动中单独挑出一段来。我们可以像这样用放大镜，逐步来观察趋势，一直到以盘中价位跳动点所构成的微型趋势为止。

12 顺势操作很重要

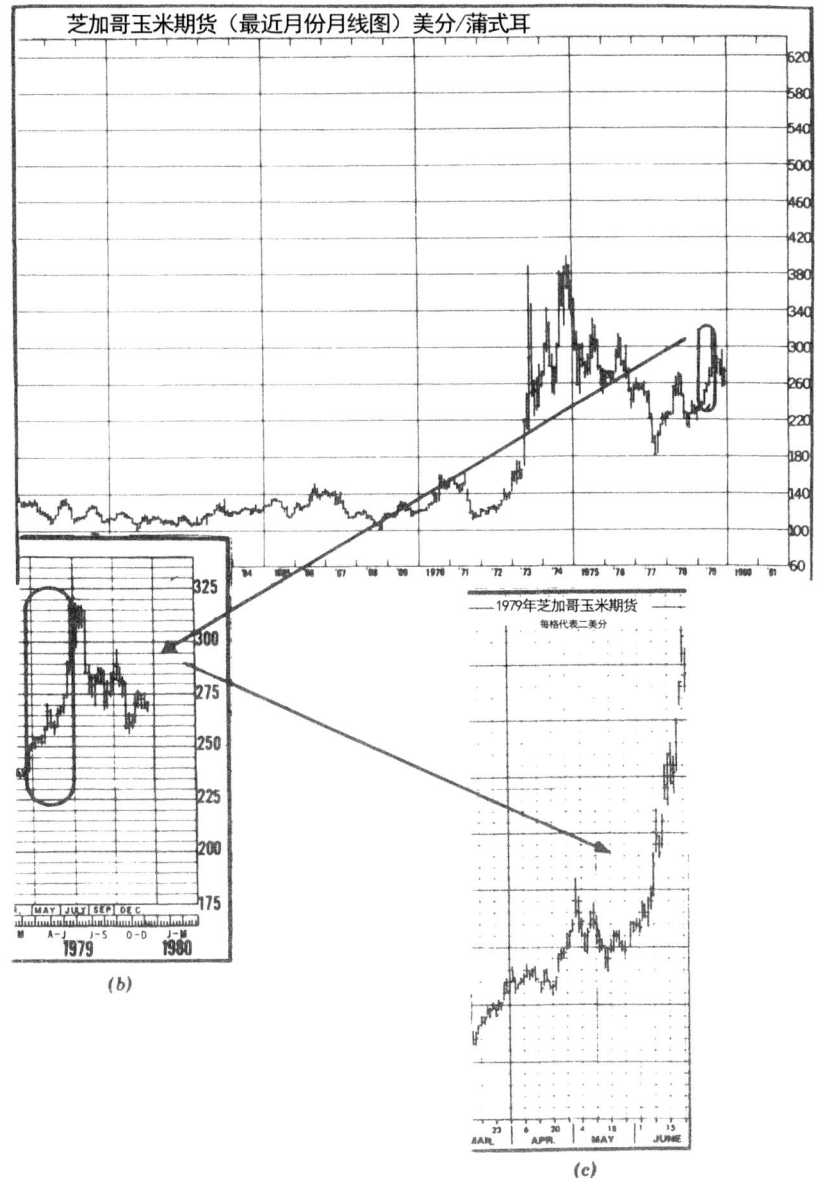

图 12-1　玉米长期走势图

如同各位所见，市场的确是有特定方向的趋势。价格的波动绝对不是没有方向，价格的起落也不是由随机数表随机跑出来的。行情的变化是一个具有持续性和特定方向的模式，研究这些模式或趋势，投资者就

— 113 —

能做到逢低买进，逢高卖出。大多数的交易技巧和市场分析工具，不外乎有两个目的：研究目前行情处于何种趋势；及研究目前趋势何时反转？为了搞清楚这两个问题，大家无不埋首研究，利用各种技术指标、投资工具及各式各样的指数，进行独立运算或综合判断。

这样有效吗？我认识一位非常成功的投资者，他说得很坦白："那些垃圾我可没用过。我只看 K 线图。如果现在的价格比四个星期以前高，也比四个月以前高，那趋势就是向上。我会挑个有坏消息出现，而股价下跌时进场买进。有时也会买在最高价附近，避开重要的顶部和底部，我很少弄错。"这样做就对了！

既然研判趋势这么简单，那为什么要靠它赚钱却这么困难呢？我们最好是配合 K 线图来说明。图 12-2 是玉米期货日线图。本质上，买卖玉米跟交易黄豆、IBM 或任何一家公司的股票一样，投资者的行动和反应永远都是最重要的因素。

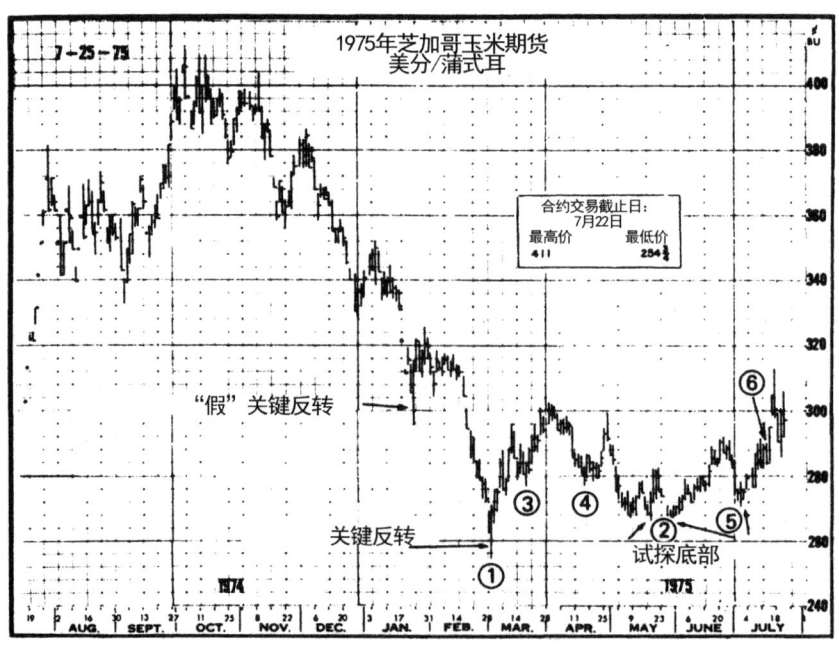

图 12-2　玉米日线图

假设这位投资者现在看到行情一路下跌，不过他不太愿意卖空，所以他要在行情触底以后，等待"关键反转"信号的出现。关键反转是指当日盘中交易价格在前一日最高及最低之外，且收在高位，并出现下影线。很多投资者把这种线，视为关键指标。就技术上来说，如果投资者严格遵循交易系统，在看到这个信号之后就要进场买进，记得我们之前也说过，会出现下面几个的情况：

"再等一下，等反转形态更明确。"
"的确反转了。不过成交量不够大。再等等吧。"
"如果真的反转的话，反正还会持续很久，进场时间多得是。"
"之前跌得太狠了，我有点担心。还是等个几天，确认趋势确定反转吧。"
"如果现在进场，说不定回探底部时，止损单就被触发了。"

这些反应都是投资者在遇到市场大反转时为自己开脱的借口，因为害怕亏损，所以他们不敢在第一时间遵循趋势反转的指标进场交易。潜意识中，这些投资者认为应该可以做到不存在亏损的交易。他们不了解，犯错也是交易活动的一部分，做买卖必然是有赚有赔的。这种不务实的态度，属于本能冲动，跟阉割恐惧的童年幻想有直接关系。如果弗洛伊德的理论没错，阉割恐惧和害怕亏损都来自幼年期间儿童与父母的对立，此后深藏在潜意识中，一直到成年还受其影响。

尽管价格冲上顶峰或跌到谷底时，都会出现特定信号，但大多数投资者在情绪上却很难实时有所动作。很多人先是苦苦守候趋势反转，一旦关键的那一刻真的来临，却又吓得不敢动。之所以如此，理由可能是：

- 过于害怕亏损。
- 缺乏自信，态度也不够积极。

- 由于学习的结果每次都是不好的，导致行为的无能。
- 不严格遵行交易系统，缺乏正确的学习过程。
- 听信矛盾的信息。

在大多数投资者将会跟随的重要信号出现时，却无力行动的投资者，心理上通常有一些特别的障碍，这些障碍也会在日常生活中显现。根据我个人看法，这种投资者应该是：

- 父亲非常强势，会体罚小孩。
- 父母的教育方式让小孩产生依赖感，无法自行做决定。
- 配偶牙尖嘴利，投资者如果犯错，常遭苛责。
- 由于负面的儿时经验，导致缺乏自信心。

在重大信号来到时无法做出交易决策，其实也不罕见。投资者如果把它当回事，在损失扩大前做些必要的修正和改善，还是有机会赚取可观利润。不过要改变行为，对大部分的人来说是相当困难的。假定重要反转信号出现时，投资者没有把握到机会，大部分情况来说，后面市场通常还会再测试压力位或支撑位（如图12-2所示）。遇上这种状况，投资者又会有什么反应呢？

"再等一等，看能不能等到更低价！"
"价格回撤得太深了，可能还会破底喔。"
"还是等突破近期高价（或低价），确认测试已经完成吧。"

第二次机会又过了，结果投资者还是没有动作。某些投资者会启动防卫机制来保护自己，免于面对现实。他们通常会为自己的行为找借口："现在趋势已经确定了，等回撤就买！"这种投资者左挑右拣，结果可能是：根本没回撤，或是有回撤，但回得太少，价位不够好；回的够深，可他会吓坏了；万事俱备，可是心里迟疑，动作太慢，以致没抓到。一次又一次的挫败，必然会造成越来越多的失误。然而，这些人事实上知道趋势动向，看到反复信号，也晓得自己应该怎么办。

有一个最常见的给自己找理由的说辞是："我们要在牛市时的回撤中买入。"这个说起来很简单，做起来可是很难的。人们平时自诩善于控制情绪，一旦大事临头，需要采取行动时，却往往有几千个，甚至几万个借口来规避，闪躲或拖延。心理上而言，回撤行情往往跌势凶猛，还伴随一些坏消息，当人人都仓皇逃窜，敢顶着头盔往前冲的，可是少之又少。而且回撤一旦出现，看起来又像是趋势要反转了。这个时候，市场上的场景是：客户经理众口哀号，投资顾问全面看空，大伙都觉得情况不妙，利空新闻接二连三，我们原先信誓旦旦的勇气，此时恐怕已是三鼓而竭了。处在这种外在环境下，投资者几乎吓坏了，哪里还岂敢在回撤时买入，敢杀进市场的，恐怕也挨不到时机成熟，就又早早出场了。会产生这些行为的心理因素，也是我刚刚提到的那几项。

股票投资顾问界老前辈，拉塞尔，是在许多次行情大反转时，非常强调人性缺陷的市场专家之一。某次，在等待行情反转时机到来时，他在投资刊物中写道：

所以，我现在告诉各位，要下定决心哦！在指标显示行情已经触底时，各位一定要做好准备。到时你会"觉得"很难进场买进。你身体里的每一条纤维都在告诉你，股市完蛋了！华尔街垮了！此时，你必须对抗自己的情绪。但这就是买进的好时机。所以，现在就好好准备，在情绪上武装好自己。

引自《道氏理论投资快讯》第 779 号

在市场趋势轰隆前行的同时，必然有数不尽的借口，来为自己没有采取行动找理由，可是没有一个借口是有用的，是可以让你成功的。不管没有采取行动的原因是什么，结果不但没赚到钱，而且通常让人觉得很挫折。事实上，不行动比行动更糟，更危险！不去行动会让人感到挫折，而挫折日久会使人失去判断力，而且缺乏耐心，增加犯错的机会。再回来看我们的例子（图12-2）。假设1和2的买进机会都没抓住，而且其他小回撤（3，4，5），也多半没有勇气建立仓位。

顺势操作怎么会这么难呢？

我可以简单地告诉各位，这些悲剧的成因，只因为投资不遵守纪律罢了。希望各位再回头看看前几章，搞清楚该怎么改变你现在的行为。除了先前说过的那些之外，我还提供几个重点：

反求诸己，探索自身的潜在动机。

我所说的就是平常而简单地探索自我心灵。把你自己所设定的目标列出来，精确地去了解自己想要通过投资达到的境界和成就。或许你根本还没设定特定的目标，既然不知道自己要去哪里，当然就不晓得该往哪条路前进。你要仔细规划出方向，看看自己设定的目标是否切合实际，思考投资是否是达到目标的最佳途径，再衡量一下自己愿意付出多少努力。要做到这一些，你得对自己百分之百的诚实。有些人做投资，做交易，只是为了他人，想让人家惊讶于其能耐，或者靠着投资的成功来展现其吸引力罢了。

反省你与父母的严重冲突。

许多内化的处世态度，恐惧、逃避反应或错误认知，都源于幼年时期的经验。毕竟，许多学习活动，不管在意识层面或潜意识底层的学习，的确都是幼年时期形成的，如果你不知道父母的教育方式是如何来影响到现在的你，你也许就不够了解自己的内在动机和态度。

确认你的夫妻关系对已决策能力的影响。

（如果阁下未婚，请检视自己与伴侣的关系，是否会影响你看到事物的方式和行动。）通常，家里有小孩的已婚男性投资者，因背负极大的责任而容易导致无力感，而且我们通常很害怕来自配偶的否定态度，在很多事例中，也可以看到夫妻之间常缺乏共同目标，因此如果能跟你的家人、配偶，分享投资目标，在做决策时，将可发挥极大的助力。

以下所述的交易法则为操作规范，并严格遵循。如果你始终无法遵照原定法则来交易的话，我建议检视生活其他方面，看看是否也有缺乏组织性、无法自律的状况。

回忆及你的经历。

在幼年和小学时代遭受的创伤经验，到成人时期还时常隐藏在潜意识中。如果你可以记起，一些经历在你梦中"重现"，将有助于排除这些恐惧。这些负面情绪不利于操作表现，如果你可以调整自己，将这些被压抑住的情感发泄出来，会很有帮助。

拟定完整投资计划，自始至终都在掌握之中。

搞清楚自己的目标，到底要完成什么？要如何去做？希望得到什么结果？哪些问题需要解决？要花多久时间？

寻求他人的协助。

跟志同道合的伙伴一起激斗通常是有好处的，他们可以指出你的缺点，你也可以帮助他们了解自己的缺陷。很多投资者组成团体后的运作状况都相当成功，原因就在于投资团体提供更多的信息以及集体的决策过程，而且从中可学到自我约束。

重点回顾

- 在市场上赚钱，最有效的方法就是顺势操作。
- 要判别市场趋势并不困难。
- 虽然行情趋势及反转很容易判别，但大部分投资者还是亏钱。
- 情绪因素对趋势操作有不好的影响，很多原因都可能导致投资者不愿意跟随趋势操作。

- 仅仅以小部分时间顺应趋势来操作,就可以有稳定而丰厚的获利。
- 投资者不愿跟随趋势操作的情况是可以矫正的,矫正方法主要是克服心理上的问题。

13　投资服务通讯扮演的角色

大多欢投资通讯的问题，不在于刊物本身，而在读者身上。前几章中，我们就讨论。如果投资者严格遵循一套完善的投资系统，就不应对这些通讯太过关注。不少投资者很容易相信客户经理给的建议，或者刊物的建议。身为提供期货市场业务的出版者，我很清楚，投资人订购是想获得交易的先机。为了避开很多刊物质量低下的弱点，我建议交易投资者应该订购有记录可查，信誉卓著的投资系统通讯。但是，根据我自己的经验，不管通讯的建议多么优秀，实际上能靠它赚到大钱的投资者却寥寥无几，反倒是有些投资者在运用后，最后却落得赔钱出场。这又是怎么搞的呢？

在我介绍运用投资建议可能遇到的各种问题以前，应该先讨论的问题是：到底投资者该不该使用这些投资建议呢？对绝大多数投资者而言，投资建议是非常有用的。大部分的投资者和交易者也许另有正职，没有办法时刻盯着市场变化来拟定投资策略。此时，如果能找到刚好符合个人投资哲学及技巧的投资建议，当然是大有好处。但是，建议内容不应只是市场原始资料、K线图和基本面信息的投资建议，这些有时候不但没用，说不定还是有害的。虽然，就投资来说，也不必做到一个价位一个价位地盯盘，不过有些人的确是太忙了，忙得连想在周末要拨出几个小时来研究市场也没办法。在这种情况下，我建议利用投资顾问提供的服务。

评估你的需求

在订阅任何形态的投资服务之前,投资者必须先就它的市场倾向,了解其优缺点、缺陷及潜力何在。比如某些投资通讯,也许它有惊人的记录可循,但并非每位投资者都能靠它赚钱。同样地,问题仍出在许多投机人士不能坚守交易系统,也无法约束自己。连最基本的自律都做不到,投资顾问提供的服务对他也是没有用的。而这类投资者还偏偏最爱病急乱投医,订阅一大堆各式通讯刊物,结果呢?结果就是得到太多的建议,以及相互矛盾的意见和分析,把自己搞得晕头转向。因此,除非投资者有能力分辨和评估不同意见的价值,否则便无法善用这些服务。要问哪家提供的服务比较好,倒不如先看看适不适合自己。在此之前,我们要先区分出两种服务形态,一是偏向资料性的,一是偏向顾问性的。资料性的服务提供市场信息、价格曲线、移动平均线资料及基本分析资料,这种服务并不以投资建议为重点,而是提供有助投资者做决策的信息。与之相对的,顾问性服务则着重于推荐个股或期货商品,虽然这类刊物中也不乏资料的提供,但主要功能还是在于提出明确的投资建议。

资料性服务

运用资料性服务,没有什么危险。要注意,对于没空自己画K线图、搜集市场资料及追踪基本面发展状况的投资者,资料性服务的确可以帮大忙。投资者运用这些服务,可以省下许多时间和精力,但是这么一来,他也许就学不会自己搜集资料,也享受不到自己动手的好处。自己动手搜集解读资料的好处非常多,时常接触市场信息,可以让你保持一定程度的"市场感觉",阅读别人提供的资料,就没有此一优势。过去几章,我一直强调学习的重要性,而自己做功课、搜集资料,就是一种学习。这类因素都是投资者在订阅投资服务之前，应该审慎评估的。直接从市场上获取资料，等同于其他专业的在职训练，都是很重要的过程。比方说学开车时，课堂上的讲授再详细，也只能到某个程度，学员还是得实际上路才能真正学会开车。而靠着别人准备、搜集的信息来学习如何投资，就跟要别人替你学开车一样的荒谬。等你学会整个决策过程后，再让别人替你做这些事吧。另外，如果订阅的K线图是每周提供一次，你会发现，要把你一周来在市场上观察到的重点和自己画好的线图和它综合搭配，实在是既困难又耗时。你过去一周所做的功课并未显现在订阅的线图上，所以你必须重新记下要点，重新画趋势线、循环线等，也许这就是使用资料性服务很大的不便。

总而言之，订阅资料性服务只需考虑些许的心理因素，如果你已经训练好自己，了解市场种种基本状况，觉得不必再自己动手搜集资料，那就去订阅吧。在订阅几期之后，如果认为帮助颇大，就可以继续。万一你觉得自己的市场感或对整体趋势的感应逐渐失灵，奉劝你还是自己做功课吧。

推荐股票的刊物

如果订阅的顾问性质服务，里头包含推荐个股或特定期货商品的部分，那可就完全不同了。能够成功运用投资服务的投资者，应该是比较有自我纪律的。这个自我纪律，是运用投资服务的必要条件。如果你自己缺乏投资纪律，管不住自己，那么谁给你什么建议、推荐什么个股都没用。投资服务能成功地预测行情，靠的也是一套极为严格的分析筛选方法。基本上，服务的项目包括投资建议，推荐个股或期货商品，告知进场时机、止损价位、后续动作，为投资者评估风险，以及平仓的目标价位。换句话说，他们靠的就是一套经过时间验证的有效投资方法。而情报一旦落到读者手中，状况就不一样了，控制这个交易，考验的是投资者的能耐。要照着投资系统的建议去做交易，你要先问问自己，是否可以确实遵照其程序,在特定时间内贯彻执行呢?

另一个问题是,投资服务给的建议,是否会影响到自己研究行情之后得出的结论。不管是阅读或搜集别人的分析、研究成果,有一些方面需要注意。我发现投资者的决策,受他所订阅的刊物影响非常大:不管任何时候,对某只个股的走势,往往是十份刊物有十种看法,有的说要买入,有的建议卖出,有的建议坚定持股,真叫人无奈。投资服务是根据它所使用的交易系统,挑出个股或商品,而投资者又从中截取一部分,无异破坏了原先交易系统包含的逻辑性。亏损的结果当然让投资者不满意,而且感到挫败。和一般人一样,投资者往往有见树不见林的问题,只会注意到某个情况中的一部分,忽略了整体性。各位一定要记得,所谓操作表现,通常是要长期观察和累积的,某份投资服务在几年的期间内所累积的成功操作表现,除非读者可以严格而紧密地追随几年,否则难收功效。而大多数的投资者,并没有这份成功必备的纪律功夫。

使用投资服务,有两个特别的缺点:

- 如果想要交易成功,就得完全遵照推荐指示,不应有丝毫修正。
- 投资者可能会接受所谓的"专家"说法,而抛弃自己的研究和分析。

一般来说,有自制力,而且懂得遵照交易系统贯彻执行的投资者,大都能获得可观的利润,而那些缺乏这些优势特质的投资者,不管使用的投资服务过去的成绩有多好,恐怕也无济于事。如同过去几章我们所讨论的一样,关键还是在投资者身上。运用投资服务的成功与否,还是得看投资者的自身条件。那么,我们要如何克服自身的缺点,让投资服务发挥最大的效用呢?以下几个建议或许会有帮助:

- 确认你所使用的投资服务在指示上是很明确的,包括:操作是买还是卖、进场价位、出场价位、止损价位等。
- 你使用的投资服务，每周不应推荐太多个股或商品，否则很难从中筛选。投资者在市场上建立的仓位，应根据自身的资金量，严格控制。
- 按推荐所做的每一笔交易，都要遵照所指示的止损价位、目标价位来操作。
- 投资服务所推荐的交易和你自己交易系统所指示的交易，不应混在同一个账户内。你的交易系统不需需要投资服务来支持或否定。如果你要采用投资服务的推荐，那就完全照其所建议的价位来操作，不要让自己的交易系统介入其中。
- 不要订阅太多投资服务，两到三份就够了。你得到的市场建议越多，就越没用。
- 如果你的自我纪律很差，最好不要急着运用投资服务的建议。等你先克服自身的缺点再说。
- 几个朋友结伴，一起照着推荐来操作，大家互相监视，这样比较容易成功。因为几个人互相监督，更容易遵照指示来进行交易。
- 在订阅任何投资服务之前，要先做好准备，完全依照指示来操作，否则宁可只依据自己的交易系统。如果你非常信服某个投资服务的意见，那就完全依照其指示操作，完全可以为它开个独立账户。

交易系统：注意与警告

期货市场永远都在找寻更新的交易系统、方法和进出场时机的指标。《期货》杂志和其他市场刊物，每个月都有很多这类广告，多到投资者都无法分辨好坏。不过有些广告也实在是太离谱了，让人一眼就知道根本是在胡扯，无奈我们心中总是抱着一丝希望。有个广告宣称，保证至少能赚一百美元，有的说年回报率400%，更有人夸大的表示，外汇交易准确率高达85%。即使扯淡成这个样子，相信的，居然还大有人在。事实上，这些广告全部都是胡说，所提供的参考或说明，有些是根据极为有限的资料，有些则是一句无比乐观的数字，或者是两者都有。我们也不必指名道姓，现在有一种极受欢迎的交易软件，其实就是根据一组极端乐观的参数来运作的。事实上，不同的投资者运用相同的软件，常常得到不同的信号，这是因为大家买到的软件程序中，使用的参数都已经不一样了。

　　大家都知道，美国期货协会的工作，就是阻止这些欺骗投资大众的不实广告。不过期货协会只忙着审查期货交易顾问，或者一些情节较轻的违规事项。虽然该协会的确很认真地检查平面广告，或者电台及电视广告，而且长期以来也对协会会员施以许多强制改善、罚款或驱逐等制裁，然而那些不属于美国期货协会的人员或机构，只要在某个范围内，就可以随便做广告。如果你想成为一个投资顾问，或要当个客户经理，你必须加入美国期货协会，但是如果只是发行市场快讯给投资者建议，则只需在美国商品期货交易委员会登记即可。这样的区别，实在让人很费解，而且不公平。期货协会会员的约束法规，要比商品期货交易委员会严厉多了。当期货协会雷厉风行严格管制会员的时候，那些连商品期货交易委员会也没去登记的人却可以无法无天。而管制严格的美国期货协会，有些规定则是荒谬无比：美国期货协会法规禁止NFA会员委托非NFA会员从事业务。如果按字面解释，我请个水管工人修马桶，都得先查验他是否加入美国期货协会！这简直是笑话！然而，非NFA会员却可以不管监督，做广告推销自己的产品。投资大众哪里搞得清楚这些，他们只晓得有专责机构在管制，以为自己看到、读到的广告都是真实无欺。这真是荒唐极了！

到底是哪里出了问题？

不管是谁的问题，结果是投资大众被暴露在极大的风险下，受交易系统开发者及推销者的剥削掠夺。不过，我们还是要问，到底这是谁的错呢？是美国期货协会没有严格管制吗？是美国商品期货交易委员会的不对呢？还是那些刊登广告的媒体呢？都不是。问题不在上述这些机构或组织，这个过错，还是要有投资者本来来承担。决定购买及使用这些交易系统的，不就是投资者自己的意思吗？除非你自己愿意，没有哪个广告，推销员或客户经理可以强迫你使用某些交易系统，所以，责任就在你自己身上！可惜的是，很多投资者没有问对问题，所以也无法得到必要的咨询来做出正确的决定。他们一味听从华丽的广告说辞就信以为真，原因不外乎：一，这些广告都刊登在可靠的刊物上；二，也许是由某个城市的客户经理推荐的；三，或者是有可以拿来支持任何事物，在这种情况下，我有几点心得愿与各位分享！

三思而后行

在你用血汗钱购买交易软件程序之前，建议你仔细思考底下的问题：

- 这套系统的测试时间有多长？很多系统都用五年到十年期的资料来测试。如果蓄意规避长时间的资料测试，结果也许就会好看很多，而市场本质本来就多变。交易系统必须经得起不同市场的考验才行，所以也要用不同市场的资料验证才行。
- 测试结果是否考虑到手续费？有些交易系统的测试结果非常好看，但如果把交易应该支付的手续费成本加进去，情况就完全不同了。

- 交易系统是否考虑到涨跌幅的限制缺陷？这一点很重要，也是测试交易系统时常被忽略的。如果等价位都涨停板时才显示买进信号，或许你等几天都买不到！同样的，跌停板价才发出卖出信号，也等同于没有。而止损价位如果是设在跌停板的位置，也很有可能无法成交。很多交易系统根本未顾及市场的涨跌幅限制，测试结果也夸大自己的功能，这种夸大的广告，害人不浅。

- 交易系统是否经过修正、美化？换句话说，这个交易系统是否在"作假"，意思是根据过去交易资料"做"出来的。它只能拿来展示过去表现，用来预测未来行情，多半是要倒大霉的。这种经过美化的交易程序，以历史资料测试的成绩非常好，但拿到现实中却是一败涂地，不堪一击。尽管未来常常跟过去很类似，但不会完全一样，交易系统中包括越多的规则，越复杂的参数、变数，似乎就越行不通。所以，提前发现交易系统"粉饰"到何种程度，是非常重要的。

- 是否只以个别市场来做测试？交易系统的测试表现是涵盖各种市场，或者特别着重在某几个市场呢？它在个别市场的操作情况，是特别突显某几笔赚得比较多的交易，还是列出平均操作表现呢？我个人的建议是，要避免那些只突出几项交易或个别市场的交易系统。

- 交易系统过去最多的连续亏损几次？如果是曾经连续亏损十次或者更多，那么就算是最有纪律的投资者，恐怕都很难对它有信心。出现连续亏损的情况并不代表交易系统不好或者有问题，但是次数太高，有可能让投资者胆怯心寒地将交易系统抛弃掉。

- 最大亏损额是多少？这也是个非常重要的数字。如果过去持续出现太大的亏损，最好等某一段亏损期过后再进场，不然万一碰上，那就惨了。

- 测试结果是代表最低水准还是最高表现？在评估交易系统表现

时，与其看它最好的状况，不如看它最差会差到什么地步。当然，大家都对好消息感兴趣，不过千万别让它给愚弄了，以为真正使用时情况会一样好，这等好事可不常发生。

最后，不要害怕提出深入而尖锐的问题。在你购买软件之前，一定要问清楚上面的问题，判断系统研发的基础是否合理。

重点回顾

- 没有时间自己研究市场的投资者、利用，顾问性和资料性的投资刊物是很正常的。
- 这些投资刊物是双刃剑，可以带来帮助，也可能形成障碍。
- K线图服务可以给你节省很多时间，不过你就学不到自己做研究的好处。
- 使用顾问性服务，就要依照指示贯彻执行，如同自己的交易系统一样，不能选择性的相信。
- 本章已列出正确使用投资服务的指导原则。
- 运用投资服务能否赚到钱，关键在投资者本身。

14　你是这样的吗？

"唉！又亏钱了！"

"明天再画图好了。"

"不要跟随买进信号好了，不然又要被止损。"

"我太常亏钱，所以赚不了钱吧！"

"真希望市场快点收盘！"

"我的交易系统不准，我干脆依靠直觉算了！"

"在利润都跑掉之前，快点平仓吧！"

"我再也无法在市场上赚钱了！"

"除非赔得一干二净，不然我绝不退场！"

"我一定是天生的扫把星！"

"看来是该换个新的交易系统了。"

"都是那个该死的客户经理！每次我做得好好的，都是他乱讲话，害我出场的。"

"我本来是要设止损的！真该设啊！"

如果你也说过这些话，或者心理就这么想着，表示你的情绪不对。或许你无法一天24小时都保持高昂斗志，但也不要沉浸在负面情绪和态度中，让消极、颓丧来腐蚀你的意志。要改变心情，有几个步骤帮得上忙。所谓预防重于治疗，在问题严重化之前，预先解决是最有效的方式，行为上的问题也是如此。

如果你陷于负面情绪之中，你的交易一定会遭殃。你可能误判交易性的信号，看错价位，填错单子，甚至胡乱买卖，这都只因为情绪在作祟，而这些行为带来的，只会是亏损。为了预防这些情况，每个投资者都该学着去察觉心中的这些负面情绪。同样一桩错误的买卖，你积极的态度也许可以挽救，而如果抱着消极心态，只会让它变得更糟。现在我来说说第一个步骤：辨识。

　　失败心态或消极态度有很多迹象可寻。不管是在市场上或在日常生活中，如果不幸遭遇一连串的失败，就要开始留意自己的心态了。不少投资者都觉得日常生活状况会影响市场上自己的表现；也有很多人以为，只要市场上不出问题，全世界都没问题。这只是个假象，各位一定要清醒看待，生活中每个领域的各项经验都会互相影响，交叉渗透。如果你在某方面遭遇挫折，不管是在人际关系、财务、家庭或教育方面，都可能造成消极心态，从而传导到其他领域的表现。知道自己很容易受到情绪波动影响，就得随时当心注意了。预防消极心态最好的办法，就是制作一份检查表，这点在本章最后的"重点回顾"里会提到。

　　另外，有几个与行为相关的事项，也可以协助辨识消极心态。第一，而且是最明显的，就是缺乏按时画行情图，整理资料，或进行其他技术性更新工作的意愿。你会发现自己对研究投资市场萌生无聊之感，甚至会引发焦虑，投资动机日益减弱。可能会在早上睡得太迟，上班迟到、早退，凡事都抱着"随便啦！"的心态。这些都是消极态度的第一个指标，要当心。就是在这个时候，赚钱的交易变得越来越少，然后你会发现，心态跟你一样的投资者其实很多，直到有一天，你会突然清醒过来，看着行情图或基本资料说："哎呀！这不是个绝妙的信号吗？我那个时候是怎么搞的？"因为感到更大的挫败和失望，又引发一连串的失利。

　　另一个朝向灾难的指标，是负面的自我评价。在一些原本就不妙的情况之后，你可能会有一些不好的想法，例如：

"唉！又亏钱了！"

"我什么事情都搞不定！"

"做这笔买卖也没用，反正最后也是赔钱。"

"我想我最好是离开市场吧。"

像这类负面的自我批评，有成千上万种，而这些正是大麻烦的征兆！请记住，每个人都有他自己的一套反应模式。现在就以我自身的经验来做例子，来为各位说明。

只要连续碰上四次亏损的交易，状况就开始了。这时如果再遇上某个重大失误，情况将恶化的更厉害。有时候光是接到交通罚单，都会让我郁闷个老半天。以我个人来说，第一个现象是每天更新行情图的动作会变懒，然后是早早就想下班。另一个表象是吃"垃圾食物"，姑且称之为"垃圾食品指标"吧。会去吃垃圾食物的那一天，一定是K线图功课没做，而且早早就下班。像这样的情况，可能会连续出现几天。

另一个泄漏天机的信号，是接下来几天我会开始对自己做出负面评价。每天的交易都会赔钱，但又觉得不痛不痒，好像本来就该如此。每一次交易都会被止损出局。我开始向客户经理说些丧气话。这一连串的状况，各位听来说不定觉得有点好笑，不过真实情况就如此，而且还算是个"标准"模式。不过我还是要提醒各位，每个人的反应模式不一，你的情况不见得和我一样，不过，触发后的惨况大致相同，所以一定要提防自己独特的危险信号！你越是能清楚界定自己发生什么事，越能及时地辨识出问题和麻烦，对此，当然越快越好，请把迅速辨识问题当成情绪救援的第一个工具。而且，每一次你陷入这个模式，就要赶快记录下来，看自己说了什么话，做了什么事。

也不是每个人每次都有相同的反应。有些人的防卫机制很强，会自行阻挠刚才提到的辨识信号。在这种状况下，朋友、家人和客户经理都能帮上你的忙。事实上，我们都很需要旁人来帮忙，因为他们比较会注意到我们的行为出现什么差异。绝对不要以为这种事情单凭一己之力就够了，大大方方地请身边的人帮你，特别是配偶或爱人，一发现你有任何变化，就尽快告诉你。而跟你关系密切的客户经理，帮助更大。要记住，人类最擅长的，就是自我欺骗，这是幼年时期发展完成的防卫机制，我们本能地，出自潜意识地想逃避、压抑、抑制，合理化、升华问题，甚至是诱发幻想。如同我一再告诉各位（而且还会再说很多次）的，我们在市场上的最大敌人，就是自己。

在你知道如何分辨负面情绪之后，还要学会如何排解。首先，最重要的是尽快采取行动！这些负面情绪在被搞清楚之后，它们往往会抗拒改变，你一定要对抗自己的负面心态，尽管这项任务非常不容易，也丝毫不得松懈。会产生逃避心理，进而安于负面心态，是人的自然反应。各位尽可以相信我，这可是我身兼医师和病人的经验之谈。解决之道为何？就我个人的看法，就是使用"蛮力"。虽然，我也可以说点浪漫的话来骗各位，什么去冲个凉啊，试着跟自己沟通，放空、祈祷、自由想象、回复自我，等等。但实际情况是，这些都没有用。负面情绪会造成恶性循环，使情况越来越严重。你必须强力打破这个恶性循环。不管从哪一点切入，关键就是快！行动才会有结果！

我说的"蛮力"是指什么呢？非常简答！就是集中你所有的精神和气力，勉强自己继续去做日常的投资功课，例如补行情图、阅读公司财报、下判断做交易、研究和计算信号指标，等等。越是这个懒劲发作，负面情绪笼罩心态的时候，你越要耗费大量的时间来研究你的交易系统，勉强自己和懒劲做对抗。你越是在办公室待不住，越想提早下班，就越要留下来。你越是不想研读行情图，就越得去做。

刚刚说过，排解负面情绪最有效的方法，就是用"蛮力"，以及一个合适的行程检查表。这个听来似无高深之处，但在维持正面心态上，却非常有用。而且，不管你是否怀有负面情绪，我都建议你每天做做检查表。检查表的使用方法，我们要用整章来讨论。

重点回顾

- 心态将会直接影响投资表现。
- 负面心态会让错误交易的损失更为恶化,而且让心理变得更为消极、否定,进一步阻碍正常投资。
- 矫正负面心态的第一步是辨识它们。
- 预防胜于治疗。在负面心态开始影响到交易表现之前,即迅速采取行动。
- 仔细地观察行为上的表现,可提前辨识出负面情绪。
- 每一个人都有自己独特的反应模式。
- 努力去了解自己的反应模式。
- 一发现负面心态症状,马上寻求矫正,千万不要拖延、放任。
- 运用"蛮力",维持你日常的投资功课,来对抗负面消极心态。
- 定期执行下一章会提到的行为检查表。
- 如果自己无法辨识负面情绪,寻求朋友、伴侣、家人及客户经理的协助。

15　正面心态有助于成功

常被人忽略，却可能是最有效的投资技巧，就是保持积极心态（PMA）。在情绪陷于低潮时，常出现亏损的交易，相信很多投资者都有这个经验。运动员，企业经理人，甚至搞政治的，一定也有类似经验。由于某种神秘的原因，当你的 PMA 处于高昂状态时，似乎什么事情都得心应手，获利增加，想法乐观，好像连天空都是一片蔚蓝。相反地，当 PMA 陷于低潮，什么倒霉事都会碰上，交易屡战屡败，动辄得咎，错误连连，前途渺茫。有些人以为，PMA 顶多只是心理上的东西，不应该是这些外在事务的主要因素。不过，相信自我决心，正面直接及积极心态的人可不这么认为。现在我们就来讨论一下，PMA 是如何影响你的交易，让你得到好成绩。

早在中世纪的时候，就发展出许多行为治疗方法，不过其中大都属于驱逐"恶灵"的酷刑，方法不外是以外力来迫使恶灵离开身体，或者干脆在你身上开个"洞"，让恶灵从洞口出来。他们所秉持的理论是，如果你的身体感到不适，恶灵就不会在你身上停留，会因为绝望和不安而离开依附的身体。这种方法有用吗？有，如果你撑得过去的话。事实上，某些神秘疗法或者巫术、咒语都是有用的，在现今这个讲究科学、技术的时代，我们都轻视这些古老的方法，认为它们完全缺乏科学根据，也经不起科学的验证，但事实是，这些偏方确实有效。到底这些神秘的方法是如何起到行为治疗的呢？这个方法跟 PMA 有什么关系呢？在这里面，"暗示"是如何运作的呢？

神秘疗法其实就是靠心理"暗示"，而"暗示"疗法虽然非常古老，但时至今日，我们对它还不能说是全部了解了，有些人甚至不能接受。暗示有许多形式，都可以用来改变行为和态度，尽管当今心理学似乎相当进步，但我们仍然不太了解暗示和催眠到底是如何运作的。就某种意义而言，积极心态也可以称为"自我暗示"，比方说，你暗示自己一切都会很顺利，成功一定会来到，所有的努力都会开花结果，没有任何事情可以阻挠你，然后呢，你就真的迈向成功之路。

在早期的心理治疗中，柯耶博士就曾经介绍过自我暗示疗法。病患只要反复诵读："我每天，在每方面，都变得越来越好。"靠的就是自我暗示。果然就产生效果了，这真是非常奇妙。

我个人以为，PMA也是一种自我暗示。但PMA并非只靠生搬硬套的诵读什么句子，而该说是一种生活方式。个人要维持PMA，就得寻找能够提供必要奖赏的经验，而那些负面经验则要避免、忽略或刻意排除。如果我们以行为主义学习理论来看PMA，将会更清晰。本质上，如果你想拥有PMA，就要同时掌握学习过程中的刺激和行为结果，你不只是要把负面刺激排除在外，同时也要确认正面经验，一定要带来正面结果。如此一来，自然可以塑造追求胜利的姿态。实际操作步骤，当然比我现在所接受的要复杂得多。

只有当意志力和PMA都内化至心理，我们才能从中得到最大利益，也就是说，让它变成一种生活方式。总归一句话，PMA就是追求成功的生活方式。

市面上有很多书籍和训练课程，教导大家如何拥有PMA。基本上，像是自我进步，成功渴望或者超级推销术的训练教程，都是一种集体暗示。这些课程如果不是挂羊头卖狗肉的话，的确也能让得到一些助益。不幸的是，大多数投资者都不清楚自己日常抱持的负面心态，因为辨识不出那些症状，因此也无错掌握导向失败的自我认知。如果想要改变让人不满意的心理状况，就必须先去了解我们想要施以改变的前提条件（或环境）及态度。我建议以三个步骤来改变负面心态：

- 辨识。
- 开始改变。
- 内在化及维持。

投资者无法靠"速成班"来获得改变。积极行为和积极心态的改变，不会在一夕之间完成，而是要经过数年的培养。越小的改变，行为形成所需的时间越少。那些受过专业训练，专门观察人类行为的专家，可以从外在明显表现之前，就探知改变的形成，一旦辨识出蛛丝马迹，即可设定整套改变计划。要在投资者行为中分离及辨识出细微的改变，是一门相当专门的技术，而要从自己身上察觉变化则更加困难。根据多年来的个人经验，我整理出一份初期警讯供各位参考，详见表15-1。开始萌生负面心态的人，也许表中所列的状况会全部或部分显现，且不一定会按照表列的顺序，当然也可能有我忽略掉的其他情况。

表15-1 负面心态的早期征兆

1. 交易失误连连。
2. 不按时研究市场。
3. 不太想交易了。
4. 不停判断错交易信号。
5. 零敲碎打。
6. 开始严厉批判自己。
7. 无视交易信号，随意下单。
8. 经常睡过头，身体不舒服。
9. 上班迟到。
10. 巴不得赶快收盘。
11. 不关心盈亏。
12. 对交易失去兴趣。

如果你注意到自己出现标准的状况，表示事情不太对劲。只要发现其中某一个警讯出现，就该着手进行心态改造工程。不过因为防卫机制作用，我们常看不到自身的状况，所以最好拜托身旁的朋友，家人和客户经理来加以提醒。

开始改变

要矫正负面心态，进而培养积极态度，必须按部就班，针对改变态度这个目标来制定计划。可以使用的技巧有许多种，底下我会一一介绍。各位请注意一下执行的顺序，有些步骤不可以跳过。以下就是我建议的先后步骤：

改变态度，必须以强制性的步骤来进行。

先前我提过，"蛮力"是可行的方法。在你想要改变负面心态和失败情绪时，我相信这个方法一定很有效。所谓的"蛮力"到底是指什么呢？就是坚持、毅力、决心和古老而传统的努力工作。要完成这个步骤，你可以运用先前提到的工作行程表及行为检查表。这个步骤，我会再单独拿出来详细论述。

每一个负面警讯都要加以克服。

请你准备一份行为清单，再针对每一项负面行为来矫正。参照以下例子：

（a）遭遇一连串的亏损之后，很容易让人意志消沉。此时，如果过去操作表现不错，就该以此来勉励自己，在越是艰难的环境中，越要着眼于美好的一面。万一过去操作成绩也不怎么好，那得改弦更张，别再回顾那些不堪一提的往事，不然心情肯定越来越糟。你可以看看系统测试的表现，虽然不是真正的交易，不过至少是个肯定。

（b）改善不按时做投资功课的最好办法，就是利用行程表。

（c）负面自我评价可以从两方面来解决：第一，想办法发现自我批评的信号，提高自觉，自然可以减少苛责自己的情况；第二，寻求他人的赞美。

只跟胜利者，积极的人及成功的朋友交往。

我们认识的人，在行为上，都会互相影响。如果结交那些心态消极，充满负面想法的人，光是看着他们，就会带来心理压力。因为我们无法阻挡所有的外在刺激，也很难从中过滤，只放好的进来，把坏的关在门外。但是，我们如果可以严格守住第一个关卡，事情就单纯多了，而且更容易为自己创造出一个积极的环境。

如果改变不了，就终结负面关系。

要改变负面关系最好的办法，就是"结束"掉。当然，这个说起来简单，做起来可不容易。不过，如果你办得到的话，不只是在投资交易方面，生活上也享有好处。这是我的经验之谈。

设定目标。

朝目标前进，等于迈向积极的方向，不管是在什么时候，心里都要惦记着目标。如果你把这个目标给忘了，负面思维就会乘虚而入。

设定远大的目标。

你的目标不但要实际，而且也要远大。不要让自己满足于小鼻子小眼睛的方向。目标要设在你目前的能力范围之外，但也非不可及。如此，达成目标的报酬更有助于你维持积极态度。

我个人利用"五年计划"来维持积极方向和态度。

逐月或逐年设定目标计划，然后每个月检视进度，或半年检讨成果一次。在定目标时，应尽可能的明确，例如：到底要赚多少钱？这些钱要配置在什么地方？要如何运用来赚取更多的？另外，为自身设定目标，例如：要如何改善交易表现、教育程度、家庭生活或工作关系，等等。你的交易法则明文写下，每周读一次，我个人觉得这一招的确能让我维持积极态度。如果交易出问题，开始有些负面想法时，复习一下自己的交易法则是很有用的。在失败的情绪很明显时，越需要提醒自己保持积极。通常，交易法则大约十至十五条就够了。

要开始改变、促进内化，让消极变成积极，有很多方法和技巧，当你实际操作，累积一些经验之后.就会知这什么方法对你是比较有效的，

内化过程

要让自己或别人保持 PMA，照着上述程序即可。只有在各位花时间去执行、利用它来为你获利之后，PMA 才会内化在你心里，成为一种自动调整的功能。我建议各位，在日常生活中运用积极心理技巧，因为这会对你的人际关系、家庭、事业及投资各方面落的有莫大助益。大部分行为都是经不起"一曝十寒"的考验，你得时时去运用才不会忘记。以有组织且积极的态度来做事，一定可以创造出让你满意的投资佳绩。而利用工作行程表，正是组织化的绝佳工具（参见第 10 章）

重点回顾

- 积极的心理态度（PMA）可以帮助交易系统成功。
- 积极心态是自我暗示的一种形式。
- 为了获得积极的态度，必须遵循一个三步骤的过程。
- 承认消极态度是很重要的。消极态度的普遍症状被列出。
- 如果您想要建立积极心态，必须开始改变。有一种非常具体的方法。
- 积极的态度必须被内在化。必须被使用一遍又一遍地使用，直到成为个人不可分割的一部分。
- 积极心态必须成为一种内在的生活方式，以实现其全部的效果。

16　客户经理与客户的关系

客户经理和投资者的关系密切，他对投资者的获利或亏损影响极大。尽管如此，客户经理和投资者之间的微妙关系，却经常为两边所忽略。事实是，双方的误解甚至多于了解。投资者发生亏损，常会责怪客户经理，而客户经理则时常误解投资者的需求。很多时候，双方若能同心协力，所能获得的佳绩，往往不是一方可单独办到的。关于投资者和客户经理之间的关系，有许多方向可供我们努力。在以下篇幅中，我准备：

- 定义各种型的投资者-客户经理关系。
- 定义优秀的投资者-客户经理关系。
- 讨论改变投资者-客户经理关系的各种方法。
- 讨论其他投资者-客户经理的互动关系。

大多数投资者-客户经理的关系触礁，都是来自误解。投资者常没有搞清楚客户经理的角色和功能，他们的优缺点以及缺陷何在。很多投资者都以为客户经理是无所不在，绝对正确的，而且持续都有空来帮你忙，可惜这些想法不一定对。

为了搞搞清楚楚投资者-客户经理的关系，我们来看看理想上客户经理该做什么工作，而投资者又期望客户经理扮演何种角色。客户经理应该负责下列工作：

- 迅速、准确地接单和下单。
- 迅速、及时地回报成交单。
- 如果投资者需要的话，提供他市场消息。
- 维护及报告投资者账户、保证金等状况。
- 守在电话旁，投资者要下单时，一定找得到。
- 掌握手续费、保证金、交易税及其他交易法规的更新事宜，随时可供投资者咨询。
- 如果投资者要求，可代为搜集市场信息。

光是这些工作，客户经理就很不容易达成了，再要求其他的恐怕都是苛求。有自信心的投资者会了解，如果客户经理能够动作迅速确实，彻底执行上述这些工作，已属难能可贵。无奈客户经理所处的位置就是这么特殊，他们所服务的投资者通常就是缺乏安全感，很多人甚至连自己在做什么交易、投资都搞不清楚。很多投资者甚至对市场也相当生疏，这些投资者自然会变得依赖客户经理，认为客户经理是市场通。这大概就是投资者对客户经理常见的误会。投资者不知道，客户经理应其所求，尽可能地提供信息，是为了取悦客户，常客户要求他表达意见和看法，客户经理虽然在这方面不专业，但为了满足客户，当然是恭敬不如从命。

有很多客户经理在技术分析或基本面分析上下了苦功，所以能提出有用的信息，为投资者带来利润。不过就我个人经验，这种客户经理我可没碰到几个，尤其是在商品期货市场里，他们在忙着接单、下单处理市场业务的同时，不可能还有时间研究行情。问题不在于客户经理的建议帮不帮得上忙，而在于投资者心不甘情不愿，却还照着做，等到亏了钱时，投资者就常常将过错推到客户经理头上，于是很多客户经理就这么吃了憋，或者成为政府机构监管的对象。事实上，在这些案例中，往往不是客户经理犯了错，而是投资者对之不当的期待，而产生误解。客户经理所处的位置，有点尴尬，他们总希望投资者尽可能多做交易，好从中赚取手续费，但又不希望投资者交易太过频繁，免得杀鸡取卵，最好就是细水长流。没有交易就没有手续费，没有手续费，客户经理就喝西北风。因此，客户经理在给投资建议时，想要维持一个平衡的态势。他一方面提供建议给投资者，一方面又要抓着投资者的手不放。从这方面来看，客户经理的工作跟心理治疗师的真有点像。当他提供建议，而投资者依指示进场交易后，虽然那个账户的交易不是由客户经理控制，但他还是负有相当大的责任。我们来看看这个例子。

甲跟乙说："今天我的客户经理叫我买进小麦。"
乙："结果如何？"
甲："还不知道，不过他常常太早出场。"
乙："太早出场？什么意思啊？"
甲："就是有时候他叫我进场，只赚一点就叫我出场了，我应该还可以赚更多的。"
乙："那下次你就照他说的进场，但出场时间自己判断嘛。"
甲："这主意不错，下次我就这么办。"

这就是客户经理提供建议之后的标准发展模式。事实上，大部分的好建议、好主意，不管是来自客户经理、投资顾问或者朋友，都是这样变成"馊"主意的。本来可以赚钱的建议，最后却让人赔钱收场。当投资者任意截取客户经理的建议，或原本依照客户经理建议而进场，随后却照自己的方法办事，那么原先归纳出这个投资建议的交易系统就因此被破坏掉了。这种情况就好比任意取舍自己交易系统信号的投资者一样，换句话说，就是交易系统无法获得适当而充分的测试。而这个情况继续发展下去，就是大多数投资者/客户经理关系恶化的主要原因。我的意见如同各位所见，主要还是放在投资者自己身上。如果各位还记得，我先前也说过，在投资交易中的各个方面里，投资者是最重要的部分。在上述这个例子中，所有的责任都在投资者身上。再举一个例子，可以更进一步衬托出投资者与客户经理关系的重点：

客户经理对客户说："我想我们应该买进十二月牛期货，止损设定200点。"

投资者说："目标价呢？"

客户经理："我估计会有400点的利润，盈亏比例是二比一。"

投资者："好啊，那就做吧。不过干吗要等价格往下掉再买入呢？现在就进场不好吗，免得会错失良机。"

客户经理"现在不合适，价格太高，风险太大。"

投资者急忙指示："我想不必等了，现在就下单吧！"

客户经理劝说："最好还是再等一下，现在太早了！"

投资者："还等什么啊！快下单。"

客户经理只好听从指示下单，而提醒投资者要加挂止损单。

"止损？不用了！"投资者回辩："他们要是看到我挂止损单，庄家一定会拉回来把我扫出局的。不必设止损单了！你就盯着盘，万一危险价位到了再通知我。"

"这样不太好吧，"客户经理解释："万一我很忙，没注意到止损价位已经到了，而且说不定我找不到你。"

投资者向他保证："不用担心！"

结果，事与愿违，行情刚好相反。客户经理打电话向客户解释，在极度懊恼下，投资者不愿接受解释。而且，由于客户经理没有得到投资者的授权，该笔交易也还没平仓。投资者不愿面对事实，不承认这笔损失。客户经理也不知如何是好。盛怒中，投资者怪罪客户经理："你应该早点把我弄出来嘛！"

"可是你不听我的啊。"客户经理为自己辩解。

"这都是你应该做到的啊！"投资者反击："不管我说什么，你都应该让我照你说的做。"

客户经理与客户的关系 | 16

这种情况要怎么矫正呢？以下建议应该很有用：

- 理论上，客户经理除了刚刚提到的多项工作外，不应该再插手其他任何事务除非客户经理具备代客操作的法定资格。
- 你在接受客户经理的建议以前，要先探听他过去的交易记录如何。虽然这个交易记录没法证实，但至少可以做个参考，评估其正确性如何。
- 如果你打算接受客户经理的建议，就得全盘照收。如果你听了他的话下单，却又按自己的意思来操作，一旦有状况发生，就是对他不公平，也等于你是拿自己的钱开玩笑。
- 绝对不要把客户经理牵扯到自己的交易里，如果你任意改变他的建议，就不要把责任推到他身上。
- 除非他把你下的单子搞错了，其他任何事情都跟他无关，别苛责他。
- 除非你绝对不会责备他，或让他负任何责任，否则不要委托客户经理为你做交易。
- 除非你很确定，你的客户经理是乐意主动给你建议，否认绝对不要要求他给你投资建议，绝对不要苛求客户经理来矫正你犯下的错误。
- 客户经理很忙，别期待他会给你建议。他有很多客户，不可能只服务你一个人。
- 如果你听客户经理的话而进场，那么就同意听从指示出场。不然一旦发生状况，别把责任推给他。

有些投资者喜欢"应声虫"式的客户经理，这种投资者一边做交易，一边寻求客户经理的认同，以分散自己的不安全感，如果他们得不到所需的支持，就会换个新的客户经理。对他们而言，客户经理的价值不在于单子执行的情况,而在于给予投资者多少支持。这个三天两头就要换客户经理的投资者,必然在很多经纪商里都开了户,因为他们总是在寻求客户经理的支持。他在哪里得到支持,就会在那里交易。如果你属于这一类型的投资者,获致你有这样的客户,我想你得小心了。单单是谁赞成你的操作,并不能帮助你做好交易。这个问题必须从行为方面来解决,请参照之前介绍的方法. 如果你是客户经理,就不要在敷衍客户这种要求,以免鼓励此类不当行为。

客户经理的问题

那客户经理方面呢?是否也有类型区分呢?通常来说,客户经理的问题要比投资者少得多。客户经理从事交易工作是为了维持生计。大多数投资者,则不是靠投资吃饭。因此,如果客户经理有情绪障碍,不能好好工作,他的职业就不长久了。我个人认为,客户经理的问题不大,在情绪和心理方面,他们要比他们的客户健康多了。

建立良好的客户经理-投资者关系

综合上述,我们可以从中学到什么呢?首先,我们了解到客户经理-投资者关系的好坏,对于投资及表现是很有影响力的。客户经理也应该是这去了解,他所面对的是怎么样的投资者,如果发现问题,又要如何处理。我相信以下几点建议对客户经理,投资者关系是很有帮助的:

- 在开始交易之前,投资者和客户经理应该建立清楚、明白的了解。
- 投资者应力求自主,以自己的交易系统为依据,不要受到客户经理的建议所影响。

- 除非投资者对你言听计从,从头到尾都遵从指示,否则客户经理应该避免提供投资建议给投资者。
- 对于过度依赖,想寻求安慰,而不只是要求客户经理照顾业务的投资者,客户经理最好避免与之有什么瓜葛。
- 客户经理应鼓励投资者使用他自己的交易系统,因为这样做对投资表现比较有帮助,而且这个账户也比较容易长久存活。

有些读者至此也许还是觉得,光是客户经理/投资者关系出问题,就会造成投资失利,这种状况实在有些难以想象。也对,因为我刚举的例子都有点极端,不过情绪障碍的本质通常就是非常极端,非常特殊的。大多数遭遇情绪障碍的人,不是无法意识到自己的问题,就是潜意识或有意识地逃避问题,不愿意承认自己做得不对。这也正是伴随情绪失调而来的否定心理。我对于某些状况的描述,目的是要告诉各位,如果对某些小小的警报不理,最后可能会演变成很严重的问题。很少不好的行为一开始就比较轻微,有些看似突然出现,但是如果由精神、心理专家来仔细观察,还是可以在情况恶化之前,找出种种蛛丝马迹。成功交易的关键在于"预防",交易必须建立在有正面结果的预知上,而亏损则要控制在更严格的负面效果上,投资者才会趋吉避凶。同样地,交易或投资心理也着眼在"预防"上。要维护良好的客户经理投资者关系,就要以种种技巧来做出"预防"。本章提出了一些建议,都可遵照执行。当然,各位也不必照单全收、逐一为之,但最好还是把它们记在心里,以收预防之效。

重点回顾

- 客户经理-投资者关系可以是建设性,也可以是破坏性的。
- 破坏性的客户经理-投资者关系应该加以避免。
- 客户经理-投资者关系如果出现问题,可以利用行为技巧来改善。
- 有许多客户经理-投资者关系，都能加以辨识、定义。
- 客户经理和投资者都应独立自主，各自扮演好自己的角色，如此合作才能带来更好的投资效益，并增进双方成长。

17　综合研判你自己的状态

谈理论是一回事，但是要将理论运用于实践，得出结果，可就复杂多了。虽然我尽量提供一些实例，跟各位说明如何运用心理学来改善投资交易上的问题，不过一定还有一些投资者仍然不知道该怎么应用。那么，我们如何在没有心理专家的帮助下，凭一己之力迈向成功之路呢？最简单，而且也毫不稀奇的答案就是："坚持"。在欠缺经验的状况下，一个人得克服万难，才能达成目标，这可不是件容易的事。那么，经验不足的投资者，又如何有能力来改正自己的错误呢？我这本书的主要目的，就是要介绍各位一个达成自觉，通往成功的方法，而且提供一些指导原则，好让各位照表操作，逐一施行。

现在，各位大概也都了解，在行为改变的课题上，我个人倾向行为主义学习理论。对于传统心理学诸多技巧，能否在短时间内改变个人行为，我是相当怀疑的。当然，我并不怀疑精神分析的效用，但我认为它不能在短时间内奏效。不管是情绪障碍或是交易上的困难，这些问题可都等不得，需要迅速解决才行。而我所知道最有效的办法，就是之前一再提起的行为主义学习理论。我相信，一般投资大众都可以运用学习理论的方法，成功地改善他的投资交易，不过这个改变也必须循序渐进。

你是否真的有问题？

有很多投资者总认为他有市场方面的问题，事实上却是庸人自扰。我在第 8 章介绍了一个很不错的检视表。另一个很好的指标，就是看你整体的投资获利状况，当然，在此我假定各位都遵照一套有组织的交易系统在从事投资。如果不是的话，请你翻回前面几章，再复习一下我的意见。请检视自己的获利状况，亏损状况，且问自己五个问题：

1. 你平仓的价位，是在行情到顶点或底部的 30% 以内的位置吗？或者你常常原本赚了很多，最后平仓又吐回一半以上？这个问题是比较属于投资技术方面，而非心理方面。答案也许就在你如何设定止损单，或者更改止损价位，来保障尚未平仓的获利。要理清这类问题的根源，是因为市场或交易系统，还是因为心理方面有障碍。的确有点不容易。不过，如果你整体投资是盈利状态，似乎就不会是心理方面的，也许你应该先检查一下你的交易系统。

2. 认赔价位是否就在原先订好的止损点或其附近？如果答案是肯定的，表示你的确是遵照交易系统在做投资，那么该检查的是系统方面是否有什么漏失。在止损设定上做些小小的修正，有时会使原本带来亏损的交易系统，麻雀变凤凰，转亏为盈。如采你大部分的止损都在距原始出场价有一大段距离时被执行，那你肯定没有严格遵照交易系统。这是个心理问题，请依我所建议的方法来加以治疗。

3. 交易操作是根据自己对行情的研究，还是听从投资服务的建议呢？在你执行交易时，是否遵照信号指定的价位，或者常常会提前或延迟？如果是在止损设定方面，你必须越靠近指定价位越好。如果交易失败，尤其是擅自主张把价位定在交易系统指定的范围之外，就不只是单纯的失误而已，这个问题跟你的情绪障碍有关，而不是客户经理，朋友，或者投资顾问的错。按照信号指定的价位进入市场，表示你可以遵守交易法则，如果你已经能做到这一点，可是整体交易仍见亏损，那么就该回头检查交易系统了。

4. 你获利或认赔了结时，会不会对日常生活发生影响？你的家庭生活，会不会影响到你的交易？这些状况，我们之前在投资者自我评价部分讨论过。要客观地了解自己的行为，就得询问你周围的人才会明白。你在市场上的经验，对生活产生正面或负面影响是相当正常的。不过，不管是正面或负面，如果反应太过激烈，总是个警告，得小心谨慎。这表示你的确是有心理或情绪方面的障碍。

大部分投资者最常遇到的困难，是无法分辨他们遭遇的问题，到底是出自交易系统，抑或个人情绪障碍。因为很难清楚地搞清楚责任归属，投资者索性将过错推给交易系统或他人。这种做法只会让自己更加丧失自信心，且不愿意遵照交易系统的信号行事。在某些状况下，有些交易系统上的问题，其实是源自投资者自己的情绪障碍，例如，没有在适当时间设定止损，看似交易系统出错，事实上是投资者自己操作失误。要预防出现问题来自情绪和系统之间的混乱关系，最清楚的办法，是在技术和其运用之间划清界限，极为严格地要求自己，切实遵照交易信号的指示来做投资。我教导各位做一份记录表，把交易信号和自己的反应都诚实地记录下来。

表 17-1 是个记录表范例，表中列出假象的交易系统信号，而每一个交易信号都记录了投资人的个别反应极其运用方法，利用这种记录表我们可以搞清楚到底是交易系统出了问题还是投资人自己出了问题，如果你目前的操作方式并不想表 17-1 所示那般，我建议你赶快照着做一份相信你对结果会大感惊讶的。

表 17-1　交易信号与对应行情记录表

系统信号

1. 收盘突破三周来最高价。
2. 信号 1。
3. 从信号 1 再涨 20%。
4. 从信号 3 再涨 10%。
5. 从信号 4 再涨 10%。
6. 平仓。
7. 再出现信号 1。
8. 收盘突破 10 天移动平均线。
9. 信号 8。
10. 从买进价位上涨 10%。

投资人行动

1. 隔天以开仓价买进。
2. 在三周高价下的 2% 处设定停损单。
3. 把停损价调高至获利点的 50% 处，改挂收盘价停损单。
4. 把停损价调高至获利点的 78% 处，改挂普通停损单。
5. 市场价格每上涨 10%，即更改停损价格，维持在获利点的 83% 处，且设定普通停损单。
6. 三个交易日没做交易。
7. 跟随步骤 1 至 6 操作。
8. 两天后以开盘价买进。
9. 在距过去三个交易日之盘中最低价的 1% 处设定停损单。
10. 自买进价上涨 10% 即获利了结，同时加挂新的触价单（MIT）。
11. 连续两日收跌，在 10 天移动平均线的低档加挂停损单。

既然问题在于你，又该怎么办呢？

情绪障碍到底有多严重，要视它对个人在社会中表现的影响而定。如果根本已经到了精神病患的程度，也许这个人在社会上已经完全失常，没有能力应付普通生活了，这就需要专业的精神治疗。有时候，市场也会引发投资者一些相当严重的精神症状，相较而言，活动积极的投资者，比那些以短线投资为主的人，更容易出现一些精神症状。如果你有情绪上的障碍，要先判断其严重程度。以下几个问题可以提供协助：

你在市场上赔掉的钱，曾经大到超过自己可以负担的程度吗？这种情况不止一次吗？你是否习惯于借钱来做交易呢？你是否为了累积投资资金，而放弃掉某些生活上的必要花费吗？如果在这些问题中，有某个或数个的答案为"是"，那么你就不是个投资者，而是赌徒！我这么说也许相当不客气，不过我建议你马上停止交易，并且寻求专业的心理治疗。

市场曾让你感到焦虑吗？你是否有高血压？是否因为交易而更严重？是否还有其他精神，心理有关的生理疾病，例如，肠胃溃疡或结肠方面的毛病呢？这些毛病是否常在你交易时突然发作呢？很多投资者多少都有这些方面的问题，尤其是那些进出频繁的投资者，往往都是因为交易而引发焦虑及其他相关症状。虽不必因此而停止交易，但必须加以治疗，传统方法以精神治疗或心理辅导再配合药物即可见效。如果是用行为理论来治疗更见功效，注入，生物反馈疗法，相互抑制法及反制约法等等，这都要由专业治疗师来做。

是否因为市场而心灰意冷？在投资遭遇亏损之后，你是否变得退缩，心情忧郁、沮丧、阴沉，而且无法做好自己日常的工作呢？如果是的话，情况也相当严重。想必你自己也知道，到了这个地步，"交易"不单只是交易而已，它在你心理上已经占有一个非常重要的位置，且不仅是市场活动而已。亏损也不只是亏损，而是一种非常痛苦的经验，这可能跟投资者的幼年时期经历有关。在这种情况下，彻底的精神治疗是有必要的，建议你尽快寻求专家的协助。

在遭遇亏损之后，是否变得狂暴，有暴力、侵略倾向？你是否因为投资失利，而以动作或言语对旁人施以暴虐的发泄呢？是否无法忍受亏损？如果是，那么你需要专业的辅导或治疗。你目前状况不适合进入市场，最好是马上停止交易，并寻求专业治疗师的协助。投资亏损会引发如此激烈的反应，代表投资者有更严重的人格问题，必须在情况更形恶化之前尽快治疗。

你的情绪会随着行情起落吗？你的日常生活是否跟着行情起落震荡？天下本无事，只因为行情的变化，就能造成投资者的特殊反应。若这些特殊反应不致影响个人在社会上的表现，那就还好，并不需要专门的辅导或治疗。我们都会受到遭遇的事务的影响，其实也很正常，反倒是明明赚了一大笔钱，却不觉得高兴，那才是有点不正常。观察的重点在于，不管是赚是赔，对你影响程度到底有多大？是否会影响到你在社会上的表现？如果事后反应太过激烈，就代表你在情绪上正出现一些问题，必须想办法改善这种状况。

交易失误常是情绪障碍的症状

关于你在市场上犯下的交易失误，我要向各位强调的是，通常不是因为交易系统有毛病，而是由一些大大小小的情绪障碍所引发的。在我们的日常生活中，各项事务，各个方面都会相互影响，其间没有绝对的区别。我们在各个地方、各种事情上的任何经验，都是生活中的一部分而已。大多数心理学家都会强调，我们无法从整体生命环境，背景中，把某个经验或失败独立区分出来。

心理或情绪障碍也是如此，可能是来自某些方面的问题，或从其他方面表现出来。配偶间的失和，也可能影响到交易事务。而你在市场上出了问题，也可能会破坏家庭生活。比方说，有个家伙因为幼年经验而造成情绪焦虑，他会把这种不好的情绪带进市场，结果当然就影响到投资表现。投资失利，更加深焦虑，进而影响到他在日常工作的表现，甚至可能造成家庭失和。如此恶性循环，他变得更焦虑，投资也亏得更多。

生活上各种事务都会互相影响，产生这样的恶性循环，而这种个人行为及行为结果互动的整体，我们称之为"人格"。我要说的重点在于：所谓的市场失误，往往不只是市场上的失误而已。就像所有的家庭问题，都不只是个家庭问题，性问题也不只是性问题而已。比方说，性功能出现障碍的男生，在市场上更是好战成癖，这种例子并非罕见。这种毫无目标的蠢动，只会造成更多挫败，带来更大的痛苦。

我建议各位，要非常严肃地思考你跟市场的关系，确定自己不是把投资市场当成一个替代品，以弥补你在其他方面的不足；确定你自己做出来的投资决策，不是因为在家庭生活中遭遇了什么挫折。如果你觉得在市场上的交易带来相当大的痛苦、损失及挫折，就必须回过头到家庭关系中找答案。你必须回到自身上头，去寻找问题及解答。

先把自己搞定，你在市场上才有成功的希望。

重点回顾

- 本章把之前介绍的理论，放进实际生活里头来讨论。
- 我们已经介绍过一些代表情绪障碍的市场交易问题的信号。
- 我们已经介绍过如何开始行动，以矫正情绪问题。
- 我们已经建立市场失误与家庭生活、人际关系等情绪障碍的关联性。

18　社会心理学与市场

　　人的感知、行为及心理发展过程，都是在各种因素，交互影响，相互改变下完成的。人并不是生活在真空中，生活中的每一个行动都会带来反应，而反应又会发挥影响力，如此反复、循环，形成行为。而个人和他人之间的互动，会塑造出个人的态度、意见、看法及认知，最后也是造成行为。我之前介绍过的这种"认知过滤"，事实上，也可以称之为"社会过滤"。这一点可以提升投资能力，因此我有必要仔细地研究投资的社会心理。

　　在心理学逐渐扩展其实验基础之际，心理学家意识到，研究个人行为成因的重要性。在严格的实验设定下，所取得的实验成果不足以综观全局，看透人类的行为模式，心理学理论最欠缺的，就是真实生活情境中，那种具备预示性质的有效性。社会心理学所研究的，则是个人在社会结构中的种种互动，任何需要与他人紧密互动的行为，都是社会心理学家的研究重点。日常生活中，完全与社会无关的领域其实是很少的，而极为复杂的投资、交易行为，则牵涉到许多人的互动。仅仅是你拿起电话，向客户经理报价挂单，就能引发数百个反应，影响到几千个投资者。因此，解析影响我们的社会力量，可以提供我们一些更深入的方法，对于个人的投资，是很有价值的。对于社会互动，教科书是如此说明：

　　个人在他人面前的行为，对他人而言，是一种刺激，同时也是一种反应。因为他人对个人的行为加以反应，个人在他人面前的行为就会受到牵制。个人可能有意的或者无意地借由他人的反应而产生后续行为。个人的后续行为，就是取决于能否影响他人产生特定行为而定。这段简短的解释，只触及社会系复运作中的一小部分而已。而投资市场正是个众人群聚、紧密互动的场合，所以有很多相关主题值得深究。

人际关系与投资

不管你高不高兴，我们总是会受到别人的影响，就我的看法，社会互动会产生的最大影响，就是妨碍我们做出理性而有纪律的投资决策，偏偏这个理性而有纪律的决策，却是成功投资不可或缺的要件。我们都很难摆脱情绪的起伏，而情绪好坏跟人际相处关系密切，所以，我们就先来了解一下人际关系对情绪的影响。通常人际关系引发的情绪障碍，都是在潜意识运作的。在我们开始讨论以前，我想先定义何谓"人际关系"：

在具有家庭、婚姻或经常接触等紧密关系下的个人间的任何社会互动，称之为人际关系。

这个定义也不是一成不变，对于所有的投资决策，我们都要先仔细检视诸如家人、朋友、商业伙伴，等等。这些重要的"他人"是扮演着什么样的角色，然后再把注意力转移到其他不是那么亲密的"他人"，例如，客户经理、投资顾问及投资专家，等等。这些人又会对你的投资决策发挥什么样的影响力。本章主要的讨论是在回答以下问题：

- 有哪些人际关系会影响到投资者？
- 如果是负面的影响，有什么征兆可寻？

- 如果是出现不利状况，要如何矫正？
- 如何利用人际关系来提升投资能力？

家庭关系应该是其中最重要，而且最具影响力的，这包括：个人与父母、孩子、兄弟姐妹以及夫妻间的关系，等等。一般而言，多数投资者的人格形成阶段，都是在家庭中，因此，日后对其能发挥最大影响力的，也是出自家庭，这一点应该没什么好怀疑的。如果根据精神分析理论的说法，幼童和同性别的父亲或母亲之间的关系，导引出的罪恶、焦虑、嫉妒、恐惧及认同感等等情绪和情感，都对日后成人的性格有着深远的影响。到了青少年阶段，由于"幼童遗忘"的运作，我们很难清楚辨识其发生的源头。尽管如此，很多长期恐惧的根源，往往在出生至1岁的幼童阶段发展出来的。

对于精神分析学派这套说法，行为理论心理学家当然不会同意，不过他们也认为，人确实从出生之后就一直在学习，因此这些早期学习所获得的反应模式、态度、恐惧、意见和看法，会一直沿用到成人时期。我们大部分人对自己的行为模式，是在什么时候，什么地方、以什么形式学习来的，一无所知。有些投资者是"天生的空头"或"天生的多头"，其原因大概都可以追溯到幼年时期，而且大部分都跟父母有关。

基本上，儿童会学习父母的态度，俗话说："老鼠的儿子会打洞"，并不是没有道理，这个道理也可以解释那些固执的空头或多头投资者。这种在幼年时期受到的训练，成人之后或许会带来灾难性的后果。有些投资者不知变通，一味地做或做空，即使蒙受巨大的损失，仍不醒悟。对于这种固执的想法或行为，他自己并不清楚源自何处，但会一直顽固地面对挫折，终至造成难以估量的损失。某种类型的父母态度和幼儿教育方式，都会倾向于形成某种投资性格。就大多数状况来说，投资性格只是个人整体性格的反映而已。

看一个人怎么做投资，我们就可以了解其性格大概如何。我们也可以倒推回来，从一个人的性格及其发展，来精确地规划或估量其投资行为。

永远的空头

"永远的空头"这种行为，通常反映出负面的父母态度。这个"空头总司令"小朋友，也许出生之后，就在一个单亲家庭里成长。基本上，这类小孩成年后会变得有点冷酷或愤世嫉俗。

这些幼年成长因素，日后都很可能转化为空头态度。请各位注意，我并不是要评判做多或做空哪个好、哪个不好，而是想说明，凡事如果"过度"，总是有些心理方面的原因的，而这种情况容易阻碍你的成功，同时代也表心理、情绪上的不稳定。如果你在投资市场上总是偏向空头，或者，不管你的交易系统信号指示是什么，也不管是否蒙受了损失，总是坚持采取卖空操作的话，你很可能就是在前述这种家庭环境中成长的。当然，这种家庭因素只是空头态度的部分可能成因而已。包括青少年期的老师、监护人或其他关系密切的长辈，都可能带来同样的效果。由祖父母养大的儿童，也会倾向空头心态。父母亲常年不在，把小孩托给年长者扶养，也会造成"永远空头"的性格。

婚姻有可能使这种性格变得和缓，也可能使其更恶化。有空头倾向的人如果跟同一类型的人结婚，可能变成"超级空头"。对于个人原本所相信的事情，配偶的类似倾向会发挥强化效果，这对整体投资表现当然是非常不利。如果配偶的态度比较中立，或者是刚好相反，则可以带来调和效果，甚至是抑制作用。不过这些情况都可能在夫妻间引发矛盾，甚至争执，而造成婚姻不和谐，或者更严重的后果。

如各位所见，"永远空头"的投资者所采取的极端态度，会带来许多负面效果，比起单纯的误判行情所招致的损失还要危险许多。心态偏差造成的损失，并不只是金钱上的亏损，而是会更进一步让投资者觉得沮丧、挫败、失去更多。空头心态的恶性循环、亏钱,越来越沉重的挫败感及不良的判断力,甚至还会导致家庭问题。

这些苦恼的征兆都是相当明显的,也该是最容易辨识出来。如果你过去几年来的投资交易,有九成都偏向放空,而且操作表现也表现不佳,那么就可以断定你有这方面的问题。大部分的情况可能是自己视而不见,旁边的人可是看得一清二楚。或许你还不肯相信别人说的,但证据可是一个接着一个。这种否认的态度,在精神病理学上是相当常见的现象。问题越严重,否认得就越彻底。如果各位曾经碰过这样的人,一定可以了解我所说的。

在目前的市场中,"永远空头"已经很少见了。从1970年代以来,各个投资市场的大牛市,已经把空头赶尽杀绝。不过,每年还是会有一些空头生力军加入其中,所以我还是要对这种情况,提出以下几点处置上的建议:

- 通过家庭、朋友或伙伴以威胁的强力手段来改变,是不会有什么用的,且反而可能造成更大的问题。最好的方法是维持一种正面态度。
- 如果是你本身有这个问题,我建议仔细回想童年经验,设法找出根源。心情放松,任意地回想过去,也许可以再次感受到影响你态度和行动的某些关键因素。这个最好是通过传统的心理治疗来做。
- 利用前面介绍的行为主义学习理论,你可以"忘记"某些行为,重新以更为务实的态度再学习。如果要使用这个方法,必须取得他人的协助。
- "纪律"也是个好办法,如果可以得别人的帮助,我提出几点建议:

- ☆ 重新评估你的交易系统，它该有的投资表现是否与你的努力结果相等？
- ☆ 跟该有的投资表现相比，实际操作表现如何？请注意其间的差异。
- ☆ 如果两者表现相差10%以上，有必要改变行为。
- ☆ 请求立场中立或更具纪律的人来帮助你。详情请参见前面几章。

• 试着提高自觉，可运用完形治疗法，敏感团体法及自我意识课程等等来作为辅助。

永远的多头

市场中永远的多头当然是乐观派，他们比永远的空头要快乐的多，但这不代表他们的投资成绩让他们快乐的多。一味地做多，虽然整体损失不会像永远做空那么大，但长期累积下来还是一样悲惨。"永远多头"派的投资者，大概是在宣扬、实行乐观教育下成长的。这种认知观点是来自于父母行为的影响，对于失败的发生，不太当一回事，如果学校成绩太糟糕，也不会造成太严重的后果。事实上，对于在校成绩不好，父母根本视若无睹，而强调把眼光放在未来，这样做其实也很不切实际。

在这种家庭中成长的小孩，时时刻刻都接收到乐观的想法和行为。对事情抱持乐观的态度虽属正面，但投资者盲目乐观就无法充分辨识出危险。这种投资者永远只采取乐观的姿态，而不肯承认损失。他们不会承认有什么事情做错了，而是采取否定的态度或者设法为失败的交易找理由，借口一大堆。但是，任凭你借口千万千，市场也不会照着你说的去走。长期而言，这种状况可能会带来很大的亏损。

在此要做个区别,有些投资者是害怕做空,这和我们现在讨论的永远做多的投资者不是一回事,在正常的状况下,如果眼见行情持续下跌,而投资者又不愿意卖空的话,至少可以把多头仓位结清,暂时离场观望。但是永远的多头却非如此,他不但会留着原先买进的仓位,而且还沿路加码试图摊平,这种做法跟"不愿意卖空"是完全不一样的。事实上,没有必要一定得会做多又会做空,很多投资者也不甚了解卖空的概念,他们觉得卖空的风险很大,但获利有限,当然就不愿意尝试。

如同永远的空头一样,不死的多头总会找到借口来支持自己的做法。在防卫机制中,最常见的就是"合理化"。如果交易系统的信号不符合他们的期待,这种投资者会可以忽略基本面或技术面的信息。典型的例子就是错误认知及其暗示效果,这点之前已经介绍过了。

如果有这样的行为,要如何矫正呢?跟矫正永远空头的方式差不多。

朋友关系

人际关系、特别是跟朋友的关系,对于决定我们的社会认知行动有很大的影响。我们所做的大部分事情,目的不提要直接有利于自己,而是产生某些其他的利益。来自家庭、团体的压力,都会引导我们做出最后与自己心意相反的行动,遗憾的是,对此我们往往不自知。因为父母的态度和期待,我们在幼儿时就被植入某种情绪障碍,社会影响可以说在成长过程的初始期就开始运作了,而随着时间的增加,整个过程会完全自动化了。在幼儿及青少年时期,我们还相当自觉,知道自己在做什么。事实上,从青少年的反叛可以知道,他们了解别人的期待跟自己想要做的不同,所以才会采取反叛的态度。从另一方面来说,这个养成过程是必需的,因为如此才能提供有效运作的社会交际技巧。但是这个养成过程也有其缺陷,我们被教导去做的事,事实上有一些是不需要的。

当儿童成年之后，这些学习和制约的效果已经相当明显，随之而来的冲突，则可能造成情感或行为上的困扰。在投资市场上，这些问题常以亏损或不能严守纪律的方式表现出来。因此，如果可以检视自己做出决策，并据以行动的过程，将可以规避这些问题。在经济上，社会性因素是具有高度影响力的。如果某位朋友特别热衷某只股票，投资了极大的仓位，若我们也照着做，就会感到很大的压力，特别是如果你很尊敬那位朋友的话，而某位朋友在市场上赚了大钱，你也会感到竞争压力。这些情绪内化之后，或许就表现出无法持续保持有纪律的投资行动。在家庭中，我们也容易有类似的压力。不过，我们这个讨论只限于你亲密的朋友和熟人，以及他们对你的投资可能带来的影响。

人类的行为是被需求所决定，有些心理学理论所探讨的就是关于人类的需求，以及如何去满足需求的方式。以下以需求和其产生的行动进行分析，讨论我们与朋友的关系，以及对市场行为造成的影响。

竞争需求

从孩童时代，我们便被教导要和朋友及兄弟姐妹相互竞争，而经过多年的经验之后，成年人自然而然会想办法去满足这些需求。

竞争是一种健康而正常的创造性需求，不过如果不是因为"竞争心理"作祟，有些事情其实也找不到理由来做。从另一方面来看，这个慢慢烙印上去的需求，也会引导我们去冒不必要的风险。在竞争欲求非常强烈的刺激下，我们可能做出不合理的投资行为。到底是怎样的因素，会刺激我们采取如此激烈的行动呢？求取胜利的需求，事实上不仅单纯地满足个人，而是想要满足那个面对社会的我。很多投资者进入市场，并不是想要让自己快乐，而是为了要满足某种社会需求，全然不顾交易的真正目标，这样做当然很容易招致失败。会因为竞争冲动而产生非理性行为，常常是因为有某种心理障碍，例如不安全感之类的，要补偿这些需求，才会针对他人的成就盲目蠢动。竞争需求有其情绪化的一面，而且这种社会需求会突然刺激产生不适当的行动。

朋友、熟人，有时是亲戚，都是挑起竞争的对象。特别是长期以来处于竞争、对抗关系者，这种需求更为强烈。当需求达于巅峰之际，犯下错误所造成的后果也必定是灾难性的。有几种方法可以把竞争需求导入正面方向，毕竟，竞争需求是动机的主要因素，我们应该从刺激动力中撷取出有利的部分。以下介绍几种方法：

- 如果你晓得这就是你的弱点，那么请花点时间好好地思考一下，谁是你需求的主要对象？为什么你感觉有此需要？这些思考和反省有助于导正需求。
- 有个预防竞争造成盲目行动的好方法，就是坚持做第一。预期对手的行动，抢先去做，而不是被动地回应，这样会比较好。如果你要跟对方竞争，最好是先发制人，领先对手一步。
- 要主动地去建立规则，而不是被动地受制于别人定下的规则。竞争者的游戏有很多种，不要让自己陷入他人设计的游戏中。比方说，你瞧你大舅子不顺眼，但他是个股票期权专家，可是你对此一窍不通，那么就别在他的地盘上撒野，而是主动去选择自己最擅长的比赛作战场。长期而言，谁能在投资交易市场上赚到最多钱，谁就是胜利者。而这应该是你的主要考量才是。
- 如果能学会忽视这种只想竞争的心理，就可以采取最佳的行动。往后我会介绍几个技巧，来纾解竞争心理带来的焦虑。到时候，比方说你听到对手在市场上大有斩获，先别忙着打电话给客户经理胡乱下单，而是运用技巧，来冷静自己的思虑。

取悦的需要

这是童年时代的另一个需要。因为我们寻求取悦我们的父母（大多数时候不是出于恐惧），我们成年以后也会这样做。对有权威的人，这种现象更甚。这种行为的结果通常会损害盈利的交易。市场怎么会出现对我如此有利的情况？许多经纪人和市场顾问接受朋友亲属的账户。如果他们开始亏了这些人的钱，压力就会变得强烈，并且做出不正确的决定。需要取悦他人的需求是如此强烈，以至于任何不被赞赏的心理波动都被认为是对内部情绪稳定的威胁。童年时经常伴随着失败而来的惩罚，使我们不得不去执行，我们认为取悦他人是至高无上的，这很可能会导致我们忽视其他的需要。通常，在这一领域有创伤性童年经历的人中，最需要的是最重要的。那些因学校表现不佳而受到严惩的人是主要受害者。如何才能成功地与这些情感抗衡？我有几点建议：

- 不要把自己置于接受管理他人账户、提出建议或以其他方式影响朋友或亲属做出的决定的地位。这些行为都会立即展现你需要取悦他人的需要。这是一个我相信每一个投资者都应该遵守的政策。
- 如果你知道在判断上的错误来自需要取悦他人，那么在你为他人、甚至客户进行任何投资之前，你应该三思而后行。
- 把决策结束之后的事情交给一个没有"需要取悦他人"因素的人。
- 一如既往，避免这种情况，严格的纪律是必要的。

被认可的需求

我们都需要被认可。本质上，我们是否成功要比我们是否以获得他人认可的方式完成的事情要重要得多。但我们仍然有这样的需求。被认可的需求并不一定与取悦他人的需求类似。通常一个需要取悦他人的人，在谈到自我时，往往是高度负面的。需要认可的人可以在自己的观点上做得很好。他不需要取悦他人，他只是在积极的方向上寻找赞许。有许多种需求，如果走到极端，都肯定会导致交易不佳。一个只为别人的赞许而交易的投资者肯定是失败者。有几种方法可以纠正此问题：

- 自我认可。本书所讨论的任何方法都是针对这个的。
- 确定谁的认可对您和出于什么原因很重要。一旦你发现了你的"重要的人"是谁，你就可以研究你与他们的关系，努力限制你对他们的认可的看重程度。

被惩罚的需求

你读这个的时候可能会笑。不管你相信与否，很多人实际上都想受到惩罚。正如被认可和取悦他人的需求，一个人也有受惩罚的心理需求。有些朋友之间关系，就是保持在这个受虐狂的基础上。当然，探戈需要两个人。让我用一个简短的故事来说明一下。

我的一个朋友有不设止损的习惯。在大多数情况下，由于缺乏止损，投资结果一直不佳。他交易的几个账户也都差强人意。他还为一些相信他能力的朋友管理一些账户。每次损失后，他的一个所谓的朋友就会打电话来抱怨他给他带来的亏损。但是这样的关系居然保持了好几年！每次亏损后，那位朋友还是不断地寄钱给我的朋友，而我的这位投资"经理"则不断地亏损掉它们。他没有努力避免口头的惩罚，也没有终止这种关系，结束这项帮人理财的业务，也没有想过使用不同的交易策略。那么能得出的唯一合乎逻辑的结论就是，这个关系是在让双方都得到他们想要的东西。这也许是在无意识的情况下，但是也可能两个人都心知肚明。

虽然这听起来很怪异，但对于那些没有受苦受难的人来说，有很多微妙的方法可以使我们的惩罚因素影响到所有人。病理学倾向于在人际关系中慢慢建立。一个看似无害的游戏，可能最终会产生一个非常严重的问题。在非常缓慢的过程中，这种类型的学习（和许多其他形式的学习）都在进行，但是你却不知道正在发生什么。任何与惩罚者的关系都是可疑的。如果你突然意识到你的大部分时间都是被朋友或伴侣惩罚，或者你花了大量的时间作为一个发放惩罚的人，那么你很有可能享受这种病态。不管是当被惩罚者还是惩罚者，最终的结果只能是更大的痛苦。通常，丈夫和妻子之间经常有这种关系。问题绝不限于亲密关系。经纪人和客户之间的关系也可以以同样的方式起作用。以经纪人或朋友为例，他嫉妒你的投资成就。每一次你亏损时，他都会很高兴。他会以微妙的方式嘲笑你，从而进一步加重你的痛苦。你可能根本不知道有什么内在的东西在发展。如果你继续接受惩罚，尽管是很轻微的，但实际上可能会影响你对市场的态度。从长远来看，这会使事情变得更糟。

受惩罚的需求比我们大多数人所相信的要普遍得多。那些有幸意识到自己有这种倾向的人可以采取措施来改正它。我认为检测和纠正这种情况，有一个非常具体的程序可以实施。以下是如何进行：

- 认识到这一问题。从对你的人际关系进行分析开始，如果你陷入一个给你带来痛苦的情况，如果你一直在应付惩罚的痛苦，并且超过几个月，那么你很可能需要帮助。如果你不知道是哪种关系导致了你的困难，那么就写一份书面清单，并记录下你与每一个人发生冲突的频率。导致最大数量的负冲突的关系是需要修复的。

- 提前辨识会惩罚你的冲突，并及早制止它。如果你不回应这种坏游戏，那么它很快就会结束。你可以期待从试图惩罚你的人的负面反馈开始。然而，如果你一直没有回应，你将会取得胜利。
- 用积极的经验取代消极的互动。这将很快使关系回到正轨。即使你必须首先牺牲自己，也要做到这一点，因为它最终会带来期望的结果。
- 不要用另一种消极的互动来代替你刚刚修复好的那个。和另一个人又陷入同一模式是很容易的。

正如你所看到的，有方向可以与朋友建立很多不同的关系采取。我的建议是最好把生意和友情分开。这将帮助您避免许多问题。人际关系非常复杂。我们做事的原因有很多。我们不是总能解释为什么我们以某种方式行事。避免人际关系中的陷阱及其对投资的影响，最好方法是继续你的计划。这只是一个遵守纪律的交易制度的众多原因中的一个。人的因素需要不断的关注、严密的监督和实施最严格的程序。

重点回顾

- 社会心理和人际关系在市场上的作用得到了检验。
- 讨论了几种投资者的人格类型。
- 与朋友的关系是对整体投资成功的一个重要因素。
- 有许多重要的需求，其作用可能会影响投资的成功。

19　十个投资心理法则

对于市场的投资老手来说，许多历经时间考验、为人津津乐道的投资法则，想必早就耳熟能详。不过，也许正因为大家都知道，结果反而没人在意。现在，我们就从心理学的角度，重新检视这些金科玉律。也许经过深入说明，了解其可贵之处以后，各位会乐于奉行。此外，根据前面几章所介绍的理论，我也在此一并整理出一些新的投资法则来。我会用行为主义理论来说明，帮助各位了解其意义。我想，把这些法则抄录出来，时时参考，对投资应该是很有帮助的。

预先且明确地拟定好投资计划，以便随时派上用场。

主动地把投资活动预先组织、规划好，可免于在被动的状况下仓促应变。预先做好简明的计划，进退有据，也可以避免受他人的影响，而招致损失。不管你用什么交易系统，投资活动都要有所规划。简单地说，要计划好如何投资，而且照着计划来做。

个人投资的成败完全由个人承担。

对于投资成果，不管好坏，都要你自己负责。是盈、是亏，都是你自己造成的。唯有挑起全部责任，不归咎于客户经理、朋友或投资刊物，你才会真正体会到投资的严肃性，从而不会受到情绪因素所干扰，学会控制整个投资状况，持续地紧守自己的交易系统。而这分坚持的工夫，正是开启成功之门最重要的钥匙。

不要盲目地希望行情会照着你的意思走，也无须恐惧行情会跟你唱反调。

希望和害怕都不切实际，属于负面心态，会带来情绪化的决策。你一旦做了买卖，在市场中持有仓位，那么希望或恐惧都无济于事。希望和恐惧是投机的大敌，只会让人产生假象，错误的认知，各位一定要竭尽所能，避开这种有害的想象。只要你能能够更严格地执行交易，就越可能获利。

谨慎注意投入与反馈，是很重要的。

有件事情很重要，投资者一定要注意：你的交易系统到底管不管用？想要掌握交易系统的操作成绩，就要详细做好交易记录，彻底掌握交易记录，对于自己的交易状况一目了然，是很必要的。你一刻都不能马虎，一定要掌握自己做得有多好，或有多糟。如果情况欠佳，也一定要搞清楚到底是你不行，还是交易系统出问题。

心态是你最大的资产。

想要靠交易赚钱，拥有一套优秀的交易系统只完成五分之一而已，还要再加上正面而积极的态度，才能保证成功。各位一定要谨记于心，阻碍成功投资的因素千千万万，唯有保持正面心态，才能对抗损失的负面影响，不受旁人的干扰，在交易状况不佳之际，也能维持正面心态。

培养有效而正面的关系。

我们都有朋友，伙伴，而且也都会受到他们的影响。如果我们身旁尽是失败者，失意的人，我们就学不到正面的态度，如果周遭的友人，伙伴是时时提醒鼓励自己，希望能做出一番成就，怀抱雄心壮志，不畏艰险，奋力前行的人，那么我们见贤思齐。

把市场和生活分开。

如果你是靠投资维生，就得特别当心。一离开办公室，就把市场暂时抛开。如果你只是业余投资者，平常工作跟市场无关，也要注意不要花太多时间和精力在市场上。当投资顺利的时候，你可能会花很多时间投入，甚至影响到生活的其他事情，这种情况并不值得鼓励，因为如此一来将延误到其他问题的解决。万一投资不顺，且连带影响到生活的其他部分，则更具杀伤力。市场只是要达成某个目的的手段，不能当作一种生活方式，不能让它控制你的生活。每年都要有一段时间彻底休息，把所有仓位结清，完全脱离市场，也许是去度个假。如果你一直盯着市场，寸步不离，更容易看不清真正的状况。

享受你努力的成果，赚了钱就花掉一点，其他的存起来。

获利之后，要定期将盈利取出。你可以花掉一些，其他的存起来。你必须要有直接"享受"这些盈利的经验，如此才能确保赚钱的动力。我建议各位定期享受一下，也许就一个月一次吧。如果放着这些获利而不去享用，你很快就会失去赚钱的动力。

自信也许是你最大的敌人。

在市场上做交易，总是有好有坏，有起有落，遇到低潮期，你不可以怀忧丧志，碰到手风正顺的时候，也别太得意忘形。情绪一旦走极端，就会影响到你的判断力，对于眼前事务很难以理性来思考和处理。你不能太过勇猛以至于无谋，也不能太过软弱而变得胆怯，最好是求取一个平衡。交易失利当然是个负面经验，但也并非完全没有好处，至少会是个教训，同样地，交易成功也可能带来一些不好的影响，得小心应付。事实上，太过自信也许比没信心还要糟糕，人如果太自信而盲动，往往会冒奇险而铸成大错。

拟订下一个目标。

一旦达成当前目标，你就得再设个目标来挑战自己。我有个很熟的朋友，他专门交易期货。有一年，他手风大顺，赚了数百万美元，第二年却全部赔光，还点破产。我问他怎么回事？他说："简单啊！当你登上山顶，坐在世界巅峰之际，那真是孤独！既然没地方好去，就只好走下坡了。"不过，如果你懂得为自己再设定一座大山，有了新的挑战，就不会摔得这么惨了。

当然，除了这十条之外，还有许多法则可供参考。而我们刚刚讨论的那些，也未必放诸四海皆准。各位请以自身情况做考量，也许只有依循自己的交易法，才能获得最大的利益。

你必须要先搞清楚自己的需求、优缺点、技巧优劣和目标，才能制定出完善的法则来。要达到这个水平，最好的方法是使用自我评量技巧。少数的人善于自省，已经了解自己需求，不过大多数人都需要借助一份检查表或其他评估工具，才能搞清楚自己的状况。这个方法，我们会在下一章详细介绍。

重点回顾

- 有许多行之有效的市场心理学规则。
- 每个交易者都应设法将这些规则消化并收放自如，并尽可能频繁地使用它们。
- 概述、解释和讨论了十条规则。
- 介绍自我评价作为一种决定自己交易规则的手段。

20　认知因素

有两个投资者,焦急地等待 XYZ 公司发布盈余报告,其中一位做多,所以期待报告利多;另一位做空,当然认为业绩状况不好。报告公布了,虽然盈余比去年同期减少,但两个投资者却有不同的看法。

卖空的投资者说:"报告利空一,盈余比去年低很多,照这个减少速度来看,今年盈余会比去年降低30%,跟前年相比,则降低了60%!股价不会涨了。"

多头投资者则说:"不一定!这份报告看似利空,实利多。这是个诱人卖空的陷阱。虽然盈余跟去各相比的确是减少了,但是减少的幅度在整体经济中来看,还是相当轻微的。目前消费支出大幅减少,所以第一季度盈余只减少了37%,一点也不严重。跟同类公司相比,减少幅度也算是少的。去年盈余和营收都创纪录地大幅成长,今年稍微下来一点,也是很正常的,这个财报肯定不是利空。"

空头问:"但是,你原先不是期待盈余会增加的吗?"

多头坚持:"那又怎么样?不管盈余状况如何,总之我认为股价会涨。财报其实不太重要啦。"

空头反唇相讥:"是吗?那去年盈余大增,怎么你就认为很重要呢?"

多头说:"那是去年,后来我才明白,财报根本不重要。重要是行情走势。现在谈这个都没有意义，明天走着瞧！"

隔天，XYZ公司股价下跌三点收盘。空头投资者当然觉得自己赢了，而他也的确赢了，不过多头投资者还是不死心，辩解道："光看一天的行情是看不出长期走势的。现在多头暂时退让给空头，之后就要上演逼空行情了！这种情况我可见多了。"

几个星期之后，股价已经比当时进场买入时下跌十五点了，现在那位老兄早该认赔出场了吧，至少，也会有点沮丧吧。结果他还死抱着那支股票，而且还振振有辞："投资者迟早会了解这只股票会涨的，只是时间的问题。孤单地做个多头是很艰难的，不过我会勇敢地撑下去，等待雨过天晴，我还要加码摊低成本，到时股价翻红，我一定可以大赚。"

接着，下一季度的财报又要公布了。我们这位永远的多头已经买了更多的股票，而站对边的空头投资者则继续期待利空结果。这一季的财报还是利空！尽管感到失望，乐观的多头还是不肯认输，自以为有理。觉得等到年底，整个情况一定会有所改善。现在的财报看来似乎利空，其实是利多的。多头投资者就是这么一直误判市场状况，虽然亏损不断扩大，他还是死抱着套牢的股票不放，苦苦等待那个迟来的胜利。等到股价开始反弹，我们这位多头却已经等不到了！他在股价最后的赶底阶段惊慌卖出，而触底之后，股价就开始反弹。

这到底是哪里出了问题呢？我们这位多头投资者是怎么走错方向的呢？他对未来的预期太一厢情愿，也大过幻想了吗？他以为不断地买进股票，才能表示后市看涨吗？他到底是从哪里开始误入歧途的？这整个状况，又是怎么发生的呢？如果你也曾身历其境，想必体会甚多。也许你就可以理解，当投资者坚持己见，不管事实、不讲理性、不顾亏损、也不管旁人的劝说，会是什么样的情况。这种情况反映出一种认知上的问题，这样的问题很常见，但后果特别严重。类似这样的认知问题，当然不只是发生在市场上而已，日常生活中也相当常见。个人会根据生活经验的总合，以自己的方式来解读身边发生的状况。过去的经验对我们每个人都会有影响，它们有时候会阻碍我们做出正确的判断，有时又能提供帮助。以下，我们就来探讨认知因素，以及其衍生的问题和矫正的方法。为何个例子中，固执的多头看法反倒成了投资者迈向目标的障碍。

各位请看下面这个例子：

有个女人在街上遛狗。狗看到一只猫，狂叫，紧扯缰绳，想去追那只猫。刚好绳子绊倒了女人，狗也被扯到一边。狗更生气了，一直狂吠着，试图挣脱绳子。此时，路过的名男士看到女人跌倒在地，他赶忙过去想帮她，但是狗叫得正起劲，不分青红皂白便对陌生人猛吠。此时，又有一名男士骑着摩托车经过，他以为陌生人在攻击女人，预示赶紧停车，出手就打。第一位男士想解释，但这时岂容他分说？拉扯中，一位警察路过见此，他因为无法肯定谁才是攻击女人的恶徒，于是拿警棍先制服这两个男人，结束了这场混仗。结果是，三个人跟一条狗全部受了伤，可是谁也没错。

每三个人中就有一个人有自己的感性状态。当然，在我们的社会中，很自然地假设一个女人可能在街上受到攻击。这是一个非常频繁的事件。然而，在这种情况下，假设，或感知的情况是不正确的。正如你所知道的，现实不是它看起来的那样，而是我们所学到的期望它是什么。如果我期待某一特定的情况发生，我将会预设或准备，对我的期望做出反应。在这样做的时候，我就会被愚弄。这里存在一个两难境地。当然，对现实有特定的看法是很重要的。这些看法，有些为我们服务，而另一些则带来坏处。随着时间的推移，个人将会知道什么情况对他很有好处，什么情况会导致疼痛。但是在新的情况下，就没有好的判断依据。这就是许多错误的所在。通过探索心理层面和感感知的一些基本的原则,我们应该错误感知的创造过程多一些理解感知。然后我们可以将我们的发现应用到市场上。

什么是感知?

几乎所有来到我们大脑的信息都是通过感官进入的。尽管有所谓透视感知的作用,但基本都与环境刺激有关。触觉、味觉、嗅觉、视觉和听觉是主要的感知接受体。从出生的那一刻起,我们不断地被周围各种环境刺激所轰炸,它结合了发展的经验,塑造了我们对周围世界的感知。心理学领域一直在争论遗传和环境因素的相对作用。结果是不同观点的综合结果。复习一些基本的发现和概念会有帮助。

许多研究记录了新生儿就有不同的反应模式(见 Wolman,1973,pp875-877)。无数对早期儿童的认知的调查显示,从出生或更早的时刻开始,就没有两个婴儿是相同的。每个孩子生来就有特定的反应模式。例如,压力会在不同的新生儿中引起明显不同的心理反应模式:他们从类似情况中体验得到不同结果的倾向是显而易见的。因此,两个成年人可能以不同的方式对类似的情况做出反应。出生时就伴随我们的反应模式,是与我们的整个生命一起共生的,并且一定会对市场上的类似事件产生影响。

还有许多其他的例子说明了出生时个体的不同之处。这是一个众所周知的事实,例如,出生于先天性白内障的儿童在以后的生活中会遭受视觉的问题,即使白内障在出生后不久就手术治疗,这个问题还是会继续。有人认为,即使是在幼儿期有短暂的环境或感知剥夺,都可能对成人生活会导致严重的感知困难。人们发现,在不同的生物体中,某些技能会在某些关键的时期发展。例如在在黑猩猩的幼年时期被限制活动,尽管几个月后绷带被移除,还是会对感官和运动能力造成不可逆转的损害。有许多这样的发现，特别是在哺乳动物中。

它所指向的是遗传学和环境在感知能力发展中的复杂相互作用。感官剥夺实验表明，在低刺激环境中饲养的狗，假如在幼年时没有人的接触，似乎就没有反应正常类型的学习经验。如果把这些结果推广到人类的状况，这些发现有巨大的影响。

我的观点很简单：出于各种原因，我们"看到"或"感知"事物的方式都千差万别。对于一个人来说，某件事可能看起来很危险。对一个人来说，这个运动似乎是一个挑战，但对另一个人来说，这只是一个枯燥乏味的运动。据阿德勒说，心理紊乱的主要症状之一与感知有关。

阿德勒是最早脱离弗洛伊德教义的心理学家之一。他强调人际交往经验的重要性和人的行为是由周围的环境因素决定的，例如不安全感、自卑情绪、手足对立和人的团结。他这样做比弗洛伊德的理论更容易被公众理解和应用，他是西格蒙德·弗洛伊德的一个助手，也是维也纳精神分析学会的领袖。一些阿德勒的术语将进一步说明我对感知的看法。

阿德勒提出了一系列与适应或不安行为相关的具体表现。其中包括"感知"和"思想"。在感知特征方面，他指出了与精神紊乱有关的两个关键特征：

感性选择性。在"个人世界观"的发展中，神经症患者并不像其他人那样认识事件，也不会对与他的观点相对立的事件做出反应，而是选择那些与他先前构想相符的事件部分。

感性敏感性。他已经准备好做出某些解释，不管是否合适。

"刚度"神经症的思维顺序一般比较僵硬，因此与正常人的想法不同。(福特和城市，1965，p. 341)

让我们停下来回顾一下：

- 我们看待事物的方式可以发展为遗传易感性和环境的功能。
- 那些受情绪困扰的人往往看不到事情的真实情况。

- 受情感干扰的人往往以一种支持其病理的方式解释或感知现实。
- 神经性思维的特征是思维和感知的僵硬，几乎没有变化的倾向。

现在让我们回到我们的学习模式（见第6章）。注意，我在刺激—机体反应序列中包含了一个所谓的感知过滤器。现在，我将把过滤器作为学习链中最重要的单个元素来发挥作用。

假设某人对某种情况的看法是错误的。以本章前面的情况为例：持续的牛市让他完全忽视了亏损的收入报告代表应该看空的含义。他展示了他僵化的思想和观念。这当然没有什么奇怪的。许多人会用以为的事实来捍卫自己的地位。他们会为他们希望的信仰，而不是为了真实的而战。换言之，我们都熟悉僵化的思想，防守显然失去的立场和明确的误解的现实，制定捍卫一个站不住脚的立场。这些都是日常事件。但是，在日常生活中，他们没有任何建设性的价值。事实上，从长远来看，它们往往具有破坏性。在市场上，它们是灾难性的。投资者倾向于误解现实的事实，大概占了他们损失的50%。这就是为什么在我看来，理解我所说的"失去感知"的发展和补救是很重要的。

此外，我认为失去感知的一个值得研究的行为，可能有遗传易感性的因素。无论遗传因素是否存在，我不能证明或反驳，行为方面是如此压倒性的明显，我相信任何倾向都可以通过学习来克服。让我们来回顾一下，失去感知是如何从幼儿时期的行为方式中发展出来的。有两种非常明显的方法可以使这种错误的看法成为习惯性的。请记住，我们都会不时犯错误解读的错误。只要我们不经常在危急时刻错误解读，我们不会遭受太多的损失，无论是个人或金融。这是我正在讨论的习惯性适应的看法。

父母倾向于以当时流行的方法对他们的孩子做出反应。让我们假设一个孩子正在经历焦虑。他们可以告诉他不要理会焦虑，从逻辑上解释没有理由担心事实。然后，给他一个奖励，或者他们可能会以口头或更强的方式奖励他，使他感觉更好。在这个刺激反应链的多次重复之后，从某种意义上说，孩子就会忽略或减少与某些刺激事件相关的焦虑。焦虑通常与学校、考试和同辈群体的关系有关。虽然真实情况肯定更复杂，感知和反应的看法也可能有发展和变化，但这是一般性的情况。一个孩子从学校回来，哭了，显然心烦意乱，他的父母试图安慰他。他们问："你为什么哭？""我害怕考试"。父亲问道："你为什么害怕考试？""因为老师说，所有考试不及格的孩子每天放学后都要留在学校，为期两个星期。""好吧，现在我明白你为什么害怕了，"家长回答。"但是，如果你害怕，那么你可能仅仅因为害怕就会考试不及格。"母亲说。"有时候，如果我们真的害怕某件事，就很难用正确的方法去做。即使我们知道如何去做那件事，我们也不能正确的去做，因为我们很沮丧，"她继续说。"所有的人都有他们害怕的东西，但是如果你忽视了恐惧并为考试而努力学习，那么你就会通过它。"父亲告诉他。虽然这里的互动很简单，父母试图改变孩子对一个感知的威胁的反应。他们会奖励孩子改变他对情况的看法。虽然他可能仍然认为考试是一种威胁，但他会以一种不受其感知影响的方式做出反应。随着时间的推移，他的看法可能会根据在重复情况下所经历的积极后果而改变。他父母的赞美在感知反应的变化中进一步深入。假如父母的反应不当，则会有助于塑造"失去感知"。他们常常会教孩子们表现得很焦急，或者认为某种情况不是真的。这里有一个简单的例子，在二十世纪五十年代是非常普遍的：

孩子：我下周有个考试。
家长：你最好得到一个好成绩，否则！
孩子：否则什么呢？
父母：否则你会遍体鳞伤。
孩子：你为什么要打我？

家长：为了你自己好！！在学校里考试不及格的孩子成为鞋匠或街头清洁工。他们的生活很穷，生活在别人的垃圾桶里。

孩子：真的吗?!

家长：哦，是的，这就是考试的目的。老师考校学生，找出哪些足够聪明成为医生或律师，哪些将成为捡破烂的或流浪汉。

孩子：你是说如果我下周不通过考试，我就会变成乞丐？

父：哦，不，你必须通过许多考试才能成为一个流浪汉。但每次你在学校考一个坏分数，老师都在记录。在年底，她把分数给你的下一位老师，直到你从学校毕业。如果你有太多不好的分数，他们会把你踢出学校，把你转到一个鞋匠那里。你成了他的学徒，然后一辈子都是穷人。

正如这听起来那么愚蠢和做作，它恰好代表了一种曾经在父母中非常普遍的态度。通过灌输对孩子的恐惧，他们改变了他对感知到的威胁的天真的感知反应。考试的结果被夸大了。孩子现在倾向于感到恐惧和焦虑，当考试失败时，他受到父母的惩罚，因此遭受双重痛苦。

多次经历这种幻想之后，在许多情况下，我们有一个发展出不合理感觉的孩子。尽管事实上，他可以认识到自己的思想中的谬误，但感到的威胁依然存在。事实上，这个威胁可能非常微妙，一旦我们的孩子成了一个成年人，他就不再明白为什么他以某种方式看待某些情况。

父母态度在塑造，维持和重塑认知方面的作用是重要的。在大多数情况下，我们通过成年进行的观念反映了家中教授的内容。这就是为什么我们不知道他们的存在，也是为什么它们很难改变。父母通常教孩子要感受到太多的痛苦，太少的痛苦，忽略太多，或者接受太多的刺激。但是却没有教孩子采取"中间路线"的看法。总而言之，父母可以教一个孩子（1）忽略可能的负面看法，（2）考虑和放大对情境的消极看法，或者（3）形成对某一情况或情况的新看法。通过学习过程，这种观念将转化为成人行为。通过泛化过程，将适用于其他情况。

现在让我们将这样一个形状的感觉应用于市场。以我们的朋友，永恒的看多者为例。他已经购买了 XYZ 公司的股票，并且预期要上涨。这里的关键词是期待。他的期望没有实现。他并没有察觉到真正的情况。毫无疑问，他未能解释真正的损失是与他错误的看法相关的，假设这个投资者的看法是错误的，这是肯定的，因为市场应该说出了答案。更有可能的是，他没有意识到或认为看跌的消息是实际上由于童年时期发展的感性问题而看跌。这种错误的判断或对现实的误解可能反映在他生命的其他方面。观察情况的人倾向于说投资者只是挂在股票上，充分意识到他错了，拒绝承认失败的事实，一些投资者确实属于这一类。但是，也许有许多人不知道这样的事实是有错的。

这种困难往往是更普遍的综合征的一部分。作为一种适应现实，或适应世界的防御技术手段，这是典型的神经科学。在这种情况下，学习是有用的。如果你回想起行为学习模型，你可以看到更多的奖励给予，更永久的行为将会变得更加明显。您可能会问：为什么感觉不会因误解造成的损失而改变。简单来说，误解并不总是导致损失，有时候，误解反而得到的是盈利的结果。因此，投资者一直在一个随机的奖励模式下，因此他无法得到好的学习。

我所告诉你的结果只是一个非常有效的强化时间表上的误解。改变是很困难的，而且也有可能造成相当大的损失。此外，还有与市场有关的许多不同方面的误解。不仅一个错误的收益报告及其含义，潜在风险，股票或商品的潜在价值，技术交易信号，经纪人房屋意见等许多重要因素都可能被误解。通过感觉渠道传递给我们的任何信息都是误导意义的潜在受害者。

错误认知的另一个方面是 B. F. 斯金纳称之为"有条件的观察"。他对这个问题的讨论是一个明确的陈述，说明行为主义者如何解释和解释感知的本质以及行为发展的趋势。由于这个概念是投资心理学的核心，我引用斯金纳的人类行为科学：

一个人可能会看到或听到条件反射模式上的"不存在的刺激"：他可能会看到 X，不仅 X 存在时，而且经常伴随着 X 的刺激。晚餐铃不仅使我们流口水，它还能使我们看到食物。

更广义地说，条件观察解释了为什么人们倾向于按照以前的历史看世界。世界的某些属性如此普遍地得到回应，"习惯法"已经被绘制来描述这样的条件。

我们通常看到完整的圆圈，正方形和其他数字（斯金纳，1953，p. 266-267）。

我们可能还记得我以前对巴甫洛夫的讨论和他的唾液分泌。注意，实验动物已经被铃声所训练，以为铃声就代表了肉粉，因为钟和肉粉已配对。实际上，动物似乎对另一种情况做出了反应。在这种情况下，虽然从狗到人的概括是科学上不可接受的。看起来好像动物因为与钟声配对而期待肉粉唾液。让我们从狗到投资者走一大步。（实际上，类比可能不一样，你可能会认为，"狗和猫"一词长期以来一直适用于某些类型的股票，为什么不适用于投资者？）基于这种外推法换句话说，可能是配对的表现，很可能"刺激功能被不同刺激所假设"（斯金纳，1953，p. 266）。

通常我们看到投资者买入或卖出股票出于荒谬的原因。事实上，这些原因可能是最初与利润有关的刺激。这种行为更适合于斯金纳所说的"操作观察"。在这方面，我的世界也包括斯金纳术语"迷信行为"。例如，如果投资者打电话给他的经纪人，下订单购买，并获得利润，导致有利可图的电话的精确行为可能会在以后的时间以其确切的方式重复出现。例如，如果投资者从红色电话中拨出电话，他可能开始"迷信"地将红色电话与利润联系起来。如果利用红色手机进行多项有利可图的交易，那么很可能会发出红利电话的迷信附件作为利润的征兆。交易者可能认为红色手机与投资利润有某种神奇的关系。他会容易将这种反应推广到红色。令人惊奇的是，这种行为或感觉如何被推广到各种特殊的表现。红色可能成为投资者的最爱，或"幸运"的颜色。他可能会喜欢以他们的名字含红色的股票。他的投资可能是在完全不懂的股票。他的名单（当然是虚构的！）可能包括"红色驱动器"或"红魔制造"，甚至"爱德华兹公司"。看一下，你可以找到我刚刚描述的例子。

另一个例子，你打电话给你经纪人，他说有苏联小麦买卖的传闻。"我们做什么？"你询问。"让我们在新闻发出之前快速买一些小麦！"他大声说。"好的，买它，但是一旦我们有几分钱的利润就平仓。"你回答。小麦买了。在你购买之后一会，谣言和市场关注度上升。遵守您的指示，经纪人清算头寸。在几分钟之内，你已经赚了几千块钱。什么可以更加强化？你已经对谣言做出了反应，结果是一个很大的利润。表面上还有其他一些可能导致迷信行为的可能性。或者说我所说的，对现实不合适的看法：

- 如果将来在某一天的某个时候重复，你可能会无意识地开始感觉到一天中的某个时间最适合交易。一天中的时间已经成为与利润相关的积极事件。
- 如果您在同一地点打电话时再次赚取利润，您可以开始将该位置视为利润图中的关键变量。
- 有利可图的交易之前的活动，无论其可能发生的情况如何，都可能会获得迷信或错误的判断。

还有很多其他例子表明投资者如何看待某些情况作为利润或损失的预测。当投资者或交易者群体都以相同的方式对同样的刺激做出反应时，他们的集体反应实际上将导致感知刺激的确认，这肯定在变革过程中起了重要作用。这种自我实现的预言在市场上是典型的。如果很多人认为某些交易信号是有利可图的,那么事实上它将会变得有利可图。虽然利润可能只会短暂持续,但大多数投资者仍将坚持回应。最终的赢家将是那些预期回应的人,早期(或卖出)买入,并且在大多数人将价格推向所需方向的时候关闭他们的头寸的人。当然,你已经看到这种情况发生在人为驱动股票商。需要赢得他人的威胁是回应的理由。而且在大多数情况下,这种看法被证明是不正确的。损失的结果,以及那些足够快速的谣言利润提前行事的人。

感知和误解并不仅限于外部环境刺激的解释。交易者也受到内部刺激的误解。他们认为,例如某些内脏感觉或生理反应是幸运的。"我觉得这是我的幸运日",一个人倾向于说。"我不知道为什么,但是我觉得我今天会赚大钱!"。这种感觉在大多数情况下,是在类似的感觉呈现内部感觉或其感知的情况下对以前所获得的利润的条件感知。

我对学习感知的行为观还有很多可以讨论的,正面的,反面的。只要事实可以在市场上确定,我的分析应该被认为是合理的。可以做些什么来纠正错误的感知?投资者如何在市场研究中发现有缺陷的感知特征?我们如何利用他人的误解呢?我相信这些问题的答案在于遵守预定和系统的投资计划。对错误认知的最佳防范就是投资策略的强烈进攻。避免由于感性发展不良导致的损失的最佳方法是通过以有条理的方式制定交易计划并相应地进行交易。这将有助于尽量减少外部输入的可能负面影响。阻止它们进入投资计划,我们就可以消除它们的负面影响。

重点回顾

- 所有人以不同的方式对现实做出反应。
- 遗传倾向和环境力量的结合导致不同投资者的不同回应。
- 有强有力的证据表明,感知可以是一种学习的行为。

- 作为学习观念的例子,我们讨论了斯金纳的"有条件和有操作性的看法"。
- 感知和误解对于投资者来说是重要的,因为它们可以限制或提高整体盈利交易。
- 避免失去感知的发展和消极后果的最佳方法是遵守本书其他部分所述的严格交易计划。

21　潜意识认知-无意识反应

要彻底了解和说明思维活动的内在过程，就算能做到，也是非常困难的。刺激在形成反应之前，要经过一些心理上的，即潜意识的转化过程。许多年来，心理学家都试着探索从认知到表现反应之间的诸多变数，其目的在于矫正一些人类心灵容易罹患的功能障碍，以减轻那些思考程序失常的病人的痛苦。而许多心理学家的最后目标，是想要控制和利用人脑的巨大力量。

我们先前提过，现代心理学思潮本质上可以分为两大学派，一边是所谓的传统心理学家，把心理内在过程理论化，运用实验方法，观察和假设来验证理论的有效性，这种人道的心理学家，喜欢比较不独断的研究方法，但仍然关心人类思考和意识中的"质料"或"物质"的一面。另一边则是行为主义心理学家，以其最为纯粹的方式，表现如下的态度：

行为发生的过程，并不如产生行为的"输入项"那么重要，我们必须把人的行为看作是一连串的输入和输出。

通过研究输入，来比较最后产生的输出（行为），我们可以制定出一套运算"法则"，如果这些法则是正确的话，就可以让我们预期和控制行为。因此，就不必要研究中间的过程了。因为我们根本看不到人类心理是如何运作的。我绝不是故意贬低或轻视传统的心理学疗法，只是我认为，再研究人类思考和行为时，行为学理论更务实和实证。

我相信，评估行为的内在过程可以学到很多东西。虽然我们无法只靠着洞察力来改变行为，但在发现过程中激发的想法，也许可以导向改变的开始。

如同前一章所讨论的，认知因素会在刺激和反应之间发挥作用，而对于引导我们走向决策反应的中间过程，我们常常是一无所知，所以对这中间过程的任何一丁点进步的了解，都可以帮助我们矫正交易的失误。

也许，投资者最难以对付的现象，就是在重要时刻失去理性。在股票及商品交易的历史中，在筑底时爆发恐慌性卖出，或在最高点却蜂拥买入的例子，实在是太多了。例如，古巴飞弹危机造成的恐慌，肯尼迪总统遇刺时的恐慌，一次又一次的越战"停战谣言"，还有基础利率常引发的反应，这些都是非理性的例子。事实上，有些技术性指标的基本原理，既是根据人类对于特定政治，经济因素的情绪反应而编制出来的。我们都很清楚，任何单一状况并不构成市场事件，而某一个事件总是要经过一段时间的发展，最后才会突然爆发出来。战争爆发之前，不会毫无预兆，和平也不会在一夕之间就突然降临。如同许多成功的投资者和交易者所指出的，新闻常常是大部分交易者的敌人，因为他们并不晓得如何利用它。

新闻对于市场的重要性，并不在于新闻本身，而在于它被解读的方式，换句话说，投资大众在以某个特定方式接收到新闻时做出的反应。有许多例子显示，原本是利空消息，结果变成利多效果；有些消息原本是大众极为期待的，但发布之后却让人非常失望。这种什么事利多，什么事利空的认知，每天都在改变，时时刻刻都不一样，而且每个交易者的看法也未尽相同。在刺激与反应之间，还有人性这项变数存在。经济现实无可避免地一定要通过认知过滤这一关，也就是人的大脑，而不管解读是否正确，人就是根据他的认知来行动。经济法则到最后还是会发挥效用，但往往都要经过相当长的时间，消息才会尘埃落定变为真实。而在经济消息变为真实之前，有九成以上的价格波动都是在这段期间产生。我告诉各位的这些事情，里面并没有什么很大的发现，在股票，商品和房地产价格的波动中，大多存在着人性的弱点，这其间也没有什么神秘的。

市场指标

有一些市场指标，就是明白地或含蓄地利用人性的因素，换句话说，从投资大众熟知的大部分价格趋势形态，可以量化人性的反应。现在，让我们来检视其中一些指标。

突破压力位和跌破阻力位

当价格沿着趋势行进时，会一路吸收动能，有越来越多消息刺激来推动价格，价格也就加速地上涨或下跌。一般认为，价格移动的第一波，是由机构投资者的买进所推动，这时候称为收集筹码期，接着才是投资大众开始介入。等到价格以最大加速度上涨或下跌，则是由投资大众扮演最主要的买进或卖出角色。最后，趋势走到了最高或最低时，机构投资者应该大都已经出货手中仓位，他们已经慢慢地把仓位丢给投资大众承接。

投资大众从新闻接收的信息，只是确认股价趋势，根本不管其中到底包含哪些真实的含义。股价追随原先的走势，剧烈地上涨或下跌，似乎这个趋势可以永远下去。在牛市氛围中，大部分消息都被解读为利多，股价一旦下跌，就被视为是买入的好时机。当多头消息来到，就被看作是股价趋势的确认，例如，在多头市场的最后阶段，标准的"抢买高潮"出现之前，通常会有如下状况：

- 极好的利多消息，这可能是几个月以来的最大利多。
- 爆出几个月或几年来的最大成交量。
- 价格涨到几个月或几年来的最高水准。
- 市场处于热切的多头气氛中。

这段时间内的价格走势形态也是相当特殊的，图21-1显示了其中部分的形态，我们注意到在这一段相当长的时期内价格节节攀升，有时一连数日收盘价都相当强劲，然后突然到了某一天，价格在盘中出了新高，但收盘时价格却比前一交易日最低价还要低，而且放出很大的成交量，这就是典型的"最后的疯狂"完完全全是由于投资大众的情绪过度反应造成的，接下来会有几天的反攻，希望能回到以前的走势，不过此时多头的反攻大都会失败，然后整个趋势开始转变，在价格飙升创出新高的那一天将会出天量，而趋势开始反转，几乎完全是投资人对新闻的认知造成的，一直到反转的那一天为止，投资人把所有消息都看成利好，但市场的气氛和态度出现重大转折，卖方击溃买盘，于是头部形成，在此之前，机构投资人早就利用投资大众对于新闻的错误解读，以相当理想的价位大量出货，走势当好相反的卖出高潮，情况也是如此，在这种价格技术形态中，认知，态度，情绪及恐慌都是关键成分，这些都是心理因数，也错综复杂的与全球大事和经济消息有关。

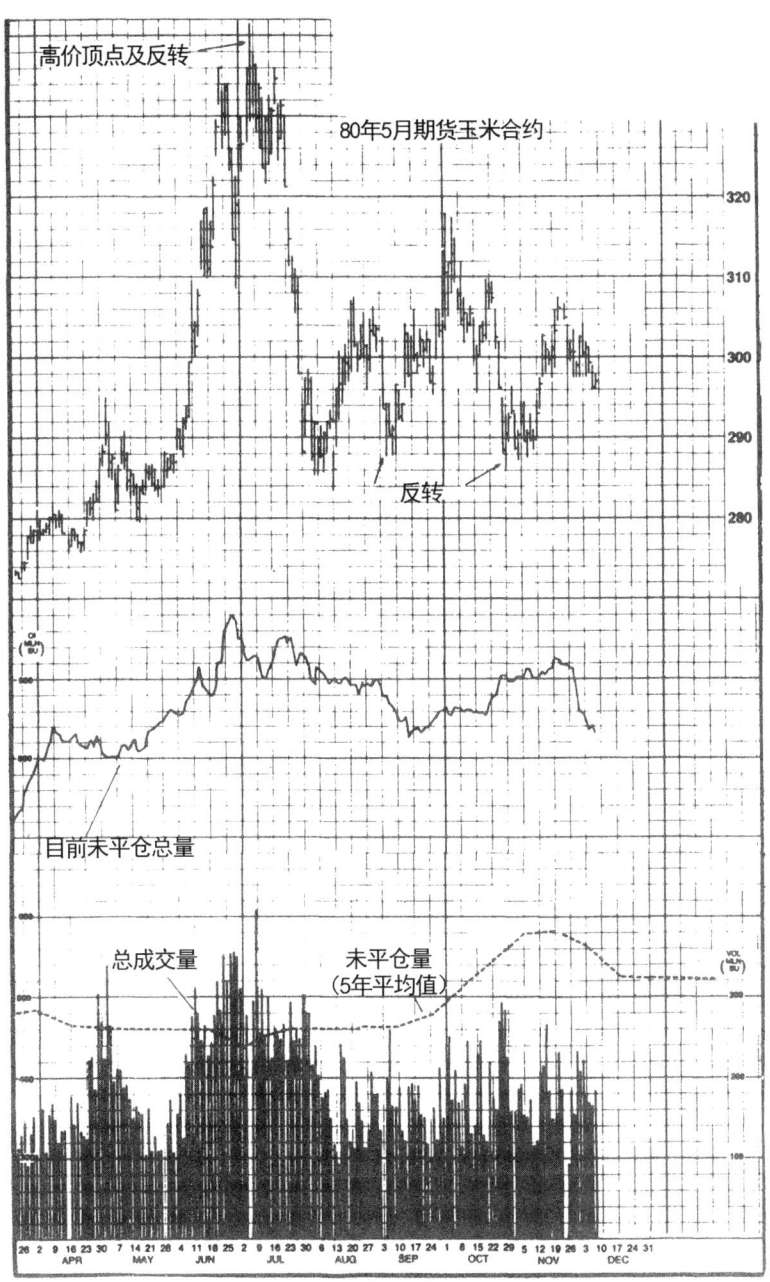

图 21-1 典型的多头市场

看涨与看跌的舆论

看涨与看跌的舆论,也是认知因素的指标。在大部分的关键性头部看涨舆论都非常高昂,而在关键性的底部刚好相反几乎没人看涨,因此,像抛空比率就是反映市场空头气氛的重要技术指标,而且在股价触底时,往往也是卖压特别沉重的时候,图21-2是期货市场中看涨和看跌舆论的对比,也是市场气氛的指标。

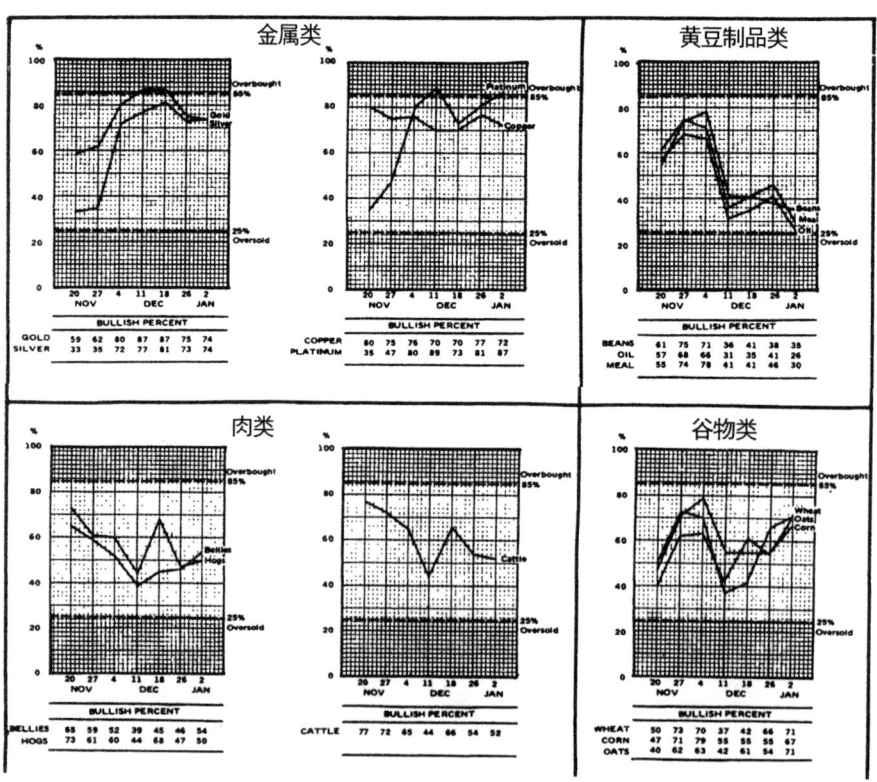

转下页

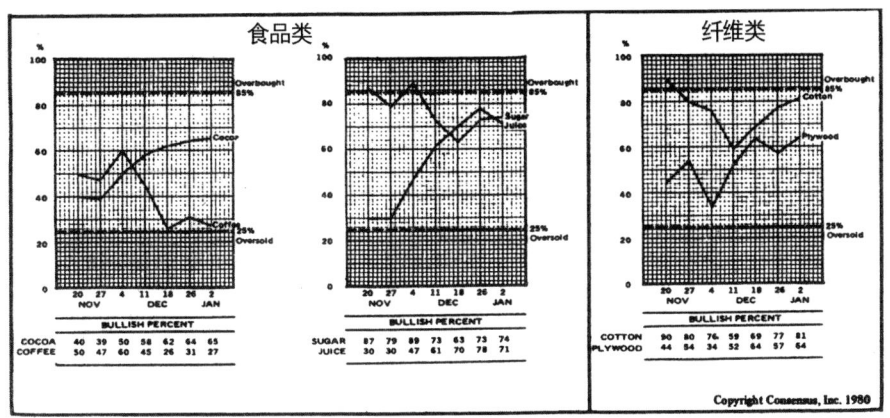

注：市场气氛指标，反应专业投资顾问及市场通讯的看法，此指标只作为市场参考

图 21-2　市场气氛指标，多头舆论和观点的图示

除了各种指数外，很多市场资讯服务还提供各式各样的指标，包括市场气氛指数，这些指数，也会影响投资者对市场消息的认知。

美国开启民间持有黄金一事，让很多投资者的认知误入歧途。很多年以前，除了金首饰及珠卖饰品之外，私人不得私藏黄金。后来黄金价格变得比较活跃，美国民间开始呼吁政府解除黄金管制。当金价从每盎司 4 美元开始上涨之后，黄金持有合法化的呼声就更高了。图 21-1 所示，为黄金持有合法之后，金价的波动状况。让很多人惊讶的是，经过长久的等待，黄金刚解除管制时，并未带来投资者原先预期的大量买单。在开放合法之前那波上涨行情，是由专业投资者带头推升的，当黄金持有真正合法化，他们就开始高价出货给预期价格还会再攀升的美国投资大众。结果，投资者对这个事实的认知正好是错误的。

图 21-3　美国开发黄金持有权后的黄金价格走势

相同的一幕,多年以来,在许多市场中反复上演。在消息曝光后,预期化为事实,再去买进,换句话说,事件本身在市场上的反应通常不像预期的那样,这点在市场上已经是个通则。为何如此?是什么引发投资者毫无理性地行动和错误地认知现实呢?现在,我们进入"潜意识刺激"的范畴了。我强烈希望各位特别注意接下来我要介绍的部分,这也许是本章最重要的部分——关于心理的真相。潜意识刺激,可能是大多数市场损失的幕后真正原因。

潜意识刺激

1950年代，帕克德出版了他的经典巨著《隐藏的说服者》。这本书详细审视了广告界的做法，让美国人晓得，他们的购买习惯，实际上是受到一些非常巧妙的心理技巧所操纵。对于广告界使用这种"阈下效应"（编注：指刺激值低于受试者可意识到刺激存在的最低阈值）及催眠手法的道德性也引起了相当大的关注。

《伦敦周日泰晤士报》头版报道，在1956年的年中，有些美国广告商实验以"阈下效应"来突破大众的意识警戒，把销售信息渗透进去。报道指出，当时在新泽西有一家戏院，在正常播放影片的时候，插进冰激凌广告，但只快速放映几秒钟。由于广告每次出现的时间很短，人的眼睛无法辨识出来，但仍足以被潜意识地接收到。

报道说，结果很明显，冰激凌销售果然增加了。报道解释说："阈下效应，包括影响和声音，有些实验心理学家已经知道很多年了。"报道还推测，有些政治宣传或许也可以让大众在不知不觉中接受其信息。

如果没错的话，这段引文跟我们现在的主题是一致的。投资者是否可能被潜意识或阈下刺激所影响？其可能性是否有心理学的根据？我相信在这方面，实验证据大体上已经支持了这个结论。

在1960年代，这一主题有了更多的研究。在一份详尽的摘要中，罗查以弗洛伊德曾引用过的梦境视觉刺激的研究为主题。这项研究利用十秒一张的速度播放的风景图片，来影响控制实验者的梦境，果然，这些景象再现于被实验者的梦中，接下来的许多研究人员也一再证实这些发现。这些效果的存在，也为支持弗洛伊德的许多理论提供了依据。在此，为了免失偏颇，我必须说，也有很多研究反驳这些观点。虽然潜意识刺激的效果，的确有文字记录下来，不过目前还未能确切地知道，这些刺激是如何及何时影响行为的。而这些刺激和最终引发的行为之间，相互反应是如何运作。目前，仍有许多理论争执不下。我们暂时先假设，未经察觉的潜意识是真实存在的。照我的看法，的确是有证据可以证明这个说法是成立的。对于偏见、歧视，态度及意见的改变等等心理状况的研究，都可以证实我的看法。这对投资大众有什么意义吗？很多，而且很重要。第一，潜意识反应可以解释投资者在做决策时，何以会采取某些看似不合理或莫名其妙的行动；而且，也能帮助了解那些影响广泛的意见和态度，特别是那些受人尊敬的重要人士或专家们对我们最后交易决策的影响。

我之前曾说过，接收到太多信息，会带来潜在的危险，其中特别提到投资顾问服务和经纪商的市场通讯。如果投资者去看这些意见的话，很可能会受到这些信息的影响，进而行动，而且使他本人可能也不知道自己是因为这则信息而采取的行动。有很多社会或社会心理变量可以发挥中介效果，放大或缩小特定的量度。这方面试属于社会心理学的概念，我们会在下章简短地介绍。

超感官知觉

最后要谈一个更难以理解的概念，即"超感官知觉"（ESP）。现在有越来越多的心理学著作在研究 ESP，有些学院及大学也都承认这是一门专门学科。虽然到目前为止，还没有足够确切科学的资料来证实 ESP，但我们在某些时候都曾经验过超感官知觉。有些成功交易者以"第六感"来采取行动，事实上即是受到超感官的刺激，或者是极微量的潜意识刺激所致。

关于潜意识和超感官的过程，还有许多尚待了解。根据目前所知的有限科学资料，已经可以证实一些结论，我会条列在重点回顾中。

重点回顾

- 从刺激到反应的中间过程，是很难搞清楚的。

- 从刺激到最后反应之间的认知过滤，某些参数性质是可能被确认的。
- 我们介绍了潜意识反应的角色，而且引用实验资料来支持这个说法。
- 关于投资者决策过程的"未经察觉的反应"，我们已经做了解读。
- 我们帮助确定许多"技术性市场指标"跟投资者的认知有关系，并举了一些例子。
- 引入电泳皮肤反应（GSR）作为反应强度的量度。
- 有限的信息投入作为投资者的潜在利益的作用被重新审视。
- 关于潜意识知觉，我们已得出如下结论：
  ☆ 投资者可能不知道自己行动的原因。
  ☆ 这样的行动基本上是非理性的，会带来亏损。
  ☆ 别人的意见，不管是口头或书面上的，都会对投资者造成暗示效果，让他不自觉地采取行动。
  ☆ 越是组织此类信息输入，投资者整体投资就越成功。
- 通过一个例子来检查超感知的作用。

22　减轻压力，更易获得健康和利润

　　面对极大的压力和紧张情绪，每个人的反应都不同，有些人可能会发展出独特的行为怪癖，例如脸部痉挛，有些人则可能把紧张和压力内化，造成心理病症。不管最后是如何表现出来，都不可以忽视压力和紧张，因为它们确实是极大地影响投资活动的关键因素。在不同的程度上，所有的交易者、投资者都会受到压力和紧张的影响。由于大家都可能是压力和紧张的受害者，因此我们有必要了解压力和紧张是如何发展的，又是如何表现在行为和心理上，最重要的是，我们要如何才能有效地把它的影响降至最低。焦虑和紧张，容易导致投资表现下降，这种情况屡见不鲜。人在高度紧张的状况下，大都可以反应的更快速，不过反应的品质却会降低。通常，没有效率的反应，是压力下的典型症状，在投资市场中，这种情况可能造成莫名其妙的亏损，错误的决策以及不佳的自我纪律。而且，如果长期处于持续或沉重的压力下，其后遗症尤其严重。对于把钱放在市场中的投资者，持续的紧张和压力，肯定会使亏损不断积累，长期而言，即使交易和投资能获得的金钱利益，可能会因为个人健康的恶化而得不偿失。

　　幸运的是，现在有越来越多人研究压力、紧张及其他相关课题，许多心理学家对动物和人类的研究，几乎已经涵盖了压力和紧张的所有方面。这些研究中，尤以赛耶最为深入。赛耶的发现证实，压力和紧张会对动物和人类生理造成全身的影响，处于压力状态下的生理反应包括：多种荷尔蒙分泌增加、血压上升、心跳和脉搏加快、胃酸增加，还有头

痛、肌肉酸痛、后头痛、背痛、疲倦、失眠等症状也会增加。情绪波动的强度和频率都会上升，会变得更有攻击性，更常有挫败感，以及性功能障碍。另外，还有以大堆特殊的病症都跟紧张和压力有关。

我们也可以确认许多心理病都跟紧张有关。有些研究人员宣称，已经发现部分精神病症和特定荷尔蒙水准的上升是因为紧张所造成的。基本上，有些心理或生理的失调，例如痉挛、消化道溃疡、溃疡性结肠炎、高血压和偏头痛等，在工业社会中一直有增加的趋势。这方面已经有相当多的心理研究，发展出许多很有效的技术，可以防止压力和紧张的积累，并且在发作时加以治疗。本章主要是讨论，压力和紧张对投资者和成功投资可能造成的副作用。

压力对交易决策的影响

在前几章中，我将成功的投资过程描述为特定结构的，健全的方法论，以及理性和组织的过程。最有利可图的计划是从决策过程中消除或最小化负面的人的因素的计划。我们有一次或多次经历了由冲动或焦虑引起的行动导致的不良决定。这种所谓的"战斗飞行"反应主要用于危及生命的情况。这种情况引起的觉醒状态是自卫和保护的自然机制。它成功地用于各种形式的动物生活。然而，人类已经获得了较高的精神能力，在许多情况下不需要使用生存应答。在大多数情况下，平静和理性逻辑的应用可以产生比恐慌反应更好的结果。

要巧妙地处理压力，有必要在过度反应的方向上意识到自己的倾向。在心理上，刺激意识的最佳技术是使用信号传导机制。换句话说，防止过度反应的能力取决于能否意识到这种反应正在茁壮成长并寻求表达。每个人的信号机制都是不同的。"数到十"是一种常用的方法。在数到十点之前不要回应，相信已经变得温和或积极的回应的个人会保持冷静。希望更高的逻辑和控制过程将有足够的时间来减少"战斗反应"。由于过度使用，在这种技术中有时间考验的价值。对于那些认为自己更加娴熟和复杂的人来说，"数到十"的方法可能还不够。相同的基本概念适用于我们每天使用的许多方法，而不知道正在做什么。这样的行为反应就是敲手指，跺脚和在纸上的涂鸦，都是企图应对紧张局势。当我们焦虑或激烈，并且理解冲动反应可能不是最好的时候，我们诉诸内部机制或应对方式来寻求帮助。

投资中的冲动或紧张挑战的反应应该以类似的方式对待。以下列情况为例。一个投资者刚刚买了大量的股票。他在购买后几分钟接到了电话，报告说公司刚刚宣布终止其股息。股票开始下跌。自然而然的回应可能是典型的"战斗"反应，如果在"战斗飞行"中做出回应，投资者将立即退出股票，这将违反我们前面提到的交易制度，但是不会造成损失和遗憾。投诉人在行使反应时会生气，可能会引起血压升高或溃疡，他甚至可能通过购买更多的股票来对抗。也许最终购买更多的行为是有益的，但是无论如何，这已经违反了交易制度，因为我们没有计划购买。通过使用一个信号来提示他可能的过度反应，投资者将免于情绪反应，他的信号可能是一个破产的警告。"小心不要过度反应，"经纪人可以说。事实上，聪明的投资者可以将这样的技术融入其交易系统。例如，他可能会决定他不会在股票购买的同一天或一周内，关注可能可能引起看涨或看跌的消息。这将作为对焦虑和压力引起的过度反应的预防措施。

在几乎所有意外情况或其他计划外情况下，都会发生相同的基本响应。针对焦虑，感觉到的威胁，压力和紧张，而采取的行动的最终结果不仅是昂贵的，而且还会造成身体伤害。沮丧通常会导致激进的行为。激进行为导致行动和过度反应。反应和过度反应导致损失，冲突和焦虑。然后进入恶性循环。而避免恐慌和焦虑激发的反应是有益的决定，尽管它无助于治愈可能导致的身体伤害。以前讨论的一些治疗方法有效地限制了焦虑和压力引起的损失。然而，为了限制财务破产的可能，防止情绪反应更好。理想的情况是限制伴随压力的潜在身体和心理伤害。

应对压力的方法

最好的防守就是强大的进攻。应付压力的最好方法是在需要治疗之前防止压力。这是肯定的,但并不总是能做到。假设许多投资者,特别是活跃的交易者(投机者)已经处于紧张的局面,我将首先概述一些在应对紧张局势中有用的常见方法。我也会评估他们的潜在价值。

感觉释放

这种技术被弗洛伊德推广。它在心理分析的情况下的用途就是它的名字描述的那样。通过谈论紧张或焦虑的情况,患者会"排出"或清除他无意识的头脑中的紧张和痛苦的情况。古老的格言"不要压抑你内心的感觉,否则它们会从内部吃你",实际上是真实的。通过采用这种方法,弗洛伊德能够帮助许多患者几乎立即得到缓解。

有多种释放感觉的方式。一种形式的排出是反应。二战和朝鲜战争期间,许多士兵由于战斗中持续的紧张局势而经历精神崩溃。有人发现,虽然紧张局势事实上有助于保持警觉,但有些人无法无限期地应付。逐渐地,他们的行为恶化,他们退缩,经常表现出精神病或精神病前症状。使用催眠技术来治疗在压力下"破裂"的人。经常的精神崩溃将会发生在一个沉重的事件中,例如看到一个朋友死亡,陷入伏击或受伤。患者被催眠,然后要求回忆和重温这个沉淀事件。在这样做的过程中,所有伴随的痛苦,紧张,恐惧和压力都是在安全的环境中被排出。治疗后,患者常常会出现神奇复苏。这种技术的关键是感觉释放。在释放的感觉中,许多内在的明显和紧张局势将得到缓解。在压力达到沸点之前,可以以社会可接受的方式释放。这将导致更少的损失,更少的身体伤害,更少的人际冲突。平均投资者可以通过何种途径来感受情绪?下面我们将讨论几个。

自由结合。我宁愿把这种技巧称为"跟自己说话"。我建议在市场关闭后,每天都这样做。尤其是非常活跃的交易者。而不是去最近的饮酒场所，试图用酒精来缓解紧张局势。花一些时间自己坐在一个安静的房间里，谈一谈当天的事情。特别注意那些造成最大焦虑、痛苦、沮丧的事情。如果你愿意，可以用录音机记录下来。稍后，您可以重播磁带。这可能有助于跟踪您的进度。对于那些在市场上较少活跃的人我会建议每周一次的会议。顺便说一句，这种方法可以用来缓解各种压力，而不仅仅是市场压力。写日记。常日记是另一种简单的方法，可以实现与自由结合相同的结果。简单地记下想法和紧张关系，而不去是口头谈论它们。在这两种情况下，最好让没有束缚的想法来找你。

体育锻炼。除了具有健康的附带福利外，所有形式的运动往往是张力释放。慢跑、壁球、网球和手球，都能够缓解紧张的情绪。任何运动，游泳、散步、溜冰都有潜在的价值。体育锻炼的理由是有根据的。运动过程中释放出许多由于压力而增加的有害激素。一旦从身体中排出，它们就不能在身体疾病中发挥作用。

放松技巧

有许多方法有助于放松。其中包括瑜伽、超验冥想、自我催眠、生物反馈、雅各布森肌肉松弛和互逆抑制。他们都试图完成同样的效果，整个身体紧张肌肉的放松。所有这些信息都可以在大多数书店找到。特别是，我推荐雅各布森的系统肌肉松弛方法，我觉得这个是最有帮助的，特别是那些患有高血压的人。生物反馈的最新进展，以及患者调查，都表明它是控制高血压的首选方法。事实上，我相信到2000年为止，会有生物反馈技术来应付很多疾病和精神病症。

饮食，计划和睡眠

我不是营养专家，我不会花太多时间在这个话题上。我只能从个人经验和观察中得出，这些因素对缓解和抑制压力也至关重要。例如，我发现，红肉中的饮食会增加我的压力。这是有道理的，因为肉中发现的许多动物激素增加了心率。这是一个已知的事实，例如，那些维持素食饮食的人的脉搏率和血压明显低于那些也爱吃肉的人。此外，在我看来，酒精的影响不会有助于缓解紧张局势。由于酒精主要是用于抑郁症的，它可能会在无意识中深深地锁定压力。

与尼古丁和咖啡因的影响有很多物理后果。两者都可以增加压力。特别是咖啡含有足够的咖啡因，会刺激大多数人的神经质焦虑。鉴于大多数个人消费的咖啡量，身体紧张程度的增加可能是非常巨大的。因此，饮食是可以增加或减少作用于个体的压力的量的另一个因素。您与市场越密切相关，您的饮食越重要。

计划和睡眠也是改善因素。如果您的作息计划没有任何休息的安排，那么张力和压力就会被放大。管理职位的人特别容易出现症状。

工作环境

我们经常忽略工作环境的重要性。操作积极的交易者坐在桌子前，一整天盯着价格看，如果要把紧张状态保持在比较低的水平，工作环境就很重要。包括你使用的桌、椅、室内的灯光照明、温度、湿度，还有壁纸和粉刷，所有这些环境因素，都有降低或增高紧张的效果。电话的铃铃作响、递单时的呼鸣以及报价或新闻的跑马灯等等，也都是重要原因。你最好把工作场所的噪音减到最低，把舒适感提升到最高，室内照明调亮一点。电话铃声可以换成音乐铃声，而且把音量调低。

偶尔调整工作环境也很重要。所谓的"霍桑效应"，已经明显展示出环境对于工作产出的重要性。虽然它不是特别跟紧张有关，但是霍桑效应显示，比如改变室内颜色，照明、温度和湿度，都有提高工作效率的作用。

休假

关于解除紧张，我最后一个建议是："远离市场一段时间"。有很多人是天天在交易，因此累积了相当大的压力。包括客户经理、场内交易者、股票专业经纪商、账户经理人等等，都常常处于严重紧张之中。为了要帮助消除一些压力，建议要拨点时间远离市场。这其中的道理应该非常明显，不必再多加解释。

防止紧张的最后叮嘱

我的建议也许不是所有的投资者都适用，不过在某些方面，这些建议对个人都是相当重，不论你是男、是女，是非常活跃的交易者，或者只是偶尔玩玩的投资者。紧张感升高有许多原因，幸运的是，当代心理健康专家都已经知道紧张在行为失调中所扮演的角色，也分离出各种紧张环境所引发的特定生理问题，不过，最大的成就，还是在于预防方面。我建议各位谨慎地考虑我讨论的各种技巧，花一点时间设计一套消除紧张的方法，这将为你带来前所未有的投资胜利。

这里所提到的主题，还有很多变化的方式。你的医生、书店及图书馆，都可以提供许多参考，包括许多种课程、训练学校及书籍等等。绝对不要低估一套消除紧张方法的重要性，事实上，各位也许应该把这个当作最优先的要务。

重点回顾

- 在整体投资计划中，紧张起很重要的作用。
- 严重而持续的紧张会带来生理问题。
- 紧张也会导致许多不恰当的市场行为，并扩大亏损。
- 紧张有许多征候，我们提到几个比较重要的症状。
- 我们讨论了克服压力的放松技巧，并介绍了几种有效的方法来消除紧张。

23 常见的问题

我经常以期货市场及投资者心理为主题举行演讲，很多听众都会问我一些相同的问题，底下的部分就是针对这些常见问题的答案。如果对前面的内容你有什么疑问的话，大概都能在这里找到解答。

处理亏损"最好"的方法是什么？

虽然投资或交易总是会有亏钱的时候，但这并不代表我们可以欣然接受。然而，能在交易系统发出信号时马上认赔出场，却是成功交易者的一个标志。任何过早或太迟的反应，都会造成预料之外的后果。有很多投资者拒绝认赔，这种无法认赔或不愿意认赔的原因，在前几章已经讨论过了。这种对于认赔的恐惧，通常是来自投资者预期亏损会带来痛苦。不管是什么原因，无法在必要时接受亏损，都算是一种心理问题。有些投资者可以很快地认赔，却不能处理伴随而来的痛苦、否定、羞耻及其他负面情绪。

有几种方法，可以帮助投资者更好地接受亏损。以下是几点建议：

确定你已经设定好总亏损上限。

换句话说，投资计划开始时，就要确定自己可以负担多少损失。假设你设定总亏损以一万美元为限，就要在真正投资前先设定好，如此你会知道如果情况不妙，会坏到什么程度。这么一来，一笔一笔的亏损，看起来就不会是没完没了的惨剧了，你会发现亏损的威胁性降低很多。

你可能会想把我在矫治交易问题上所提到的多种建议混杂着使用。

例如，如果依照指示而认赔，就要给予奖励。你在适当时机做出正确决定而得到奖励，它就能帮助你处理这个问题。

做一些先前讨论过的放松技巧。

在一个没有威胁性的环境中，把每一个亏损"释放"出来，是个不错的主意。当身体处于放松状态时，亏损会变得比较容易接受，紧张也会因此消除，这个原理跟行为主义疗法和系统化放松所采用的一样。我最好的建议是，在每次亏损时，都做一做放松，那些因为认赔而带来的痛苦，几乎都可以完全消除。

投资者该如何处理对市场的不特定恐惧？

这个问题的解决之道，正是前一问题所建议的。不论焦虑、紧张来自何处，最好的办法，就是每天使用放松技巧几次。把你在何时、什么情况下会感到焦虑，全部记录下来，如果你能知道问题会在什么时候发生，也许这正是你最好的情报。这样记录一个星期下来，以后你预期到"焦虑时间"可能快要到了，即赶快进行系统化放松。这种深层放松，只要花几分钟的时间即可。每次十分钟，也许一天只要分散做个四次或五次，就能保持身心松弛。不过，有些投资者的症状比较严重，必须要专业治疗师的诊治才行。

如果你利用本书（或其他书籍）介绍的方法，却还是无法放松自己，或者日常作息仍被严重影响的话，我建议你去找心理医生或心理学家的协助。你可以请你的家庭医师推荐专家，或到美国心理学会或美国医疗协会请求帮忙。请谨记于心，如果这种恐惧会影响到你行为的有效运作的话，很可能是有某种更为深层的问题，这跟市场可能没什么关系。一般而言，个人如果身心方面比较健全，家庭生活方面也没有重大冲突的话，是不会时常对市场感到焦虑的。

何为有效处理贪婪的方法？

如果不是因为太贪心的话，很多投资者都能成功。很多人进行交易，时机是选对了，但却在赚了钱之后还死抱着不放。他们忽略了原先所制定的目标价，那种理性交易的基本原理已经弃之不顾。如果不是因为这样，很多投资者原本都能成功，这个问题，还是在于缺乏纪律。在价位达到原先设定的目标却还不能获利了结，大都就是因为缺乏组织性和纪律的缘故。我建议使用先前提到的一些方法，目标价一旦决定之后，就不能任意更改，除非交易系统有新的信号出现。或者，旁边有亲朋好友共同监督，也有助于投资者在预定目标到达后下决心获利了结。要避免贪婪，关键在于组织性、纪律和依照目标来做交易。

如何找到最适合自己的客户经理

这个问题要详细讨论，可以谈上几个礼拜。当然，有很多客户经理都能胜任他们的工作，也有很多客户经理本身就是非常优秀的市场分析师。但是，对大多数投资者来说，要选到一个既适合自己个性及需求，又不会直接或间接干涉其投资计划的客户经理，的确是有困难的。

这里有些方法，可以在选择客户经理的过程中加以运用。

最重要的，我建议你在真正跟他做生意之前，先设法认识他，确定双方都能了解彼此的关系和想法。投资者和客户经理各有所求，有各自的权利和期望，有些客户经理希望客户会常常打电话给他，有些除了接单之外，不喜欢被打扰（除非是要改单）；有些客户经理喜欢帮助缺乏安全感的投资者，有些则不喜欢涉入其中；有些客户经理喜欢提供建议给客户，有些则不愿意负起这种建议的责任。以下提供一些准则，我想任何投资者在选择客户经理时，都该遵守：

- 如果你准备听从客户经理的推荐来做交易，那就得全部遵守。以客户经理的指示来做交易，跟使用交易系统完全一样。如果你不准备全部照着客户经理的指示来做，就不要在找他咨询之后，又自己胡乱猜测。
- 把你希望的客户经理条件详细地写出来，然后按图索骥，确定你找的客户经理符合这些条件。
- 你的期望应该是具体的。不要只是期待客户经理给你"好信息"（报喜不报忧），而是指出你的意思是"好的信息"。
- 让客户经理知道你的期望。向他或她显示您的要求清单，看看他们是否符合。
- 列出客户经理对您的期望值也很重要。在这样做的过程中，您不会成为客户经理–客户交互中可能发生的许多病理关系的牺牲品。
- 不要为客户经理负担情绪问题。你很可能不是他唯一的客户，他没有时间向你提供咨询。如果您在本书前面所述的特定程序中寻求帮助，请确保不会侵犯他的时间和能力。客户经理不应该被依赖，他们也不是你寻求安慰、支持或信心建设的合适人选。
- 我建议你找一个具有以下素质和技能的客户经理：
  ☆ 有能力且愿意及时、毫不犹豫地执行订单。
  ☆ 愿意就您对行业意见提出同意或反对的建议。
  ☆ 能够根据客户要求确保技术和基本市场信息全面、准确、及时。
  ☆ 工作出勤记录良好，工作准时。当需要客户经理时，他必须在那里！

确定客户经理–客户关系如何的最佳方式是时间的考验。如果你发现一个客户经理不会让事情变得更容易，那么寻找一个新的客户经理。我最大的成功是我的客户经理从不说话，除非被要求这样做。通过让客户经理尽可能地完成他的工作，您也将获得最大的收益。

我无法夸大客户经理在投资方面所发挥的重要作用。有很多投资者谴责客户经理让他们开仓或平仓。多年来，客户经理一直是无纪律的投资者的替罪羊。现在是我们停止让客户经理为我们自己缺乏纪律担责任的时候了。因此，我建议重新评估您当前的客户经理。

应该交易哪个市场？

并不是每个市场都适合每个投资者的特质。一些人股票做得更好，其他人可能在商品期货中做得更好。当然，应该交易哪个市场的决定是必须基于三个不同的因素：经验、特质和经济能力。即使经验和经济能力可能存在，特质可能还不够。对于初学者，我建议不要进入期货市场。获得对这个市场必要的技能和情感力量需要不少的时间。

小型交易者倾向于以交易低价股票。在我看来，这不是一个明智的做法。如果你是一个小商人，你觉得规模很小但是合适你，那么你会保持小的规模。这并不意味着你应该承担一个超越你的经济能力的职位。但是，只要股份或合约的数量在您的限度内，您就可以对您想要的股票或商品进行交易。当您的交易系统触发信号时，您应该采取信号。到这里，讨论一下应该交易多少市场也是合理的。如果您是全职交易员，没有其他责任，那么一次开几个仓位也没有问题。然而，如果你不完全致力于市场，那么你最好只承担有限的交易。当发现市场不在您预测的方向上发展时，您所感到的担忧或焦虑程度是很严重的。如果你变得非常焦虑，那么你已经开了太多的仓位。从长远来看，只有经验才会是指导。开始先缓慢地，不要在有限的资金上过度交易。

为什么要有几个人参与决策过程？

"委员会交易"对大多数交易者而言，都不是有效的方法。如果存在特定的交易系统，则可能有必要对信号本身进行多个解读。但是，如果制度有效和明确，就不需要任何形式的解释或判断。因此，没有必要让一个以上的人决定一个交易。一般来说，如果更多的人参与最终决定，会有太多的分歧。民主进程在股票和商品的长期基础研究方面可能会很好，但如果需要快速决策，可能不会产生好的结果。

此外，涉及的各种人格可能会发生冲突。整个过程可以很容易地成为一个权力斗争。投资俱乐部通常有一些提出自己观点的成员。如果参与者的成熟度足以坚持事实，避免冲突，这个过程将会奏效。但通常这是不可能的。长期以来，我一直认为，基于个人经验和观察成功的交易者的方法，人们必须自己行事，做出自己的决定，独自接受所有的荣耀或悲伤。在投资方面，很多人都是"失败者"。我已经指出了如何以及为什么太多的信息在市场上可能是危险的。所以在决策过程中有太多的"厨师"（不懂行的人）。

长期投资比短期交易或投机更好吗？

这取决于个人。历史上，最大的利润都是在大幅度的行情中赚到的。但是并不总是这样。由于某种原因，许多投资者觉得他们应该多次进出市场，以保护他们所拥有的。他们害怕他们的利润会消失。这是一种通常反映不良纪律和技术的不安全感。有很多投资者只在短期内进行交易。他们以某种方式需要满足即刻满足需求。这源于心理因素，可能造成许多损失。每个人的最佳方法都是引起焦虑最小的方法。由于压力，紧张，焦虑和恐慌都会导致超过必要的损失，所以不建议任何增加这些倾向的行为。对于超过90%的投资者，长期的交易是唯一需要考虑的。长期来看，我的意思是持有至少几个月的交易。在这个时间内，也由可能交易出局，因为可能止损点被点到。持续短时间的交易往往是失败者，而持续较长时间的交易则是赢家。也许有些交易者可以在"剥头皮"交易或日间交易商取得成功。那些一贯如此盈利的人一定是交易所的专家。当你试图与这些人竞争时，你处于一个不利地位，而几乎总是会引起你的悲伤。长期投资比短期投机好。即使是持续数周的交易，也比较短时间的交易更为乐观。我建议90%的投资者持有长期头寸。

如何知道什么时候寻求心理健康专业人士的帮助？

有很多人走在街上，感觉他们需要精神治疗。还有很多人走在街上，需要治疗，但没有收到。怎么知道什么时候，为什么以及在哪里寻求帮助？是否有咨询心理健康专业人员的迹象和症状？必要治疗的最佳单一指标是是否功能正常。如果行为障碍如此激烈，以至于影响功能，那么是时候寻求帮助。例如，比较正常的是有一段时间的精神抑郁，但是，如果这个问题非常严重，你已经沮丧到不能在早上起床去工作，那么就必须寻求治疗了。这种情况发生在行为障碍的晚期，除了治疗别无选择。住院可能是必要的。在混乱的过程中，有很多警告标志。

要知道如何求助于心理健康专家

街上很多人都以为自己需要精神治疗，同时也有很多确实需要治疗，却没有得到应有的治疗。我们怎么知道自己何时需要帮助、为何需要帮助，以及到哪里寻求帮助呢？是否有什么信号或征兆，显示应该去找心理健康专家做咨询？判断是否需要接受治疗的指标是什么？

如果行为失调已经到了非常严重的地步，影响到生活，那绝对就是该寻求帮助了。比方说，偶尔情绪低潮是正常的，不过如果沮丧到早上无法去上班，那可就非常严重了。这种情况，在行为失调的极后期才会出现，因此除了找专家做治疗以外，没有其他选择，也许还需要住院治疗才行。失调的早期也会有许多警报出现，如果在持续一段时间里，症状增加的次数越来越多，也许就是第一个迹象。依赖酒精或药物，也是即将出现问题的征兆。

观察重点在于，征兆出现次数是否增加、情况是否越来越严重，以及是否出现新的征兆。这里所说的"兆"是指什么呢？典型上，征兆包括严重的焦虑、沮丧、心智混乱、遗忘、失眠、妄想、幻觉、滥用药物或酒精、异常兴奋、易怒、非生理性的高血压、结肠炎、溃疡、痉挛、结巴、人格分裂、无缘无故地发笑，等等。另外，还有很多伴随发生的征兆，表示更为严重的精神状况。不要讳疾忌医，想靠自己就可以处理。如果发现自己的生活已经受到影响，就要去看医生。我们先前介绍的一些简单方法，主要是用来矫正投资问题，不适用于严重的精神障碍。

哪里可以找到专业协助？

如果你或你的朋友需要治疗，要从哪儿开始最符合你的需求呢？要是没有拖太久的话，我建议先找你的家庭医生，也许他会开药物给你，帮助你渡过难关。不过除非是短期间的危机状况（请参见下一个问题），不然我不建议使用药物。大多数的情况下，你的家庭医生会为你推荐心理健康专家，不管是精神科医师或心理学家都行。如果你还是搞不清楚的话，也可以找各种心理健康治疗组织在当地提供的服务，他们会协助你找到你所需要的专业治疗。在这方面，我建议各位不要舍不得花钱，随便找些最便宜的医生。不要管价格了！我建议去找受人尊敬而且有能力的医师。

药物如何影响人格和投资者

从1970年代开始，我们看到服用药物的情况急剧增加，滥用药物者遍及所有年龄层和不同背景的人。过去最常见的是酗酒，这种情况已经慢慢好转，但是其他药物的使用则逐渐取而代之。不管是使用什么药物，它都会对人格带来负面效果。另外，医生处方药物也见增加，例如，情绪提升剂，镇静剂和饮食医疗药物等等，这些也会对各方面的表现有不良的效果。利用药物的好处往往远不及其副作用，我建议各位，千万不要跟投资混为一谈。

投资不是另一种形式的赌博吗？

根据使用方式，市场可能是投资者或赌徒的工具。如果以预定的、适用的、一致的和深度研究的方式使用，市场将保护投资者免受通货膨胀，帮助资金以高于平均水平的速度增长，并提供退休保障。这不是赌博玩家的目标和能力。动机是这个问题的核心。如果长期目标变得模糊，投资者很容易成为赌徒。不断交易是市场参与者的一个症状。严重的损失往往会使投资者引起更为谨慎的态度。但在赌徒中，他们更倾向于采取行动，减少理性行为，例如借钱加码。并且几乎疯狂地依赖价格走势。储蓄从银行取出，家具可能会被出售，甚至可能盗窃以支持赌博习惯。如果事情变坏了，那么投资者已经成为赌徒了，专业的帮助是必要的。

我应该管理我自己的钱，还是请一个专业人士呢？

有很多人拒绝承认他们的能力不足以应付"市场"。他们在亏损后继续亏损，不让更好的人管理他们的钱。大多数个人投资者和专业货币经纪人之间唯一真正的区别，在于投资经理这样做是为了谋生。他的做法往往更有组织，简洁，客观和专业。他经常能比投资者做得更好。当然有财务经理人会亏损比任何投资者自己损失更多的钱。这就是为什么决定雇用一个重要的人物。不仅需要了解经理的"追踪记录"，还需要了解正在进行管理的人员。

有些投资者希望"坐在后座"（坐在汽车后排的，一般是老板）。

虽然他们不想接受投资计划所带来的责任和努力，但他们也想监督资金经理。他们经常打电话给经理，质疑所做出的举动。这激怒了大多数专业人士，并不是建议的行为形式。因此，在决定另一个管理您的钱之前，应该询问几个问题：

- 我有能力在情感上接受另外一个人控制我的钱的事实吗？如果亏损了，我会感到悲伤吗？如果有钱，我会挥霍吗？
- 我可以给钱经理做他工作所需的"呼吸空间"吗？
- 我觉得我不能自己做这个工作吗？
- 另一个人管理我的资金，我的紧张和压力会减轻吗？

我建议您在做出决定之前评估这些问题。

有没有什么个人素质可以区分失败者与优胜者？

这是另一个可能需要整本书回答的问题。我相信成为市场赢家需要许多品质。这仅仅是列举的一小部分：

- 纪律和组织。以安全第一的态度进行决策，有组织的投资目标和有纪律的交易规则。
- 持久性。获胜者必须愿意尝试，直到他成功。我见过的最好的交易者之一拒绝接受他生命中任何方面的失败。如果有一些他不能做的事，他会学习如何做到。当他的交易系统失败时，他会"回到绘图板"，重新开始。
- 积极的态度。这是一个重要的品质。勇于说你会成功是很重要的，并且已经被讨论过了。
- 独立。成功的交易者倾向于忽视他人的建议和意见。他们自己的工作被认为是最好的，他们实行来自自己的交易体系的决定。

即使从其他来源收集信息，它也以独特的方式重新组合并实现。
- 自信心。这是积极态度和坚持的结合。相信你可以做的事情是自信的标志。
- 反向思考。成功的投资者往往与人群相反。当一个方向或另一个方向趋势强烈时，他就会慢慢抽离。在发生重大变化的时候，他是第一个改变方法的人，无论别人说什么或做什么。
- 孤立。许多成功的投资者倾向于将自己与世界隔离开来。虽然有些是奇怪的，特别的，但这不是成功的必要条件。有许多信息输入，思考和判断，而这些都被排除在成功的交易者的所有曲目之外。
- 完整的个人生活。许多投资者如此融入市场，使他们的个人生活受苦。最终他们的交易也会受累。那些在社会、个人、身体和专业上都过着充实生活的人，才是最常见和持久的市场赢家。

我已经概述了一些最重要的品质。当然还有更多的。本书参考书目中推荐的阅读内容可以帮助您了解更微妙的特征。

家庭生活真的会影响市场上的表现吗？

如同家庭生活会影响到你的工作和人际关系一样，它确实会影响你的投资和交易。如果你曾经有遇到过感情创伤、严重的个人伤害或在家中的剧烈争吵，你会发现各方面的决策能力都会受到影响。在这种状况下，最好就是远离市场，越少做决策越好。万一你的家庭状况持续恶化，那么你的投资表现也会更糟。好的交易是从家庭开始的，不管遇到什么样的家庭危机，在你进行重大投资计划之前，都要先解决它。同样地，交易问题也会影响到家庭生活，要采取必要的步骤，把问题留在办公室才好。公私之间趁早做个分明，如果你是靠交易维生的话，尤其该这么做。

"自我改善"课程有帮助吗？

有的。如果你认真学习他们所教的，会很有价值。有很多人巡回全美各地，举办这种自我改进的讨论班，不过其中只有部分值得花钱、花时间去听。我这儿不提名字，不过我建议各位，要注意这种课程班的背景。只有那些有长久纪录的课程班，才值得列入考虑。而从课程班中学到的技巧，搁久了不用就会忘记。如果你准备把辛苦赚来的钱，花在诸如培养自信心、自我纪律或积极心态的交易班，切勿以为上完课就可以了。你在上课时要认真学习，上完课之后更需要格外努力。

参加交易及投资讨论班有用吗？

过去十五年来，我曾经举办过很多市场讨论班，来参加讨论的人大都很热情，对市场很感兴趣，而且也很上进，但是这些人往往不知道怎么用最好的方法，来使用课堂上教授的信息。他们不做笔记、听课不够认真，没问出什么好问题，也没有发表切实而有力的评论，只是忙着录下我的意见，回家之后把录音带安全地收在抽屉里头。如果你花钱来参加这种昂贵的市场讨论班，就要让你的钱花得有价值。

要怎么做呢？我有几个建议：

- 做笔记、问问题、把你的想法讲出来，而且积极参与。
- 上课的前一晚，要有充分的休息，上课时要确定全程紧跟着讲师的思路。对什么内容感到困惑，马上发问。
- 上课之前做些准备，了解主题内容。
- 把预先准备好的问题记下来。如果它们跟主题有关，但没有得到解答，马上发问。
- 不要害怕或觉得不好意思，只要觉得有必要就发问。如果你对什么内容有疑问，可能很多人也一样不懂。
- 想办法取得讲稿内容。
- 取得讲师的联络地址，如果以后还有不懂或不清楚的地方，可以写信去问。
- 试着把课程所授，和你原先知道的相关信息加以整合。
- 要在市场上利用课堂上所教授的技巧之前，最好先测试一下。课上所教授的不代表一定是对的。
- 去图书馆找相关资料作为补充学习教材。
- 对那些宣称"必定成功""快速致富"或"终极交易系统"的讨论课程，切勿轻信。这种课程通常收费昂贵，但所教授的技巧却很难运用，而且你要证明它根本没用也很困难。上这种课，你多半会失望的。

什么交易系统对我是"最好的"？

之前我就说过，没有哪个交易系统可以保证成功，实质上，是没有任何办法可以让投资者获得自制和纪律。有某些类型的投资者，自然会被特定的交易方法所吸引，例如，工程师会比较喜欢偏重数学和技术性的交易系统，学者或经济学家偏向基本面分析，很多刚入门的投资者则着迷于技术分析的交易系统，因为它比较不花时间，而且比基本面分析更容易掌握。

不管使用什么方法，其结果都要依赖使用者。我之前已经说过很多次，也许各位也可能亲自观察到：找到一个好的交易方法是一回事，如何正确地操作、使用，又是另一回事。所以，对你"最好"的交易系统，就是能让你严格遵守纪律的交易系统。有些技巧比较容易形成规律，有些则留下太多主观诠释、解读和判断的空间。我建议各位，根据你的自我纪律和自信心水平，来利用适合的交易系统。如果你过去不太遵守交易法则,那么就需要一套非常严格的交易系统。假如你一向遵守交易纪律,那么也可以说任何交易系统都适合。

最后,近几年来,市面上销售的交易系统显著增加,这个现象在商品期货市场更明显。基本上,这些交易技巧的价格都相当昂贵,购买的人也答应不外传或泄密,经销商则保证系统一定有效、无效退钱,很多书籍也会如此宣称,或提供类似的保证。这些,都是以人类心理中最基本的强烈欲望和贪婪来大做文章。如果文案和广告做得好,几天之内就能吸引许多人的购买,但是购买者最后多半都会非常失望。这不代表交易系统没有价值,很多都是因为使用者自己的错误、情绪、缺乏纪律或缺乏组织性所造成的结果,那套交易系统永远没有机会常测试它在广告上所说宣称的功能。促销广告保证无效全数退费,不过要使用一段时间证明它无效,例如一年,但如果在一年之内达不到交易次数的标准,就无法退钱。我倒不觉得这是销售者在找借口。因为我相信,不管谁拥有了百战百胜的交易系统,都根本不可能把它卖给别人,如果真有那样的人,他一定是个蠢货。我在市场上的很多技巧是不会跟别人说的。虽然我对那些卖交易系统的人没有好感,不过我对那些会去买的人更瞧不上。

我应该订阅投资服务吗?如果需要,要订哪些?

这个问题跟先前问的,是否该找投资顾问代客操作,以及选择客户经理的问题差不多。订阅投资服务并没有什么不好,关于投资服务的各方面问题,我们之前也已经讨论过了。以下,再提供一些原则,在订阅前应详加考虑:

- 这份刊物会给明确的推荐吗?这些投资标的是否适合你的财务状况?如果一次推荐太多的标的,在财力上很难全部照做,结果你就无法完全遵照其交易系统来操作。

- 刊物中所有推荐标的，都会全程追踪吗？是否每期都会更新操作指示，一直到平仓为止？如果没有的话，你最好就不要订了。
- 你确定要订阅这么多信息来干扰你原有的交易系统，或者妨碍你根据自己的研究所做的交易吗？在允许其他来源提供信息之前，最好先亲自处理交易事宜。
- 在订阅任何刊物之前，要先确定你了解自己为何想订，你相信可以从投资服务中得到什么你自己办不到的，以及你做决策时需要些什么让你得到想要的结果。一这份刊物有多少人订阅？通常追随过于广泛发行的投资服务所刊出的推荐标的，就不是很明智。也许你下单交易时，也有几千人做出相同的动作，如此一来，成交的价格就变高了。

包括股票和商品期货，有很多投资服务都提供很棒的市场分析和推荐，这些刊物大多数也都是努力而诚实地经营，贡献一己之力，他们的操作表现也在平均水平以上，而且可以帮助那些没有时间研究每个市场的投资者。但是，他们没办法帮助那些不愿意或不能遵守纪律的投资者，这一点我们之前就一再提及。如果你要订阅投资服务的话，首先确定自己会利用它。就算你故意去订一份操作纪录不佳的刊物，目的是为了要跟它逆向操作，那么也请贯彻到底。操作手法纵使千变万化，严守一致性是无可置疑的。

可能会太过自信吗？

当然，一任何极端情绪都不好。缺乏自信心会让人犯错，太过自信也是如此。在连续几次很成功的交易之后，很多人就会变得自满、骄傲、自负，然后草率、随便、不当回事。在快速就能赚到钱，证实交易系统运作良好之后，投资者很自然会以为自己所向无敌，结果判断力就会减弱，只凭着"第六感"来做决定。如同各位所知，这可不是做好交易的方法，而且通常会带来亏损。我个人就知道有好几位投资者，在很短时间内赚了大钱，结果都败在太过自信和伴随而来的不幸。

在你的投资活动中，时时谨守"中庸之道"，不走任何一个极端，这才是上上之策。如果你在某个极端花费太多时间，那表示有些事情不对劲了。此时可以采取，而且应该采取的最有效办法，就是以更为严格的纪律来约束自己。你必须坚定而认真地采取行动，矫正过度一厢情愿。另一个太过自信的表现就是同时抱持太多仓位。对于这些表现，都应该早发现，早矫正。

市场上的表现为何影响到家庭，该如何将两者完全分离呢？

很多人会把工作上的情绪带回家里，如果他们在公司表现很好，那么家庭也一切没问题；如果在公司度过糟糕的一天，因为工作造成挫折感，就会发泄到周围的人身上，相同的情况在投资市场中也很常见。对一些在市场中非常活跃、积极的投资者或交易者来说，有些问题甚至更严重。这种情绪"外溢"的现象非常常见，也有许多方法可以防止它破坏你的家庭生活。很多投资者和活跃交易者都用酒精来麻醉自己，但这不是个好方法。虽然酒精可以提供暂时的解脱，但这只是把症状隐藏的更深，不能正常地抒发情绪，而且，可能过不了多久，就会显现出身体上的副作用。为此，我建议各位在回到家以前，采取一些步骤。如果在进家门之前办不到的话，那么一回家马上就做，越快越好。

- 第一，而且最重要的，我建议各位利用之前介绍的全部或部分放松技巧，这有助于抒发处于闭锁的种重情绪和心情。把压力释放掉，就比较不会波及身旁最亲近的人。
- 第二，我建议你从使用的交易系统的角度，全程思考每天的活动，明确地找出哪些地方出了岔。不管是什么问题，你都要准确地了解原因何在。如果是因为交易法则执行不力所致，那么就接受这个失误，准确地记录在交易纪录或日记中，而且要下定决心不再犯。

- 第三，承认自己今天很不好过，承认自己正处于失意、挫折、焦虑，以及（或者）焦躁易怒中。在认知自己处于情绪化的状况下，会刺激自我控制的机制发生作用。
- 第四，让家人知道你今天过得不好，明确表示你处于紧张状态，家人最好避开一点。
- 第五，回到家之后，找机会放松自己。洗个热水澡、悠闲地吃顿饭，或者听点轻柔的音乐，都很管用。
- 第六，早点去睡觉。让睡眠的天然治愈机能，来释放你的紧张和挫折感。你可能会做梦，不过这有助于压力的释放。

防止市场影响到你的家庭生活，其重要性是不言而喻的。此外，家中碰到的困难也会对市场表现产生不好的影响力。家中的问题会影响到你的交易，结果将更增添紧张和压力，使得家里头出现更多的困难。

投资者如何利用市场心理？

投资者要利用市场心理，有两个不同的方法。

第一，而且是最重要的，投资者要了解自己。他们的目标和期望，要能清楚地表达出来。一旦情况有了变化，或者目标已经达成，就要设定新的目标。我们之前已经介绍过一些方法，可以帮助各位做好这部分。另外，也有很多可以参考，改进投资对自身的洞察力。

第二，投资者可以利用市场心理的第二个方式，就是去了解其他投资者的心理运作。诸如：恐慌性行情、突破阻力位、跌破支撑位、逆向思考及新闻等等的意义，都应该清楚加以了解。从历史中可以学到许多教训，而历史总是不停地重演。每个投资者都应该采取独立行动去学会

必要的市场指标。虽然操作方式越保守，投资者越能在市场上获利，但千万不要觉得这样就赚不到多少钱，市场上还是有很多机会的。

在几次交易失利之后，如何克服伴随而来的沮丧？

沮丧也许是最难克服的情绪之一。有些研究指出，严重的沮丧可能跟生理中的化学物质有关。大家偶尔都会受到悲伤、痛悔、自责和沮丧所影响，我认为最好的办法，还是预防重于治疗。为了防止沮丧发生，制定一个有纪律，有组织的计划是很重要的。

沮丧会妨碍处理重要的事务，它会使你觉得，再也不必采取什么行动了，反正不管怎么做都会失败。对那些陷于沮丧深渊的人，那种无法采取行动的感觉，几乎就像植物人一样。如果你允许自己处于无力的状态中，沮丧就会变得更难拔除，这就是为什么有些团体会针对沮丧采取立即的行动来加以治疗。沮丧时的最好办法是继续工作，继续尝试，继续研究市场。

在某些例子中，压抑状态可能源自的生理原因，我建议各位，一旦这样的征兆出现，马上去看医生，由他来判断你的情绪问题是否来自身体方面。很多人无法分辨生理疲倦和临床上的沮丧，这可以求教于医生，由他来帮忙解决。

如何知道缺乏组织化是个人的重要市场问题之一？

很多问题只要在你的投资方法中做些小的调整，即使无法完全去除，也可以被控制到最小，其中最重要的一个就是"组织化"。你曾经错失进场机会，只因为你没有看到新的行情图吗？你曾经错失最好的平仓机会，只因为你完全忘了你一直持有那个仓位吗？这些情况都代表着缺乏组织化，而缺乏组织化很可能会导致亏损。我相信那些可怜的投资者如果能够做到必要的组织化，他们会成功的。我建议以下的矫正步骤：

- 仔细评估自己的情况。对自己完全诚实，你敢说你从来没有因为缺乏组织化而亏损吗？
- 问自己以下问题：
  ☆ 我的市场研究和相关资料，都能在几秒钟内找到吗？还是乱糟糟地散落在家中或办公室呢？
  ☆ 东西常常不见了吗？你几天前才刚用过的行情图或统计图表，放进抽屉或文件夹之后，就再也找不到了吗？
  ☆ 你多久做一次交易计划，每天、每周还是每月一次？你是否有固定时间来研究市场？你是否定期做市场研究？你是特地划出时间来记录交易成交单吗？
  ☆ 自己觉得有组织吗？你觉得自己对于市场的长期、中期、短期，都有很好的掌握吗？你是否做好书面的长期规划，或者只是零零碎碎的？

这些问题的答案，可以帮助你了解自己组织化的程度，你很可能会不高兴地惊讶于自己的答案吧！如果是如此，我有几个建议：

- 参考前面介绍的工作行程表。
- 每天纪录各个时间的活动。把日常所有活动全部记下，何时开始、何时结束，完成什么事情。你很快就会知道，自己的时间跑到哪儿去了，而且因为缺乏组织化，到底浪费了多少时间。
- 制定一个非常详细、具体而有组织的计划，试行一段时间，看看它对你的交易获利结果影响如何。试行的正面效果，会让你知道欠缺组织化确实一直在妨碍你的投资。

24　性与市场：真实或幻想

让我们短暂回顾之前介绍的性心理学的发展历程。在了解人格及功能障碍方面，弗洛伊德相当强调性冲突和感情方面的因素，事实上，因为他的理论极为偏重这个部分，因此也被称为"性心理发展理论"。根据该学派的说法，性意识自出生即开始，一直到儿童长大成人，过程中会经过几次的变化。

有很多书籍或文章详细介绍了弗洛伊德理论，特别是他自己写的作品。性心理理论的核心，是性的意识、经验、焦虑和恐惧，对我们日后的生活有深远的影响。父母和子女之间的冲突，许多都跟性有关，关于权威、惩罚、控制和成就的主题，很多也跟性发展有关系。在"童年遗忘"（之前已介绍过）之后，许多性冲突和性意识都被深深地锁在潜意识之中，往往在我们不自觉的情况下影响我们的行为。

先前也提过，弗洛伊德提出的这套理论，多年来一直遭到人们的质疑。虽然弗洛伊德提出的结论并没有获得多少实验证据的支持，但他的作品却的确经受了时间的考验。在他提出的观念中，有许多仍然受到精神科医师和心理学家的高度重视。另外，从他的原始理论也衍生出许多派别，这些不同流派的共通主轴，即是性心理发展的观念。神经性或精神性疾病的患者，常常都是应用弗洛伊德治疗技巧来给予协助。

当然，任何方法都有它的缺点，精神分析技巧就受到行为主义者的猛烈抨击，认为他根本不是科学，它缺乏经验论据，他们也宣称，传统弗洛伊德理论对情绪问题的治疗方法，耗时过久，要治疗一位恐惧症患者，精神分析学家要耗费数年之久，但采用行为主义的方法则只需要几个月，而且效果往往更好，花费也较少。精神分析学者则反击说，行为主义治疗师治标不治本，忽略其潜在病因，他们说以这种机械式疗法（请参见先前介绍的行为主义方法），即使表面上治愈了这个行为，也会转为其他形式复发，这叫作"症状替代"。临床上和实验上则没有证据支持这个说法，实施的行为疗法会导致功能障碍的复发，即并没有所谓的"症状替代"。这两个学派争论，估计还将持续地进行下去。行为主义者掌握了实验资料，有效的技巧，也获得了成果；古典精神分析学派则有传统、有历史，也同样获得了一些成果。两种方法都有效，我个个有自己的偏好，不过两种派别我都会介绍。

再回到弗洛伊德的性心理发展理论，我们就会知道为什么了解一个人根深蒂固的性意识和冲突是非常重要的。如果它会影响到成年后的行为，不管什么时候，我们一定要知道它的影响及结果。如果能了解或洞察潜意识的动机，也许有些行为是可以避免的，确切地说，这就是传统精神分析（及其他很多）理论的关键论点之一。把压抑的情感、意识释放出来，是非常必要的。我们必须深度挖掘潜意识心灵，探知其中的经验和情感，把它们带到意识层面来，感受它们，使其各归其位。以下要举的例子，也许会让弗洛伊德理论的追随者批评为不完整，不过在有限的篇幅内，我实在没办法完整呈现弗洛伊德博大精深的理论，但找可以提供必要的信息，让各位对这个主题有个大概的了解。许多有洞察力却不自知的读者，或者没有这份洞察力的投资者，也许会因此受到启发启发，而开始研究弗洛伊德理论。

某个交易者刚赚到一笔前所未有的大钱，他对交易系统运作得如此成功感到非常得意，每个步骤他都做得很对，盈利是预料中的事，他在预定的目标价位附近平仓，得到了他想要的胜利。几个小时之后，他在交易场上开始觉得胃有点疼，那天稍晚，他发现自己越来越焦虑，还没到晚上，他已经非常紧张了，变得神经质，胃很不舒服，不到几个小时就痉挛了。让他最困惑的是，他完全不了解为何自己会有这些感觉。对于交易成功，他依然很高兴，可是结果却享受不到，更糟糕的是，他开始赔钱了。连续几天，他都努力想达成目标，但交易结果都很糟糕，结果赚到的钱又赔光了。直到赔光之后，他才松了一口气，但是又感到沮丧，之后有好几天，他又感到焦虑，这次是因为他不了解为何利润会赔回去？为什么这样也没让他觉得好一点？为什么他很沮丧？为什么他破坏了自己的成功？他该怎么办呢？他为什么这么困惑？这个例子就是标准的性冲突。也许你看到"性"这个字眼出现在这个讨论中莫名其妙吧。那么，它是怎么进来的呢？

这位交易者遭受的是潜意识的性冲突。观察时，不应该忽略他的完整个性，单独分析这个情况是不合适的，不过为了举例，我只好就这么做。弗洛伊德写了很多文章，很多次提到"阉割焦虑"，他的理论指出，男童会被母亲所吸引，而女童被父亲吸引，因为体验到这种性吸引力，男童会害怕父亲的报复，女童会害怕母亲的报复。这份恐惧主要跟性欢愉的器官有关，可能是生殖器。女童以为自己没有生殖器，是因为她迷恋父亲，而受到摘除生殖器的惩罚，这是引发"阉割焦虑"的一种解释。但是这份恐惧并非到此为止，当孩子长大成人之后，这个感觉还是存在。在某些案例中，这个非常强烈的恐惧感，仍然深藏在潜意识中。有些案例，则因为父子或母女的正面经验，而使恐惧获得解决。在小孩长大成人之后，他已经不知道这份感觉是因何而起，他所知道的只是感到焦虑而已。在他的童年成长期间，对阉割的恐惧，已经转化成为对权威的恐惧。

孩子会常害怕，如果他成功地战胜或完成什么大事，将会激怒父亲而惨遭阉割。经由一般化，恐惧会紧跟着任何一次的重大成就出现，他会变得焦虑，害怕被惩罚，害怕被阉割，而会引发罪恶感、沮丧，然后招致一连串的亏损。亏损就是潜意识中为其胜利感到后悔的一种方式，这个投资者如同在说："现在我成功地征服了我的妈妈，我最好弥补这个过错，把她还给我爸爸，希望他不会把我阉割掉。"

梦中的性冲突

性冲突也常常在梦中以象征性的方式出现。病人会因为某事的胜利而睡不安稳，他可能会做些跟这个问题有关的梦，不过他自己并不完全了解。以下的例子，是这个交易者可能讲述给治疗师听的梦境：

我坐在一辆正往山上开的车子内，坡道很长而且很陡。我爸爸开车，妈妈坐在前座。

我坐在后座。突然，车子偏了，撞到一颗大石头，爸爸受了伤。不知这什么原因，我们决定把爸爸放在车子的行李箱（病人笑了），现在想起来有点好笑，我反正就想把他放在行李箱里，嗯，好像行李箱是什么医院吧。真好笑。不过那样可以先急救。不知道为什么，然后我妈妈叫我开车。虽然在梦中我年纪很小，但仍扶着方向盘把车子开到山上。我妈妈很高兴。然后我就醒了。

这个梦境有很深的象征意义，病人梦见他爸爸受伤，而且把他放进了行李箱，然后换病人来掌握"方向盘"，控制车子，让他妈妈觉得高兴。病人同时征服了山、母亲和父亲。

梦境以象征性（或潜意识）的笑声，来表达交易者对于在市场上胜利的感觉。事实上，这个梦境可能会有续集，到时爸爸会从行李箱挣脱，然后惩罚孩子，重新控制车子。无论如何，这个梦就是由他的潜意识创造出来的，如果了解这个梦跟他目前处境的关系，交易者也许可以洞察某些事情，从而解除他的焦虑和阉割恐惧。

性无能与市场

还有很多其他状况，市场行为会受潜意识的支配，或者说，市场行为并不是唯一受到性冲突所影响的部分。根据弗洛伊德理论，整个人格甚至可能是被这些事件塑造完成，不过我只是把焦点放在它对投资行为的影响上。下面再举一例，也是说明性意识如何影响市场行为，假设情况如下：

某位投资者在市场上非常积极进取，想在最短期间内尽可能赚取财富，在此期间，他完全以自我为中心，显得自负而傲慢，他相信自己就是市场的救世主。他在市场上不仅活跃、极富侵略性，而且完全不理会谨慎小心、保守或常识那一套。这样一位交易者，有时的确是可以赚到大钱，不过有时也会在毁灭的边缘，他整个行为就是个"赌徒"。他的自信已经到了病态的地步，才会完全不顾现实中许多现实状况，我们如何从精神分析的角度来了解他的行为呢？

就我的观点，这种行为的表现是因为无能而想有所补偿的典型。很可能是因为他觉得自己被阉割了，所以需要补偿，不然就是他的性器官功能不全，无法正常运作。这种感觉可能源自童年，如果不是受到什么威胁，就是被灌输自己很渺小、很无用的想法。到了成年之后，可能会发展出几个反应模式。在这个例子中，我们的被实验人过度补偿他的自卑感。在他的内在，很可能对自己充满了负面想法，也对市场感到害怕，不相信自己可以成功，许多遭遇相同感情折磨的人，都会出现这种行为模式。例如，有一些故意表现得非常有男子气概的单身汉，四处追逐女人，认为自己是上帝赐给女人最佳的礼物，他实则是在补偿潜意识中的性无能或可能是同性恋的倾向。

语言线索与性欲

另外，市场中还有许多常见的表现和态度，都是反映潜意识的性倾向。弗洛伊德本身就研究了许多反映潜在意识的行为征候。不只是梦境很重要，其他诸如自由联想、说错话、笑话、做白日梦等等，也都有其内在情感的象征意义。而大多数交易者跟市场的关系，也倾向于以性的方式来表现，并且表现在行为或口头上。根据纯弗洛伊德式的解读，不论是在交易所的交易厅或交易台里，我们都可以听到"性"因素存在其间。很多年来，场内交易者和交易厅的专户操作员几乎都是男性，不过这个状况渐有改变，现在有越来越多的女性加入其中。交易场上就好像父亲与儿子，为了获得母亲而展开竞争一般；或者像是母亲和女儿为了父亲而竞争。因此，这层竞争关系会衍生出许多情绪来，不管是亲身在场中，或是间接地坐在办公桌后面，潜意识中很容易以"性"来看待。不幸亏损，也不仅是个亏损，潜意识将之视为阉割，而那些在童年时期有过创伤的人，尤其会有这些想法。典型上，他们会发展出某种样式的神经失调。在女性方面，情况也是如此。

在这方面，还有相当多的例证可举。例如，很常见的说法："这下子操蛋了！"语虽粗俗，却真正反映出他们对市场的态度。他们的感觉是，市场在性事上头占了便宜。以这种方式来表述市场，并没有什么客观理由存在，唯一还算解释得通的解释，倒是可由弗洛伊德的作品中看出梗概。市场里头还有很多常见的影射用语，不过此处不拟赘述。

本章只是简略叙述传统精神分析概念如何应用在市场上。当然，有些人可能会有不同的解读方式，也有些人可能以为我在此所做的简单介绍，仍不足以涵盖这整个主题。由于受到本书性质所限，就算我愿意，也没有时间、没有篇幅，针对任何主题深入钻研。不过，有兴趣的读者可以在图书馆找到足够的相关教材，要一辈子浸淫其中也没有问题。

重点回顾

- 弗洛伊德理论强调，性心理发展是成人人格中重要的部分。
- 儿童所面对的多种情感，会对性的经验产生许多不同的潜意识反应和态度。

- 这些情感将会一般化，变为成人时整体行为的一部分。
- 梦、笑话、言语措辞、口误及态度，都是潜在的性态度的象征。
- 治疗师可以通过帮助病人了解这些情感，来施以矫治。

25 利用心理学让投资达到最大成功

　　从专业或个人态度出发，我只关心一件事情：结果。所有我想告诉各位，我希望能够传授给各位的，不管是用举例还是讲授的方式，除非各位去利用它，不然就什么意义也没有。假如，你的投资是正当的，那么你到底用什么方法并不重要，重要的是结果是否赚了钱。如同在开始我就说明的，我的重点并不在于交易系统，而是在交易者身上。我们简单地检视一下我曾经提过的，我们应该学会的、可以学到的东西，以及该如何运用这些介绍过的内容。

　　从受教育到身体力行，还隔着鸿沟。我们从书本里学到的知识，也许永远也不会化为行动，如果我们可以把所学所闻全部吸收、整合、化为己用，很多人生问题应该都可以解决，遗憾的是，我们对于信息的行动能力总是有其缺陷的。不过，有一些已经证实有效的心理技巧，可以帮助我们运用这里所介绍的方式来获利。学习有三个要素：复习、重复、反应。因此，我建议各位现在就去看看我们每章最后的重点回顾单元。我建议各位，就把这本书当作教科书，对于先前我们介绍的内容，做份大纲、提要，然后研读这份提要，检视每章最后的"重点回顾"单元，确实地吸收消化，各位也不必急着同意我所说的，你只需要把它拿到市场去验证，看看是否有效。

　　接着，再次重复这个过程，尽可能让自己置身其中，如此就可以跟这些观念亲身接触。你无须贸然大张旗鼓，全盘改弦更张，而是在有限幅度之内先尝试，看出现什么状况，再来判断是否有用。如果你是对的，市场当然很快就会让你知道，如果某个观念确实有效，那就继续下去，采取进一步行动。

最后，是针对本书更多特定部分来反应。制定目标，设定、执行自己的计划和步骤，阅读一些推荐书籍，询问相关问题，但最重要的是行动。不要只是坐在那儿自怨自艾、羡慕别人的成功。落实你的想法，想法就会发挥出效力，它们会带来你所追求的投资利益。但是如果你不行动，就什么也没有。

我已经说过，在许多情况下，要判断市场行情是往上还是往下是很容易的，不过，要根据判断来执行以取得成功，却是另一回事。幸运的是，为了获取市场成功，必须遵从的法则是非常简单的，不然包括我在内的一般投资者就不可能获取财富。事实上，成功投资的个人法则非常简单，简单到让人困惑的地步，半张 A4 纸就可以写完了。我们也都曾经一遍又一遍地听到这些法则，只是没牢记在心里而已。

让我们回顾一下先前所讨论的。

首先而且是最重要的，并一再强调的重点是，市场价格，长期上由供需关系所决定，但是在短期或中期上，则跟投资者心理有关。我们已经讨论过市场和心理学的基本原理，各位请注意，在心理学理论的两个派别，分别是精神分析理论和行为学派，我们也以市场上的基本分析和技术分析，来类比人类行为的精神医疗与行为主义模式。我们详细介绍了两大学派的理论中与投资心理相关的一些观念，也交替举例讨论一些重要概念，诸如人际关系、性与市场、压力、交易系统的使用、亏损与认赔、客户经理与客户的关系、投资服务的应用以及工作行程表等等。另外，也回答了一些常见的问题。

其他的，就看各位了。在文字可传递的范围内，我已经提供许多基本原理和说明，并且为各位寻求解答。在结尾时，我还会给各位一些最后的建议，我相信不管是对谁，也不管你的经济状况如何，你的经验有多少，这些建议在任何交易系统中都可以让投资者得到好处。

投资任何市场之前，不管是股票、商品期货、期权、房地产或者是收藏品的市场，要先确定你所选择的市场是否具有盈利空间，可以让你达成冀求的目标。如果你寻求的是服务社会的满足，当然就不能期待市场会符合你的需求。市场只能提供获利，以及看准时机、做对买卖的快乐而已，如果你还要求更多，很可能就会失望。如果是投资古董、钱币或邮票，还可以带来艺术上的满足。每一条投资大道，都有其独特的功用和能力，你必须确定你的目标是实际可行的，而且最重要的，是在你力所能及的范围之内。

在决定投资标的及何时开始之后，就要以十二分的严肃态度来准备投资计划。很多投资人对于自己的投资都很轻率、随便，既无组织性也不太在意，这样的心态经常带来亏损。不管是投资、交易、投机、预测、财务管理或者当人家的顾问，都是很严肃的事，只有全神贯注才能得到好结果。认真、坚持、贯彻及努力，都是投资成功的关键。

你最艰巨的任务，不在于预测行情，而是如何控制自我。在投资中，你会遇上个人生命中最艰难而且最挫败的经验，届时你就会了解到，在成功的公式中，你自己才是最重要的部分。

未来，经济学家将会继续发展出新的预测方法，交易系统来来去去，推陈出新。电脑技术也会越来越有所助益。不过，价格波动的本质，还是来自人类的情绪。惊慌、恐惧、贪婪、不安全感、焦虑、紧张和不确定性，仍然是短期价格波动的原动力。就我来看，在市场上获得成功并不像外表显示的那么复杂，也没那么困难，有许多历经时间考验的法则，如果忠实地遵行，的确是可以获利。其间的道理，既简单又复杂，而答案就在其中。

26 大师名著：鉴往知来

我坚持最好而且最有意义的教训，是来自于直接的经验。不过，也有一些方法，可以不必亲身经历痛苦，还是能学到知识。在痛苦较少的学习方法中，有一种是借助他人的经验。虽然这种间接学习，跟直接的刺激-反应强化模式比较，在力度和强度上，不能相提并论，但是我们仍然可以经由间接路径，得到许多行为线索。借由观察别人交易，我们可以学习到某种特定的方式和语言，而阅读别人是如何在市场上成功，也可以学到许多技巧。

根据我个人的经验，我认为所有的交易者及投资者，都应该把大量阅读投资大师的作品，列入学习市场知识和技巧的一部分。在此我列出一些名字，不过这只是部分而已，他们是：卡登、道氏、巴鲁克、利弗莫尔、江恩及威科夫等人。其他还有很多的有智慧的语录，我们也应谨记在心。另外，有许多关于技术指标本质的书籍，也对这一行有重大的贡献。不过，我比较注意的是那些常年以来投资获利的成功者，他们所经历所记录下来的心理变化。从他们的经验中，就算我们只学到一个教训，只获得一个概念或者一个鼓励，这次阅读也是非常值得的。这就是我为什么在市场学习的一开始，就推荐投资阅读这些作品。

花时间研读大师的著作，究竟可以得到什么？如何把他们的经验教训化为己用？应该如何研读他们的著作呢？我们是否真的花了足够的时间，从他们的错误中学到教训？他们的教导，应该再三阅读吗？关于这些问题，在此我有一些想法，同时我也会试着提供各位一些有关心理本质的普遍法则。

为何要阅读他们所说的？

有些人相信今天的市场跟过去不一样，以前行情波动没这么大，价格很容易被操纵，成交量也少多了。不过，过去投资者和投机人士被情绪所控制的状况，却跟今天没什么两样，这些大师著作的共同要素，就是他们都数次谈及投资的心理学。尽管他们采用的操作技巧不同，但他们的成就几乎都是由某些重要的人格特质所构成：耐心、坚忍不拔、果断，以及理性的行动，这些都不是交易系统或操作技巧可以教我们的，它们都是伴随经验而来的人格特质，事实上，这也是交易者可以掌握的最基本，也最重要的工具。借由在我们之前的成功者的尝试和苦难经验，我们可以得到鼓舞和启发启发，以帮助我们追求成功。而且我们也可以从中总结出来，这些人能够以交易和投资致富，是靠着哪些特质。而阅读他们所写的书，可以大幅缩短这个发现的过程。

阅读大师著作，除了可以间接学习到投资的心理要素之外，寻找新交易技巧的投资者，也可以从中获得启发。一个人在熟悉别人的方法之后，往往也会对市场形成新的看法，而综合大量阅读获得的知识，可以帮助投资者发展出独特的技术分析，或者基本面分析方法。投资者不仅可以从中发展出新的交易系统，也可以知道哪些方法不适用，少走弯路。借由阅读某些会造成亏损行为，我们可以避免使用同样的方法，或者在使用之前，先研究透彻，并加以修正。

最后一点，当然绝不是最不重要的，在时机不佳之际，成功投资者的经验可以鼓励我们；而在手气正顺时，则能起警示作用。知道在这条迈向成功的道路上，我们并不孤单，这一点信念，多少会有帮助。它让我们知道，在我们之前，也有人经历过同样的挫折，也享受过同样的成功。对于没有亲身经验的人，利弗莫尔白手起家的故事可以提供目标和方向。当我们了解到通往巨富的道路是如此漫长而且艰难，我们才会一看待每一次的盈利和亏损。要记住，大多数的市场上获得的财富，都要经年累月才能实现。这些信息都可以从大师的著作中传达出来。

为乐趣而读，也为真相而读

看书有很多种方式。若是读着好玩，就不需要什么很有条理。仅读自己感兴趣的地方，也绝对没有什么错！事实上，我非常鼓励各位第一次阅读投资市场书籍时，抱着好玩的心态，等读完第一遍以后，再以更彻底的学习方式来审视其中的内容。我建议各位利用以下这些经过时间考验的独特方法，让你的阅读获得最大的效果。

重点要画线

如果你不想在书中留下任何记号，那就买两本，一本收藏，一本阅读。在反复提及的观念和重要的处画线，可以凸显其重要性。等看完书之后，可以再翻阅书中的画线部分，做个复习。用不同颜色的笔标示不同主题的重点，也是个好方法。例如，技术分析交易法用蓝笔画线，心理概念用红笔。

简述其纲要

我建议各位做一分主题纲要。如果不知道该怎么做，可以参考英文语法或作文教科书的做法。制作纲要的目的，在于使阅读吸收更有条理。把读到的内容做成纲要，可以让你对书中人物生活及经验中的种种转变，获得某种体会和见识，当你在评估自身经验时，可以提供你某种洞见。而制作纲要也可以帮助你很快找到想要参考的主题。

列表清单

你可以从书中挑出十个最重要的交易心理法则。这十个法则也许不是每个人都相同，事实上，因为每位作者所强调的重点不一样，所以这些法则可能也都不同。唯一重要的考虑是，它们跟你的关联性和重要性。每一本书的作者都有自己的一套法则，我建议各位抄录下来，时刻放在手边，以便随时参考。

注意共同的法则

在你阅读时会明显发现，成功投资者大都有某些共通的法则。在你的列表中，这些共通法则尤其要特别标明。我建议各位，把你读到的作品中，大部分交易者的共通法则或观察重点单独列表。

阅读参考书籍

如果在书中，你看到作者指出哪一本书很重要，也要把它记下来，列入你的阅读清单中，如此一来，你就可以扩大阅读量。我建议各位，你阅读清单中的书籍越多越好，有时候这些参考书籍会比你原先读的那一本更有用，而且这些参考书籍也会引领你找到其他更有用的信息来源。

时常复习

这可以让法则"烙"进脑海中。要发展出一套交易法则很不容易，但要学会如何使用、何时才适用，则更加困难。如果你常常把它们拿出来复习，会记得比较牢。如此一来，你就能常常运用它们，它们也会反过来帮助你学习。

你最喜欢的作者

你持续阅读之后，会开始找到你最喜欢的作者，那就多找这些作者的著作来看，这很可能是因为那些作者的经验已经引发你的共鸣。而当你深入研究他们的交易之后，可能会进一步了解你为何感兴趣的理由。由于你已经被他们的言行所吸引，会因此产生"大丈夫当如是也"的奋斗心态，或者强烈地想重复他们的经验，这是非常合理的。如果你对某几位"大师"特别感兴趣，那就把他们当成标杆，多多研读他们的作品。

找出相似、相异点

如果你在市场上碰到特殊的障碍，或常犯特定的市场错误，就要特别留心别人如何解决类似困难。对于反复再三的市场问题，这个方法应该是最有效的。汲取他人的经验，可以节省自己的时间，而且通常还能节省金钱。对于你的交易法则与成功投资者之间的重大差异，万万不可轻忽。如果你发现两者之间有极大的差异，很可能你已经误入歧途了，做个改变或调整，将会有所帮助。

重读

虽然那些伟大作品我已经读过许多次了，但它们仍具吸引力，而且从来不会索然无味，每一次重新阅读，都能发现一些可以学习的地方。因此，我建议各位要常常重新阅读。在我遭受一些损失，志气消沉时，我会去读我最喜欢的市场书籍，寻求鼓舞。这确实很有效！

如同大部分的交易者，哪些市场书籍最好，我有自己的看法，不过我列出的清单，是综合了经验和调查所得的。当然还有很多其他著作，如果各位有时间，我建议把每一本都看一遍。不过我要说明白一点，我要各位去阅读"大师"著作，并不是指市面上琳琅满目的什么《如何赚进百万元》之类的粗制滥造的书籍，我所说的大师著作，是指1900年代早期一直到1950年代之间，那些交易活跃而且获得巨大成功的人所写的书。当然，1950年代之后也出现许多能人异士，不过我发现，1900年代早期所经历的教训，比起最近几年来，对于交易者更具冲击力。

另外请注意，我说的大师著作，也不是指那些专门介绍各种不同或特殊交易系统的书籍。我建议各位阅读的，是大师自传类作品，而不是偏向交易系统的著作。市面上有太多的交易系统，每一个新的都自称比旧的好，无奈能够真正使用这些交易系统的好交易者却没办法做到新的比旧的好。

本书最后会介绍几位大师的作品，我推荐各位都读一读。对于他们的作品和经验，我当然无法完全照实讲述，不过我相信可以让各位对他们进一步了解。要达到成功，正确的态度和有效的心理是非常重要的。在有限的篇幅中，我几乎不曾强调每个人所使用的交易系统，我所着眼的，如同各位现在已经知道的，纯粹是在心理层面。

重点回顾

- 每一位投资人都应该知道那些已经成功的投资者的经验,人生态度和想法。
- 大多数市场大师都有一套符合心理原则的交易法则。
- 知名投资人虽然有不同德经验,也在不同德时代里,但他们的人生和看法却有许多相似点。
- 阅读他们在市场中的沉浮,可以避免重蹈覆辙。
- 每一本书多读几次,可以获得更多的感悟,这样可以让学习过程的效果达到最大。
- 阅读每本书都会产生大量的信息,注意让学习过程更有效。

27　恐惧-逃跑创造性思考与引导心像

几年前，有一阵子，我的期货交易开始变得不顺。我会犯下一些很笨的错误，一些几年来都没有犯过的错。行情不如预期时，我无视于交易系统的警示，迟迟不肯认赔；看对行情时，又急着平仓，害怕等太久行情会逆转。我的不安全感让我对自己的交易系统感到不满，也不管实际上是不是它有问题。我徒劳无功地寻找新方法，在上头花了许多时间。然后我向其他交易者求助，想知道他们都用的什么交易系统。我期待越多，得到的越少；我搜寻得越起劲，却越是泄气；我越责怪交易系统、市场、经济、政府和别的交易者，距离真理就越远。就这样整整过了一年，我仍然在挣扎和苦恼之中，最后终于感到绝望和无助。

我打电话给一位精神分析师，他说："你过来，我们聊一聊。"我们就讨论起我的情况。他认为，我在1970年代早期做的传统精神分析，还有一些病情明显没有被充分了解和完全解决，因而造成我现在这种情况。

"在那之后，"他推测说，"你结了婚，当了爸爸，事业上也享有财富和成功，因此你也经历许多以前没处理过的经验。结果，这些新经验产生新冲突，因而影响到你的认知、自我判断，对你的交易带来负面效果。"听起来挺有道理的。于是我问他，要怎么做才能让我回到正轨。其实我心知肚明，精神分析师根本无法回答这种问题，果然，他没有给出任何答案。

我当然希望可以很快矫治，迅速复原，马上得到一个可以让我的交易回到正轨的答案。我探寻了好几种方法，其中最有趣的是恐惧-逃跑创造性思考和引导心像。关于这些技巧，我乐于跟各位分享一些经验。

创造性思考与引导心像的基本原理

多年以来我们一直被告知，人类的智慧潜力远远超过目前的实际表现。据说，我们只使用了10%到20%的智力而已。专家也建议，应该更彻底地开发我们的智力，运用我们的非凡的脑袋，不过却很少听人家说起确实该怎么做。我觉得最矛盾的是，在正规教育中，我们所学到的，都要靠大量硬背死记，却没学到如何增强记忆的方法。有些远自希腊、罗马帝国时代流传下来的特殊方法，的确可达到几乎完全的记忆，虽然学生在学校和日后生活的成功，确实需要仰赖记忆的水平，但学校却没教给他们这些经过考验而合适的方法。文学系学院学生的训练就是由大量的背诵所构成，他们也发展出一套有助记忆的方法，不过正如我刚才所说的，这些记忆技巧都不在他们正式教育之中。西方教育体系的可悲现实在于，我们如此注重结果，但在确保成功的训练上，我们所提供的却很少。对于积极寻求智慧的人来说，记忆技巧就像近在咫尺的图书馆一样，其实是伸手可及，只是事情的发展却不是这样。记忆方法的课程应该是从小学到高中，每个年级都要有，但最主要是在小学阶段，让学生可以打下良好基础，以后才能逐步推高。

人类智力未能完全开发出来，我们的教育体系应该为此负责。其他重要领域诸如：梦的分析与控制、催眠、生物反馈意识运作、反射行为、超感官知觉，以及死亡经验等等，在学术界都只得到非常少的注意。事实上，在西方教育中，任何非主流的方法论几乎都被视为不科学、不可接受、令人不快、没有教育意义、非美国的、不健康的，反正不是加个"不"就是"无"。

在这些"不"什么、"不"什么的受难者中，还包括引导心像和创造性思考。这两个相关的技巧，可以刺激新想法、新技巧、新关系和新思想方法的潜力，在1980年到1990年的"新时代"文献中，这两种技巧都已经获得相当大的重视，但一直到现在，公众教育却还没有注意到它们。我很怀疑，它们永远不会有被注意的一天。这些技巧在观念体系和结构上显得松散而不明确，因此得不到教师和社会学家的支持，他们认为，这些技巧并不适合导入正规教育。所以照往常一样，得靠有心者自行努力，才能获得这方面的知识和技巧。

引导心像（GI）和创造性思考（CV），本质上是相同的方法。在这两个方法中，学习者要运用想象力，创造性地组织心理图像，来达成任一目标。这些目标是：

放松

独立或借由外力协助，运用心理想象创造影像、场景来获得心灵及肉体的放松状态，其目的在于深度放松及消除压力。从很多方面来说，CV和GI应用的最后目的，跟冥想类似，都是用来解除压力。

解决问题

根据创造心理影像的系统方法，对特定问题进行心理治疗，不管是个人生活、经济状况、创造性或科学性的问题，都可以获得新而有效的解决方法。这些解决方法，平常都被某些因素所遮蔽，例如，个人冲突、不良的人际关系，或者防卫机制，而有些心理运作方式，可以让个人排除这些障碍，并获得新的解决方案。运用CV和GI来解决问题，需要另一个人来主导，例如，治疗师、引导人等等。

创造力

这是另一个运用CV和GI可以获得非常好的效果的地方。这一项可以独立完成，不过如果有受过训练的专业人士从旁协助，效果会更好。稍后，我会介绍这个部分及其他方法。

害怕和恐惧

在没有威胁的环境中，仔细地思索害怕和恐惧，你也许会发现，害怕的东西并不如原先想象中那么可怕，或者发现其间存在着合理的原因，想明白了，就可以阻止恐惧再次发生。

自信

不管是在事业、投资或人际关系上，个人成就都与自信有非常大的关系。

医疗问题运用

CV 可以增强身体的抵抗力，增强免疫系统。虽然这种方法的有效性，还有许多争议，不过我相信这种思维是有效果的。

以上所举，只是恐惧—逃跑创造性思考与引导心像最普通的用法，其他还有许多应用，只要人的想象力能够配合得上。我之前说过，这些方法并不符合科学的要求，因此还是不容易被主流所接受。在心理和精神成长方面，也许是科学无法涉入的领域。想象力通常是科学的前导，而且可以跳脱寻常科学的界限之外，例如 1909 年，全球最伟大数学家之一的纽康伯，已经证明载人飞行在科学上是不可能的，但莱特兄弟却从梦想出发，三年后证实纽康伯是错的。

创造性思考与引导心像的技巧

CV 和 GI 的基本方法，既简单又直接。通常，被实验者舒服地坐在椅子上，或安静地卧在躺椅或长沙发上，听着主持人口头引导，开始想象引导人描述的画面。第一个任务是尽可能地放松，这可利用身体肌肉放松法或深呼吸法来达成。其目标是要让被实验者创造出一幅心灵影像，以刺激产生问题的解决方法、提供解决助力，或者对情况有全新的了解。这个放松的氛围，能帮助个人释放出在其他环境下难以发挥的创造力。

操作过程可以从几分钟到一个多小时不等，要看想象和任务的复杂程度，以及被实验者的反应而定。而耗时长短跟结果的好坏，并无一对一的关系。

另外，诱发实验对象产生影像的引导话题，也有许多种变化。基本上来说，这也是操作过程的功能。以下例子，可以看到治疗师可能对被实验者说些什么。在实验对象舒适地坐着或休息时，治疗师或引导人开始缓慢而温和地说话，以放松为目的的 GI 操作过程即是如此：

放松。深呼吸，感觉身体从头到脚都放松下来。将注意力放在呼吸上，感觉每一次呼吸你都变得更放松。越来越放松。现在，想象自己在苍翠的森林里头，抬头就看见浓郁的树顶。你嗅着森林的香气，四周空气清凉而湿润。你听到远方有许多不同鸟叫，看到小动物轻快地来来去去。你觉得很轻盈，如同这座森林一般。随着呼吸，你觉得越来越轻松。通过树荫间隙的亮光，你看到蔚蓝的天空。天空很快又变暗了，布满乌云。森林也变暗了，雨的味道弥漫在你身边。开始有些凉凉的雨滴，落在你脸上。

以上只是一个简短的例子，说明如何使用 CV 来诱导放松状态。在这个"治疗"大约 15 到 30 分钟之后，"病人"会感到非常放松，可视化练习就已经达到目的，经过几次疗程，"病人"就能够独立实现轻松的态度。

现在我们来看一下与我们关注的领域更为密切的 CV 的例子。在本章的开头，我告诉过你，我如何发现使用这些技术，作为帮助我克服我在交易中遇到的困难的一种手段。我偶然被介绍给一位心理学家，A 博士，她的家庭办公室离我不远。在几乎所有治疗领域，她都是第一个使用这些技术的人。在与 A 博士进行长时间的电话交谈后，我对自己的能力感到非常自信，当然，我一直愿意在搜索中尝试新的东西，以消除多少个月以来的交易问题。

在第一次会面中，我们讨论了我的困难的准确性质。A 博士不愿意接受我的粗略的描述，而是探索并提出具体要求。在我的经验中，这是治疗成功的重要初步指标。你会发现，作为纠正问题的第一步，这种特殊性总是必要的，无论它们是与人际情况，市场还是业务有关。如果不准确地知道你要去哪里，那么就更谈不上通往成功的道路了。为了改变行为，无论是通过行为或更传统的手段，您需要准确地知道行为是什么，在什么情况下出现及其后果。不同的治疗方式将侧重于这个链条上的不同方面，然而，真正有效和高效的方案将侧重于所有组成部分，以便提供全面和迅速的救济和改进。因此，我对 A 博士的印象是非常正面的，当然，这个正面的印象也是有助于改善治疗情况。

我与 A 博士的第一次会议旨在让我熟悉她的技巧，并且了解我的问题的具体性质。自从我在心理学家的职业生涯转换到期货交易之前和之后，在心理学家身上练习了很多临床心理学方面的丰富经验，我已经准备了一个具体的行为列表，这些行为对我的失败负责的，阻碍了我的成功。我与 A 博士讨论的清单如下：

- 不愿接受亏损。我的最大的问题是，当我的系统表示必须采取止损时，没有关闭失败的仓位。因此，损失太大，破坏了我系统测试结果的统计有效性。虽然我知道合乎逻辑的事情是按照规则，关闭亏损的交易，但我每次都找到借口。我陷入了"给予更多时间"的陷阱，这有时候使我获利但最终结果使我无法避免损失。

- 寻找其他规则来为不止损找理由。我注意到，当我处于亏损的位置，应该已经结束了，我很快就加入了我的电脑的帮助，以加强希望通过损失来避免职位。我正在通过隐藏计算机测试来智能化失败的位置。系统和指标测试的可用硬件和软件的可用性有助于创造新的问题和投资者，其中之一是"让我们看看计算机所说的"综合征，我发现自己正在寻找技术上的借口来维持我的立场。最终我找到了一个，如果你看起来很久很久，几乎总是可以找到一个任何东西的借口，一台电脑肯定会使这个工作更容易，同时使结果更有效。

- **失去自信**。当然，这导致了我自信的完全恶化。我发现自己不愿意交易，害怕开仓，害怕市场。我开始感觉到，我所做的一切交易从一开始就是一个失败者，我觉得我多年的市场经验是无用的。当然，我对这些问题，包括经济，政府政策，楼层交易员，交易所，交易公众，以及当然也是我自己都负责。
- **失去纪律**。虽然没有纪律性对我不愿意止损负责，但也是主要问题的后果。除非你在这个问题的生命中很早就陷入事件链，否则你会继续失败，直到你最终破坏这本书中的每一个重要规则。这就是为什么尽快恢复正轨非常重要的原因。

这是我与A博士讨论的清单。她有兴趣在错误发生之前，当中和之后评估我的感受。传播我的问题的简单行为（称为心理术语中的排出）是有帮助的。不过，我知道这不是最终的解决方案。

一旦了解了我的困难，以及一些关于市场的基础知识，为了提供一个框架来了解我的行为，我们开始研究几种CV和GI技术，其中第一个是一个简单的放松练习与已经描述的相似。经过几次关于放松的工作，认真开始工作。这是一个"治疗"的例子。

第六疗程

A博士：今天我们将重点放在止损系统上，今天这必须完成。由于您很难关闭亏损的仓位，因此我们将重点关注在可以帮助您解决问题。方法是可视化。首先，我希望你能够控制和放松。深吸一口气，保持，然后呼出。现在我想让你想象以下场景。你站在一个大草原。这是夏天，空气是温暖的。天空是一个清晰的蓝色，一些懒惰的云彩卷起来，你慢慢地向上看。你看到树木摇曳，温暖的风轻轻吹来，在远处，你看到一座高山从平原上升，高峰白色，基部茂密，绿色植被，为了欣赏它的威严，你开始步行，当你走路时，看到山地变得越来越大，因为地形从平坦开始变成丘陵，然后从丘陵到缓慢而稳定的倾斜。你们站立了一会儿，欣赏现在出现的景象，高耸茂密的常绿树林，岩石山边和积雪覆盖的山峰。

突然间，你感到有一种强烈的冲击，要你克服这个挑战。你直觉地知道，只要克服这个巨大的障碍，你将会找到一个困扰你的障碍的答案。你决定爬山，找到答案。

你知道如果没有相当的努力，就无法攀到山峰，但是你知道，只要你自己开始做，就可以做到这一点。你开始这项艰巨的任务。你爬了好几个小时，随着山坡的增加，你的任务变得更加困难。你大量出汗，你现在意识到温度正在下降。你感到又冷又热。很快，地面上被雪覆盖，空气很薄。虽然你发现很难呼吸，但是你知道一个答案正等待着你。

最后你到达顶点。你的腿和手臂在颤抖，你们克服了困难，享受着下面的平坦和遥远的土地的奇妙的美丽。你也欣赏你在追求进步中旅行的距离。

当你看着下面的世界时，你会注意到，在远处，有一个人类。起初，你把这个人看成了一片阴影，但是随着它的距离越来越远，它继续移动并且变得越来越大。不久之后，令人惊讶的是，你意识到这确实是另一个攀登者。你专心观察这个看起来拥有伟大智慧的老绅士，他看着你。事实上，当你到达高峰时，他开始向你走。正如他所说，你注意到他手里拿着一本小书。他接近后，你辨别出一个明白的样子。他给人和平的感觉，还充满了自我意识和自信，难以描述。没有说话，你们只是点头致意。你知道他知道你很困扰，你正在寻找答案。他把你手中的书交给你，当你接受的时候，他转身离开。当他开始从山上下山时，看着他在远处慢慢消失。在短短的时间内，他已经走了，只有他给你的这本书是对这个特殊事件的记忆。你看了这本书。标题为"答案"，你感觉到它包含的"答案"对你很重要，你赶紧打开这本书。当您打开封面时，您看到这本书没有多少页，最多可能是十页，而且这些页面里也没有很多文字。然而，你知道"答案"是有价值的。逐页翻页，吸收其中所含的知识。以下是您在过去六个月内一直在搜索的答案。答案清晰，简洁。你花时间慢慢，仔细，有条不紊地阅读每一个答案。你现在看得清楚，对你来说很有意义。然而，你也在阅读中意识到，他们都是你以前的答案，但由于您可能永远不知道的原因，您已经压制或压制了他们。你逐一检查答案。你可以清楚地看到他们，相当详细。在阅读它们时，您会意识到答案很简单，而且它们是您一直知道的答案。

当你把这本书放在你的背包里时，你会感到很舒服和平安。你开始跋涉回到文明。这本书及其答案将随时随地阅读和参考，无论何时何地需要它们。

这次旅行现在已经结束了。打开你的眼睛，感到放心，和平与你的知识。

疗程结束了。虽然在可视化体验中，我没有发出一个音节，但我的思想是集中精神和非常活跃的。我的旅程过程重新启发了洞察力，以简明扼要的答案形式展现了知识。在接下来的几个星期里，我没有意识地将答案应用在我的交易中。然而，我发现自己正在采用自己的答案，反思，正如1多年前做过的那样。可视化的经验帮助我重新发现了我已经知道，但是却因为某种原因遗忘的答案。

使用创意可视化和引导图像的其他建议

我相信 CV 和 GI 将会引起许多读者的积极的感受，但其他人则会因为觉得它太神秘，不专业，或其他不愉快的想法而被拒绝。这是可以理解的。传统的心理学家和精神病学家以及没有足够开放思想来尝试新技术的人将不会找到尝试这种过程的能量。然而，我已经发现这两种技术在所有类型的治疗中都是非常有价值的。这是简单的放松，控制血压或交易问题的解决。如果您有兴趣为自己的利益做出改变，我有足够的经验在 CV 和 GI 的接收端给您以下建议：

- 寻求有经验的治疗师来帮助您。这个非常重要。虽然有许多书籍和视频，但是它们都没办法提供必要的协助。没有专业的指导，成功是难以实现的。
- 一定要实践你在会话中学到的东西。你所获得的知识只有在被转化成行动时才会有所帮助。
- 不要指望神奇的答案。虽然很多问题可以很快得到解决，但有些问题可能抗拒变化，需要多个疗程才能有所进益。
- 不要局限于交易问题本身。许多个人和家庭问题可能会干扰您的交易。你可能不知道发生了什么。因此，不要害怕采取"后门"的方法来处理这些困难的交易。
- 如果您尝试这些方法，并且在几个疗程之后，你还是觉得不适合，那么就不要继续，在不适合你的方法上浪费时间和金钱是的没有意义的。
- 一旦你与专业治疗师取得一些进展，你可以记录对自己的指示，并自己实施，成为你自己的指导。
- 我可以给你的最好的建议是心态开放一些。如果你保持开放的心态，可以实现许多事情。但是，如果你是僵硬的，不愿意接受新的想法，甚至对任何尝试都持拒绝的态度，那么你就不会在生活中取得成功。当然，如果你找到了很好的答案，那么你不必对新的技术和知识那么关注，然而，如果您发现过去对您有用的功能已经不再有效了，那么您必须搜索新的和不寻常的方法了。

28 克服最深的恐惧：心理学如何助你成功

我个人超过二十年的期货交易者经验，不可避免地让我得出这个结论：交易者最糟糕的状况是逃避问题。

如同各位所知，在我们个人生活中，逃避问题也是非常糟糕的。问题可以逃避、置之不理，不过日积月累，到最后将会让你寸步难行。有些交易上的问题并不严重，这一类问题来来去去，不会造成多大的伤害；有些则是像慢性病症一样，如果放着不管，不去治疗，就会恶化。害怕失败，就是一种会带来不良影响的恐惧，这种恐惧会吞噬生活养分，不断壮大。如果你害怕恐惧，恐惧就会变得更大。因为你害怕失败，失败的后果将膨胀许多倍，变得更大、更悲惨，你会更不愿意去解决它。大多数的幻想不论好坏，都不会像真实那么庞大，而幻想通常会夸大事实。因此，如果你害怕亏损，而且让这份恐惧影响到你的交易，那么你的恐惧就会比真正亏损还要可怕。你会不想做交易，以逃避恐惧的幻想。而规避恐惧的后果，一定比你真正面对它还要糟糕。

恐惧的类型

虽然很多传统心理学家会告诉你，不论男女，恐惧大都源自幼儿时期的阉割恐惧，不过我们大多数人都无法认同这个想法。我并不是说阉割恐惧不存在，而是指我们在此时此地或者幼儿时期，还有很多恐惧是更容易辨认出来的，例如，害怕被抛弃、害怕失败、害怕成功、害怕不被喜欢、害怕亏损、害怕做大笔交易，这些恐惧都很明确，也都有许多不同的心理技巧可资应用，予以克服。有很多方法可以解决这些问题，让负面影响减至最低，而采取行动远比知道采取哪些行动来得更重要。

如何辨识恐惧

恐惧有许多种表现方式，生理上可以表现为双手冰冷、心跳加速、血压上升、多汗、心脏强烈的不舒服等，这些因恐惧产生的生理现象，是伴随已知最原始情感之一的"战-逃"反应而来的。战-逃反应可以追溯到原始人时代，当时还是穴居的原始人能否存活下来，全看他有没有能力防卫其他人类或肉食动物的攻击，这种感觉会刺激肾上腺素大量增加，我们可能站起来加以反应，或者转身逃跑。现在，我们虽然不会每天都碰上这种拼斗，但是战-逃反应仍然保留着，如果真正碰上生死攸关的情况，它还是很有用，可以强化我们的防御。可是在交易活动中却没有帮助。交易者必须要了解，我们在市场上所面对的并非看得见的敌人，对于这些隐形的对手，我们既不能用蛮力来征服它，也无法逃跑来摆脱纠缠。像交易者所面对的这种隐形敌人，比看得见的还要可怕，因为我们活跃的想象力，会产生更恐怖的无尽幻想。

面对挑战

克服恐惧的唯一法门，就是面对它，但是方法跟我们老祖宗所用的已经有相当大的差别。逃避挑战并不能解决问题，这不是一个选择题。我建议各位，如果你会想要逃避某个交易问题的话，一定要把马上排除这个选择。如果你明天还想要交易的话，任何错误都必须在今天以系统的方式来解决，任何恐惧都要在今天面对和克服。只要逃跑的想法出现，你就更要面对问题，跟它战斗。但是这个"战斗"已经不是古代的血肉相搏，而是以常识来判断、了解，以洞察力、纪律、技巧和耐心来对付。人一般是无法单靠一己之力来克服自己最深层的恐惧，但如果能早日发现、早日面对，它就不容易膨胀变大，可以在恐惧还能够控制时先加以克服。假使你拖延日久，放任恐惧日益加深扩大，到时没有专业人员的协助，就很难消解了。

从1960年，我做了第一笔交易以来，已面对过许许多多的市场挑战，同时也逃避过许多恐惧。我亲身的体会是，恐惧很少会自己消失。虽然我用来分析和克服自身恐惧的方法并不见得多么系统化，但是我认为还是可以提供各位几个简明的建议，帮助各位面对挑战，而非一味逃避。这些建议并非按照重要性或应用程序排列，以下将就不同种类的恐惧详加检视，并追溯其缘由。

亏损恐惧

不管赚钱或亏钱，都可能引发恐惧。也许这让你很惊讶，但是真实情况正是如此。在历经一连串的亏损或某次严重亏损之后，大多数交易者都会感到害怕。交易者很少能承受连续三次以上亏损的压力，在第三次亏损之后，他们会开始怀疑自己使用的交易系统、资金管理、交易技巧，以及自己的聪明、智慧。理论上来说，某些交易系统可能出现连续二十五次的亏损，但仍然是一个成功的系统，这种状况特别容易出现在以移动平均线为基础的交易系统上（请参考我已经出版的《交易时机的信号》）。在理智上，交易者知道遵循交易系统的指示，可能会碰上连续多次亏损，但是在情感上，这样的理解还是不足以克服恐惧，他们会担心，是不是在交易系统转亏为盈之前自己的钱就亏光了呢？甚至连借钱周转的部分也都赔光呢？

对于亏损的恐惧，在心理上常常连带造成能力或力量的降低、男性或女性特质的减少，以及营养状况的损失。我们害怕亏钱会造成肌肉无力，会让我们无家可归、没饭吃，连性能力都会受到影响。在一定程度上，某些恐惧也许有点道理，但大都是太过夸张。如果你用来交易的资金都有"特殊用途"，那么你会害怕是很合理的，我所谓的"特殊用途"资金，是指那些不应该拿来做交易的钱。如果你违反基本法则，拿自己无力承担的资金来冒险做交易，你的恐惧就很合理，而且很快会自食恶果。如果你决策上非常理智，只用可以冒险的资金来做交易，那么这种恐惧就不合理。而由于这种恐惧不合乎道理，如果你不能加以克服的话，可能会成为失败的原因。各位要接受的事实是，你只能用可以拿来冒险的资金做交易，并且在真正开始交易之前，就当作它们早就没有了。如果一开始就把这笔拿来投资的钱当作不见了，你就不必再感到害怕，而恐惧也不会产生不理性的行为。要克服亏损恐惧的最好办法，是在真正发生亏损之前先做好心理准备，而对于亏损恐惧的最佳防御，则是强力攻击。

熟悉你使用的交易系统是克服亏损恐惧的另一个方法。如果你已经彻底研究过自己的交易系统，就该知道它的极限。你应该具体了解你的交易系统过去曾经造成多少损失，最大的亏损有多少，而且千万别以为"最大"只是如此而已，你必须假设最大亏损额也许会超过测试时的记录，你一定要有事情可能会更糟的心理准备。若能对任何情况都有心理准备，恐惧就不容易发生了。

获利恐惧

我提到获利恐惧，各位一定会感到惊讶，还有人怕钱赚多了吗？大多数交易者认为自己在赚钱的时候应该不会有什么问题，事实上，有很多人却是在手中仓位正在赚钱时，犯下最严重的错误。

如果你了解投资市场和交易系统，你会知道最好的交易系统的准确率顶多是75%，而且能够达到这个水准的少之又少，大部分是在25%到60%之间，这其中又以落于30%到45%之间的最多。就逻辑上来说，你做的交易有一半以上都是亏损，而我们也知道，在赚钱的交易中，大约有一半只是小赚而已，因此就整体交易来看，只有20%的交易是赚到比较多的钱，而其中能够赚到很多钱的又只有一半。事实是，许多交易系统的整体获利，有八九成都是靠相对少数的几笔交易而来，而交易者是不可能事先知道哪一笔交易会赚到大钱。

现在让我们来看看这个事实：大部分交易者在手中仓位赚钱时会变得极端焦虑。他们过去曾经验过太多次亏损，因此一旦看对行情、仓位赚钱了，就很害怕行情逆转、获利消失。他们忧心忡忡地紧抓着获利不放，当苗头不对，可能转盈为亏时，他们宁可违背交易系统的指示，也要马上获利了结，落袋为安。可是一旦获利了结之后，却通常又眼睁睁地看着行情继续上冲，原本可以大捞一笔的机会就这么飞了，心里气得要命。

获利恐惧其实是害怕原本可以赚到手的钱又消失了，事实上，如果交易者了解交易系统及市场本质的话，这个恐惧是可以完全消除的。利弗莫尔在其经典著作《股票大作手回忆录》中说得最好，他说："（提早）获利了结，你是不会变穷，但也富不了！"他的意思是，你必须用尽所有方法，尽可能紧抱获利仓位不放。如果你的交易系统指示持股，那么你就得克服那股平仓的冲动，不要光是看到赚了小钱，就想赶快跑掉。除非你是那种不用交易系统，并且熟悉各种跑短线窍门的人，否则这才是成功投资的不二法门。

我不否认有些人可以预测市场，或直觉能力很强。我当然同意超感官认知或某种异于常人的洞察力，可以预知未来行情走势，但只有极少数奇人异士才会有这种天赋的预知能力。即使如此，这种预测能力也不是一直有效。

因此，如果你依靠交易系统的信号进入市场，却又自己妄下判断，或一时兴起就平仓出场的话，等于是自毁城墙，长期而言，交易系统无法完全发挥功能。这种获利恐惧，即使只是非常细微，都可能是造成失败的原因。

要克服这种获利恐惧，我建议各位，做交易时最好不要只做一个，比方说，要买进黄豆期货，不要只买一手，至少买两手。其中一手要怎么操作，完全依照交易系统的指示，另一手就按照自己的意思来办吧。这样一来，既满足了自己的冲动，也符合交易系统的要求。试行一段时间之后，再把因为获利恐惧而行动的交易成绩，跟遵照交易系统的正规操作相比，看看情况如何。

不认同恐惧及否定恐惧

对所有人而言，这两种恐惧都是正常而自然的，不管你生活中是处于什么位置、社会阶级、种族、肤色，或者信奉什么主义、宗教，这种恐惧对任何人而言都是相同的，不过其严重性则因人而异，跟你的人格特质、成就、内在洞察力和人际关系都有关。每一个人都会害怕某些失败会造成同侪、配偶、家人或社会大众的不认同或否定。个人的成功欲望，特别是在资本主义社会中是非常强烈的，这种强烈欲望会带来极大的压力，从而造成心理、生理、或社会心理上的后果。例如，20世纪80年代到90年代的日本，完全被成功的欲望所笼罩，少年自杀案例大幅增加。这种害怕失败的恐惧，同样使许多世界最知名的企业家、政客或金融家，步上犯罪或欺诈之途。不认同和否定恐惧，通常能带来强烈的负面力量，造成许多严重问题。

了解不认同及否定恐惧

这两种恐惧是有关系的，因为否定通常来自不认同。这两种恐惧，大都源自童年时期父母的教育方式，通常是因为父母亲采用负面教育方式造成的。这类的小孩会被告知，如果不依照父母所愿来做的话，就不会受到疼爱，或者会遭到处罚或嘲弄。那种为了避免不被疼爱或不被认同的心理，会迫使孩子委屈顺从，并带来不必要的压力。使用正面方式来塑造行为，其效果要比负面方式好很多。失败会产生负面效果，事实上其本身就是一个负面效果，并不需要父母或师长施予额外的负面后果。不过遗憾的是，我们都经验到太多的负面教导，而正面方式却很少，结果，我们会去做一些原本并不乐意做的事。我们继续按照过去的学习经验来做事，但对自己所做出来的事情却又觉得不满意，我们觉得不快乐，却又不知道原因何在。当然，并不是所有的不快乐，都源于幼年人格形成期的不认同与否定的负面效果，但是成年后我们做的很多事，确实是受到规避不认同与否定的动机所驱使，以致无法培养出正面关系。我们继续从事某个自己不喜欢的工作，只因为害怕不被认同、怕遭受否定。这种经久不衰的想法，小时候是针对父母亲，成年之后则又被一般化，对象变为社会和配偶。这一深植于童年的恐惧，对我们当前的处境完全就不能产生好的效果。而且，它除了会对我们心理起作用之外，跟市场毫无关系。对伟大的交易者进行研究之后可知，很多交易者在迈向成功的道路上，总要遭遇许多挫折和失败，很少有一步登天的胜利者，因此除非你在这条路上已经失败过许多次，不然是不会成功的。

否定和不认同的恐惧如何影响你的交易？

有些恐惧可以刺激出正面行为，不过大多数都不会。行为主义心理学家已经证实，某种强烈的负面后果，只要碰上一次即可学会。例如被热炉子烫到一次，就足以让你终生对它小心谨慎。如果父母行为的替代方式非常明显，这种"一次尝试"的学习将很有效果。以热炉子的例子来说，如果你碰了火热的炉子，而遭严重烫伤，你会知道"不要碰热炉子"。要避免被烫伤的方式简单明了："不要碰热炉子"。但是对某些人而言，这样的经验可能引发炉子恐惧症。因为被炉子烫伤，而引发恐惧症反应，让他完全避开炉子。这样的人可能绝对不进厨房；且任何看起来像炉子，甚至任何会发热的东西，都可能引发他的恐惧。

另一方面来说，在市场上遭遇到严重的负面经验，却无法教导你任何事情。在市场上，你可以做对的事情很少，可是能犯的错误却相当多。在一个已经是负面经验的亏损中，再加上"不认同"的负面经验，可以说一点意义也没有。事实上，这么做还可能把事情弄得更糟，因为恐惧可能会被一般化，变成对交易本身的恐惧。因为你害怕亏损带来的不认同和否定，因而完全避开交易。不过，你的反应不会只是绝对地回避，而是以某种更为精巧的方式呈现。也许你对交易会变得非常挑剔，借此来给这个规避的过程找理由，或者你会以心理的想象作为基础来反对交易，不遵守交易系统的知识，并以缺乏某笔交易所需的最新信息为借口来逃避交易。人类的心灵可以制造出无尽的借口，你总是可以找到办法来欺骗自己。

如何避免否定和不认同的负面效果？

如果各位有否定和不认同恐惧的问题，我有一些简单的建议：

- 不要跟任何人讨论市场的事，尤其是那些跟你很亲近的人。如果家人或是很亲近的朋友对于你的失败交易有负面态度，更要严格遵照这条法则。你已经在交易的失败中尝够苦果，不需要再有额外的不认同。
- 认清你生活中的"否定"人物。对这些人要特别当心，避免他们对投资市场，你的交易，你的生活，你的失败等等，再给予负面的评论。这种持否定态度的人只会带给你负面的想法，不管你是否会有意识地接收到这些想法。
- 认可自己。换句话说，在你成功的时候，要奖赏自己；失败时也应该照实地接受。失败是交易活动中非常重要的且非常真实的一部分，在这场比赛中，没有失败的成功十分罕见。
- 了解你所使用交易系统的最糟状况。如果你知道在最糟糕的时候最多会亏掉多少钱，会连续亏损几次，那么你对交易系统就会更有耐心。

- 谨慎挑选客户经理。客户经理会在不知不觉间以其他方式影响他们的客户，如果你的自信心正处于低点，那么随便几句话，不管是好话或坏话，都可以马上改变你的行为，而通常在这种状况下改变行为，都不会有好的结果。
- 幻想通常比现实好很少或者糟很多。我们的思想可以构建最积极和不切实际的美好场景，也可以产生最负面和令人恐惧的幻想。恐惧和被拒绝的感觉可以通过破坏性的幻想更糟。不要花太多时间幻想可能会发生什么，因为当它真实发生时，它不会像你想象的那样糟糕。同样，事情也不会像你幻想的那样好。
- 首先训练自己认识所有的恐惧，无论他们的来源是外部世界还是你自己苛刻的自我批判。避免失败或恐惧的破坏性影响，最佳时机就是一旦看到他们发展就行动。如果您能意识到您对拒绝和不认可的反应，您可以立即进行调整。
- 列出你对市场最深的恐惧。考虑以下大类：对损失、失败、拒绝、不赞成、破产、嘲笑、成功、回馈利润、连续亏损、交易系统故障、大仓位、具体市场、限制措施、不期望的消息的恐惧。

一旦您列出了最深的恐惧（也许您的恐惧不在上面的列表中），请注意几点，并尝试了解恐惧的根源。一旦确定了来源或刺激措施，采取果断行动来限制来源，或者如果不可能消除来源，则避免这一点。

我发现恐惧，无论其来源如何，都是使交易者变成受害者最具破坏性的情绪之一。它激发许多产生亏损的行为，它使交易者瘫痪，它分散了建设性的行动和思维，并强迫交易者采取很多明显不明智的行动。尽力了解它，并尽量减少对您行为的破坏性影响。记住，生活中几乎对任何东西的恐惧，都是因为缺乏了解或无知。虽然许多恐惧是合理的，但现实往往远不如幻想那么可怕。

29 为什么有那么多的交易人和投资者亏损?

即使你在股市或期货市场中交易的时间相当短,也一定知道在这个游戏中要成功是相当困难的。理性和知识告诉我们,从事股票和期货交易的规则,相对来说,是具有一定的逻辑性。那么,要获致成功应该不难才对。而我们每天也看到许多广告,推销,大言不惭地宣称交易不但可能持续获利,而且不难达成,我特别看了一下最近一期的《期货》杂志,里面总共有61则广告,其中有35则是关于期货交易所、信息贩卖、经纪商或非投资顾问的相关服务,另外26则广告中,有21则,超过八成,都是推销宣称可以改善交易表现的商品、系统、讲座或者投资服务,或者直接推销某个"卓尔不凡"的交易系统,其中有个交易系统的广告,更是保证可试用60天,无效则全额退费。如果再检视那些比较便宜的分类广告,将会看到更多这种梦幻式宣传的广告。

表面上,这种情况似乎预示有很多种交易系统,方法或时间指标,都有很大的获利本事,曾经开发或测试过交易系统的人都晓得,能够获利的交易系统虽然不容易找,但确实是存在的。但是,每一个交易系统,不管它在实验测试阶段表现有多好,都有其缺陷,系统所保证的回报越高,它所承受的风险也越大。股票和期货交易均有风险,没有哪个系统,方法或指标,是无风险的,这正是交易的本来面貌。也许各位听来会觉得奇怪,但许多交易者和投资者并不了解风险的真正意义,他们觉得风险是别的交易者的事,只有当他们自己面对风险的真实面貌,而且亏了钱之后，才能领会它的威力。唯有在亏损的威胁下，他们才会做出反应，但在这个时候，却通常会引导出不适当的反应.

交易者及投资者的天生不平等

胜利者和失败者的根本区别，在于交易者对风险的反应上。根据我对我自己二十三年投资交易生涯的行为所做的分析，以及研究交易者的行为之后，我得到的确切结论是：对于投资成功来说，交易系统，方法和指标只占25%，运气15%，其余的62%完全要看交易者自己对所使用的交易系统的反应，以及对市场本身的反应.

谈到交易纪律，交易者的确在这一点上天生有区别，有些人反应比较高，有些人反应比较紧绷，有些人太过自信，有些人太过敏感，有些人又太过漠视，在交易成功的公式之中，交易者的反应正是最大的变数。有太多的交易者在股市或期货市场中亏钱，只是因为他不能做到有效地，机械化或持续地运用某个交易系统。

这个是可以避免的

更让人伤心而沮丧的是，这个悲惨的情况原本是不必有的！我坚决地认为，照着本书介绍的基本法则来做，交易者和投资者均可很容易的改善其操作表现。虽然要学习及持续遵守一些重要法则十分困难，但这也似乎是所有交易者及投资者都难以办到的。把这些法则内化于心中的第一个步骤，就是先意识到需要马上改变行为，下一步则是消除那些不好的行为，最后一个重要步骤是以新的行为替换旧的，当然，这是最困难的步骤，完成这个程序之后，以实践来维持新的行为避免重蹈覆辙，也是很重要的。

有很多种方法可以达到想要的结果

不管你从某些书或文章里读到什么,要改变交易行为并不是至此华山一条道。每一个交易者的市场性格都不一样,所以也没有哪个方法可以运用于所有的交易者,最适合你的,就是能带来效果的那个方法。

在提供各位建议之前,我必须提醒大家:好的交易系统在欠缺纪律的交易者手中,还是会亏损,而普普通通的交易系统,由遵守纪律的交易者来使用,仍然可以赚钱。交易系统好比是一部比赛用的跑车,受过训练的赛车手可以靠它赢得比赛,而且展现完美的操作性,但未经训练的驾驶人,几分钟就可以把它撞得稀巴烂!了解自己操作的机器,是很重要的,必须了解它的困难,危险之处,并且了解它的力量和缺点,重要的是,要善用系统的优点来赚钱,在它可以发挥力量的时候全力施用。

这些技能都不是一蹴而就的,需要时间来形成,连同对于自己交易系统的深切了解,各位还必须获得及培养以下的技能:

从一而终

许多行为都要求从一而终,从遵照法则指示进入市场到平仓退出,一直到保持交易系统资料的更新,所有这些事情都要有一致性。一致性是所有学习的精髓,为了要达成一致性的结果,就必须要有从一而终的行为。如果不能从一而终地遵照交易系统,你永远不晓得这个系统到底有没有效。徒具理论测试的结果并没有意义,只有拥有一致性,你才可以获得成功必需的反馈,不论这个反馈是获利还是亏损,它都是直接跟行为有关系的反馈。

控制情绪

情绪是投资者最大的敌人,总是从内心干扰我们,利弗莫尔曾经这么说:"太过悲观会让你太早被吓出场,或者在应该进入市场时犹豫不决；而太过乐观可能在你应该平仓，甚至应该反向操作时，死抱着赔钱仓位不放。"情绪是可以控制的，包括利用放松技巧，强迫自己控制情绪，外部力量（找个搭档盯紧你，不让你破坏规则，不管你觉得多好或多糟），或刻意隔离会引发情绪反应的环境。在可以运用的诸多方式中，我会选择隔离，对一个技术分析派交易者来说，跟市场信息完全隔离是最好的状况，一旦你做出交易决定之后，就让自己跟其他一切事情隔离开来，包括价格。

坚持

当交易系统连续出现3次以上亏损，很少有交易者还能坚持下去，但如果你了解你的系统，你就会知道它还可能会连续出现亏损呢，有所坚持，才能让你撑过交易系统的低潮期，也能让你在交易系统呼风唤雨之际，不至于昏了头。

对自己诚实

著名的俄罗斯哲学家乌斯宾斯基曾指出，自我欺骗几乎是所有个人及人际问题的根源。运用到交易上，他的话的确是对的。如果你可以诚实地面对自己，就不会任意的破坏交易系统的法则，除非你非常清楚在什么状况下你必须这么做，对自我诚实，是交易者所能拥有的最有价值的品德之一。

接下来要讲的特质非常重要，所以我要用一个小节来单独介绍。

实践——万事的关键

没有实践，什么事也做不成。我担任心理医生时，曾帮助过许多病患，洞察他们的行为，让他们了解造成其行为的原因何在。但如果只是了解，却没有采取行动，结果就什么也不会发生。有些期货交易者花费许多时间，开发出似乎很有获利能力的交易系统，测试结果也十分完美，但因为害怕或懒惰，却从来没实际用它进行交易，结果变成是美丽的花瓶，徒有其表。一旦你了解到自己未能完全发挥潜力的原因何在，就要马上行动，否则机会就会溜走。如果你没抓住时机，就不可能成功。你等待的越久，就越缺乏行动的动力，因为你会逐渐安于现状，最后懒得采取行动。

为什么有这么多的交易者和投资者亏钱？

答案的确是很简单，在这个最艰苦的战场，他们缺乏成功必需的技能。绝大多数的交易者和投资者在做交易时，既不遵守纪律，又缺乏合理的方法，他们常希望得到正确的投资建议，正确的行情，正确的客户经理或者正确的交易系统，好让他们能够赚钱。如果能搭配正确的纪律，判断和统一的行为的话，这些方式都有效。假如缺乏本章之前提及的这些技能，就不要指望会有持续的成功。在投资战场上，他们会有的只是一些小小的胜利，和许许多多的亏损。

对于这个主题，我只是简单说一说，真要详细讨论，可以写成好几本书。在股市和期货市场中，亏钱的交易者实在是多得离谱，这完全是可以避免的，不是每一个人都需要去学会及了解那些通向成功的技能，不过需要这种努力的人的确很多。

30　以成功的交易者为学习榜样

从前，要在某个行业谋生，得先去拜师学艺，经过师傅多年的指导，该学的都学全了，徒弟才能"学成出师"，这是一种有效的技艺传承制度。

不过科技进步之后，学生人数大量增加，过去那个制度被时代抛弃了，更为正规化的方式取而代之，以学院、大学、商业学校的课堂授业为主。一个老师可以教授几百、几千个学生。这种方式，看起来更有效率，但效果却不如以往，而且特定专业中，某些直觉类的东西，也无法靠这种课堂授业来传递。现在学生得靠自身经验的摸索，来学习技艺中的精微妙处，这常常要花上一辈子的时间，其中很多则永远也学不会。

1980年代，所谓的"新时代"运动正如火如荼，迥异于传统方式的另类教育开始流行。充满希望的"新时代"主要是针对很明显已经失败的西方教育制度的改良而兴起。他们开始探索一些方法，例如，潜意识学习、精神人工智能学、精神语言学。这些技术的追随者宣称这都是全新的方法，但事实上，只要稍加检视，就可以发现，其实都是历经多年考验的老方法，旧酒装新瓶化身而成。他们只不过把这些老方法经过新的诠释和新的术语，再推销给社会大众。

我把1980年代晚期盛行的榜样学习方法也列入其中。有一位众所周知的人物，举办了几百场讲座，以高昂的价格销售书和录音带，把他们的方法卖给成千成万怀抱希望的追随者。我不是说他们所教授的内容有什么错，而是我觉得这些信息其实都是一直在我们身边的。这些概念正确无误，而且相当容易运用，本章将简单而扼要的讨论各种可运用于交易及投资活动的模式技巧。

基本原则回顾

本章一开始，我提到过去以师徒制来传承知识。本质上，就是榜样学习法，不管其名称为何，都是模仿熟练的专家的行为。以下是这种技巧的基本原则：

- 成功的行为主要是学习而来的行为；而失败的行为，可能是学习而来的，也可能是无知或情绪问题所造成的后果。
- 不论何种专业，因为成功行为是学习而得，因此他们是可以被教授，被学习的。
- 这些行为有许多教授和学习的方法，有些方法会更有效，有些则较花时间。
- 商业成功所需要的知识，正规教育不是最佳的传授方式。而例如行为主义的刺激—反应训练，更为有效。
- 在人类所努力的各个范围内，传授成功技艺最有效率、最经济的方法，就是向榜样学习。
- "榜样学习"如字面所示，学生尽可能地模仿老师的行为，模仿过程也就是学习。

榜样学习的实践

虽然榜样学习的理论是合理、有根据的，但在实践上却不是很简单就可以做到，再加上很多不学无术之人，居然还以专家身份向大众教导技巧，使得情况更加复杂。这些专家收费高昂，真正需要这些知识的人却无力支付。也有一些书本课程，但是光靠书跟录音带，是非常不够的。如果目标是向榜样学习，就是要学习榜样活生生的经验，而不是书本或录音带学习，这样的学习结果可能相当令人失望，甚至可能会降低人的学习意愿。

那怎么办呢？

要达到想要的结果，还是有几个相当简单的办法，以下是我的建议：

- 研究成功交易者的行为。我所谓的"研究"并不只是"阅读"而已，只有阅读是不够的，你必须下苦功去研究他们的生活和行为，如果对方愿意合作的话，最好登门拜访，亲自见上一面。
- 如果有特定某个人的成功是你希望仿效的，你就要使尽全力去搜集他的资料。对任何信息，只要拿得到的，都要搜集到手，仔细研究。
- 设法跟他们取得书信联络。他们或许不愿意接受拜访，但也许愿意以书信来回答问题。
- 把你的目标设高一点，但也要实际可达。
- 注意自己交易活动发生的正面改变。如果你看到自己的交易表现有所改善，要确定其原因何在，你只要把模仿的行为彻底而详尽的记录下来就知道了。
- 一旦看到效果，就要继续下去，不要停止。
- 直接问问题，不必拐弯抹。如果有什么是你想要学习的，不要害怕，直接把问题提出来。你会惊讶地发现，原来答案是这么简洁明白。

我的结论是,我们可以从成功的交易者学到许多东西。对于交易者十分迫切的知识和技能,过去的师徒制是很理想的学习方式,不过遗憾的是,在股票和期货交易方面,却通常缺乏这样的学习机会。

31 面对市场今后的挑战

许多交易者及投资者都觉得,科技可能会改变市场的本质,他们以为有电脑和精密的投资软件就可以获利更多,风险更低。他们错得很离谱!虽然市场在未来肯定会跟今天或过去大不相同,可在许多基本情况方面,仍会跟现在一样。如果你觉得这么说有点含糊不清的话,那说明你还没有理解本书的重点。市场是由情绪控制,如果不是的话,根本就不会有市场了。市场如果变成完美的经济制度,价格永远处于正确水平,那就不需要预测行情走势了。只要有"人"的存在,只要这个重要因素还是一样不可捉摸,市场就还是会存在。情绪波动会刺激价格的大幅分化,它反过来又会引发情绪波动,人们做出情绪反应,如此即形成一个循环。市场投机循环的战争中,最后冒出头的将是那些理性而严守自我纪律的交易者。

未来蕴藏着什么?

只要对未来做个思考,我们就可以知道投资市场将会带来什么,它们会如何运作、如何做交易。我个人超过二十年的期货市场经验,教会我许多关于行情变化的事情,以及它如何影响交易者的行为。以下是我对未来市场、交易者及其互动影响的想法:

1. 新的期货合约。八十年代中期,市场交易活动逐渐由有形商品转变为以无形商品为主，猪腩、黄豆市场不再热络，而由国库券、标准普尔指数期货等取而代之。不过我觉得，到了九零年代，那些老牌商品，如农产品之类的，还能唤起市场的兴趣。八十年代末，股票市场中融资购并大行其道，时间已经证明这种购买企业的方式，效益不高而且风险又大，有好些大人物都栽在这个错误策略之下。因此我认为，九零年代，许多市场应该又会回归基本面。

另外，我觉得美国和其他国外市场，将会引进许多新的期货合约。期货交易所一连串的动作，明确地显示它们对过去未有的新商品交易感到莫大的兴趣。高盛期货指数总有一天会变成新的交易商品，可能不要多久，芝加哥的交易所也许还会推出"新鲜"的期货商品。趋势很明确，由有形商品逐渐转为无形商品，我预期这个趋势还会继续下去。市场的基本运作原理，就是根据人性的反应和情绪，不管市场如何变化，其他无形商品的新合约必然会继续被引进。

2. 计算机化交易可能会取代目前的公开喊价方式。现在的场内客户经理和场内交易者，以后也许都会被计算机和终端机所取代。计算机让整个交易体系更有效率，但是并不会让行情变化更容易预期，因为投机人士还是其中最脆弱的一环。目前靠"场内交易者"制度维生的人，最好提早准备来应对即将来临的变化。交易所会员也许会抗拒这项改进，不过长期而言，计算机将会赢。那些手上握有价值几十万美元会员席位的既得利益者，在备感威胁下，将会捍卫现有的方式。这倒是没什么好怕的，交易所还是个封闭的团体，除非买下会员资格，不然是进不来的。

股票交易的经纪商专业客户经理制度也会有所改变，不过证券商在改变其运作方式上，要比期货交易商缓慢得多。虽然计算机会更快速、更有效率，也更少出错，但专业客户经理制度目前仍牢牢地控制市场，改变也许还在多年之后。

趋向计算机化的进展，造成许多情绪反应和相当大的争论，不管是场内或场外的交易者，都会受到影响。交易者和投资者要达到持续获利原本就很难了，如今在场内交易计算机化将出现何种状况的不确定因素下，就变得更困难了。

3. 人工智能和神经网络。交易数字化同时会影响到个别投机人士、投资者以及专业基金经理人。计算机几乎已经迅速地渗入生活的各个方面。在汽车装配线上利用计算机化机器人的技术，如今已演进到人工智能的程度，可以模仿人类智能的部分功能。人工智能又促发另一项高深的数学程序发展，称为"神经网络"。有些神经网络的开发者已经宣布，他们发展出来的程序拥有理解能力，而且可以从经验中"学习"。虽然某些例子的确是如此，但目前仍无法判断神经网络程序能否利用市场经验来获利。有些人打的如意算盘是，利用神经网络分析多种影响价格的市场行为，以开发高效率的交易程式，把分析所得应用于实际交易模型上。有些交易者担心神经网络程序也许能在市场上无往不利，那么无力负担高昂软、硬件成本的一般投资大众，可能就再也无法追得上专业投资者了。这是不切实际的恐惧，不管技术策略多么先进又多么有效率，情绪因素最终还是统治着市场。而且，市场中永远不乏某些意外事件，会刺激引起情绪反应，而这些情绪反应带来的都是亏损。在这种危机中，很多市场专家跟投资大众一样，都会犯错。因此我猜想，即使是更大、更好、更快、更聪明的计算机，也不会带给绝大多数交易者什么好处。唯有掌握情绪，维持一致、严守纪律、自我控制、坚持到底，有必胜决心的特质，才能长久屹立于交易市场。

4. 由于世界越来越"小"，全球的互相影响的情况会更明显。意思是说，日后在津巴布韦或上海发生的事件，对市场价格的冲击力会比现今要大上许多，所以投机人士或投资者就会有更多的交易机会。不过更多的机会也带来更大的风险，而更大风险就代表投机人士和投资者要更有纪律才行。

5. 通讯速度在未来将显著加快。地球另一端的消息不只对全球市场的冲击力会增大，而且传递速度也会加快。消息散播得更快，对市场的冲击也就越快，这也需要交易者更有纪律才能够应对。

6. 当所有国家在科技和经济方面都有所进展,全球的消费将会增加,因此对工业产品、农产品、货币、能源等等的需求也会增加,所以股票及期货市场将会持续成长,而且交易合约也会增多。这为交易者带来更多机会,而且如上所言,也带来更多风险。

未来成功所需的技巧与现今无异

在广泛地研究股票和期货市场,一百年来的交易历史文献后,我发现市场会改变,但交易者是不变的。一百年前造就交易者成功的特质,跟今天没有两样。而且我推断,不管日后市场会有什么变化,运用同样的这些特质,在未来市场上也可以成功。

总而言之,我觉得未来的变化没什么好恐惧的,因为今天或明天,成功的要素其实都一样。是的,也许反应时间要更迅速、行动要更坚决,而且影响行情的事件消息会比现在更多,但成功的基本持质却都差不多。

32 一些最后的想法：
面对今日及明日的挑战

如今想要在投资市场上成功，维持不败，的确比过去困难许多，而未来又会比今天更加困难。经济圈子越来越大，新兴国家的加入，伴随前所未有的政治及社会变迁，同时在全球通讯变得更为及时的状况下，世界似乎也变小了。比方说，过去中国有什么新闻，也许要几天或几周后才会影响到西方市场，但现在只要几分钟，消息就能传到市场里，而且它们带来的冲击力几乎是即刻到来。现在的电脑也可以不间断地监视行情变化，向交易者及套利者通知每一个短线机会，这些可能都是以前办不到的。专业交易者激烈地和一般投资大众竞争，基金经理人把时间花在寻找投资机会上，并且赶在投资大众之前利用其研究成果来获利。最后，市场波动性也较为显著，而剧烈的行情波动则带来极大的风险和前所未有的机会。

有人说，交易是一个孤独的游戏；也有人说，在交易市场上获得成功，是人生最大挑战之一。我相信这两种说法都是对的，而且这样的说法现在看来比过去更正确，明天又会比今天更正确。长期来看，在这场游戏中最艰难的部分是，你只能依靠自己和自己的行动。真正的成功、持续的成功和善始善终的成功，只有那些懂得怎么玩这场游戏的人才能达到。我已经竭尽所能，提供各位有助于成功的洞察、理解和工具，但仍要靠各位去运用它们，只有你才能让它们发挥效用。我常认为交易者的工作就好比是个赛车手，交易的工具，例如市场术语、图标、时间指标、交易系统、进出信号和电脑，就是你的跑车。赛车手都想拥有一辆快速而动力强大的跑车，但是经验不足的驾驶人也许连怎么发动引擎都不会。假设引擎已经发动，而且路是笔直一条的话，也许菜鸟能够跟老手开得一样快，但是当道路变得弯弯曲曲，需要适时而安全地换挡、减速、超车时，新手可能就会车毁人亡，只有专家才能抵达终点，尽管他的速度也许会比较慢。

交易的目标是不能撞毁你的车子，安然跑完全程，因此你必须学习如何小心而有技巧地驾驶你的跑车。唯有彻底地了解车子的性能，才能在必要时全力奔驰，避开沿途可能遇上的许多障碍。

另外，你可以选择不同的车子，亦即选择符合你个性和交易方式的交易系统和时间指标，你可以做当日冲销、价差交易，或者在交易场内跑短线、抢帽子，你可以依照自己的意愿，来决定行进速度的快慢，但最重要的是要完成比赛，不能发生会威胁生命的撞车，或者半途就把车子撞坏。你必须维护车子的效能（也就是说，善加维护你的资本），而且要好好地操控你的车子（也就是说，你必须自我控制得宜，在刹那之间做决策）。这里头有很多道理，值得各位好好地思考。

要做最坏的打算

交易者常常不满意自己的成功，对自己不高兴，对市场不高兴，几乎任何跟市场有关的事情，他们都不满意。他们这种不满经常是源自不切实际的奢望。交易者测试交易系统时，往往不注意最坏的情况，他们不了解，计算机测试的理想状况跟现实是有差距的。在计算机测试中，单子都以完美的指定价格成交，交易者自己不会去干涉系统，客户经理不会说服你买进或卖出，而决策时也完全没有情绪因素来扰乱。但是在实际情况中，任何事情都可能变成困难和障碍。幻想总是比真实来得大。实际的结果跟假设测试的理想状况不能相提并论，不管测试中做了多少调整来模拟真实，突发事件总是会有，这一点你一定要有所准备。

预先设想最坏的状况,不是奢望最好的。这并不是说要你要抱持消极心态,而是要采取比较务实的态度。

找寻自身的优势

投资市场有很多个,而且差异很大,其间有几百个机会可以让你赚到钱。你可以交易、投资,可以当客户经理、场内交易者、投资顾问,也可以写本书、开发交易系统,或者当个资金经理人,要确定自己真正想要做什么,得花一些时间。不过我建议各位,一旦你找到之后,就安于其位,好好地发挥。怎么知道你是否找到最适合自己的角色呢?答案很简单,你能赚到钱,而且感觉快乐。这两个条件要兼顾,但它们不是互有关联。你也许可以赚到钱,但不会觉得快乐;也可能你觉得很快乐,但却赚不到钱。

保持弹性,但不善变

有些交易者改变得很慢,有些又变得太快。为了应对市场状况的变化,保持弹性并没有什么错,但是如果改变得太快,那就没有做到从一而终这一点,那么在交易市场上,成功就不太可能。太快改变交易系统或方法之所以会有问题,主要在于所有的交易系统都需要时间来运作。交易系统需要多少时间来运作,并没有一个确定的规定,各个系统的功能及它所需要的运作时间长短差异相当大,所以不要光想着赶快换一个你从来没用过的新系统,急着抛弃原有的交易系统。所有的系统都需要一段时间来运作。保持弹性是件好事,也要知道何时该停止,但不要太快打住。

独处

交易者很少能对外界的影响免疫，诸如：新闻、世界重大事件、市场报告、客户经理、家庭压力，或者是"专家"建议，这些压力都会以细微的方式来影响我们。我们有时候受外界影响，却不晓得是受到存在于意识层面之外的外界因素所影响。要避免这个问题的最好办法，是在做交易时能够与外界隔绝。以下几点建议会有帮助：

- 不要看电视或听收音机的新闻报道。新闻会让你觉得混乱，它们可能侵入你的潜意识，对你的行为发挥负面影响。
- 不要听朋友谈论交易。他们的意见是根据他们的认知而来，不适合你。
- 不要相信政府的报告，它们通常在行情做头时最乐观，筑底时最悲观。除非你采用基本面分析的做法，搜集所有可得到的基本资料，了解这些报告的内容，否则这些报告不能帮助你做交易。
- 避免接收客户经理、市场通讯作者、市场分析师等人的意见，除非你发现某位所使用的交易方法很符合你的方式。如果你是个交易新手，最好不要聘请博学多识的客户经理或投资顾问。你可以完全遵照某个适合你的专家指示来做交易，不然就完全靠自己的研究来投资。
- 不要跟任何人讨论你投资的仓位，意见，结果或研究，这些只要你自己知道就行了。如果要跟别人说起你的投资或交易，对方要是批评你的做法，就会打击你的信心；如果他赞同你的做法，也可能带给你错误的信心。通常当别人赞同是，我们会觉得更好，当别人反对时，我们就觉得更糟。

有信心玩你自己的游戏

我最后的建议，要对自己的决策有信心。对于最后这一点，我可以再详细说明，不过这也只是重复前几章所说的。现在，带着信心、自觉和毅力，向前走吧！再加上维持一致性和纪律，你一定会成功的！

附录　交易大师概述

我建议各位阅读投资大师的作品,在此我将简单介绍其中几位。虽然我无法说谁的书比较好,谁的比较不够好,不能评判所有的经验和作品的优劣,但我相信,我可以提供额外的背景资料,让各位了解在追求成功的道路上,正确的心态和有效的心理学是多么的重要。在有限的篇幅中,我几乎不会刻意强调每位大师所使用的交易系统。如同各位已经知道的,我写这本书的目的和用途几乎是纯粹针对投资心理方面的。

交易大师:威廉·D. 江恩

代表作品:

- 《江恩股市定律》
- 《如何利用期权赚钱》
- 《如何在期货市场赚钱》
- 《华尔街浮沉四十五年》

在所有知名的交易者中,江恩大概是作品最多,写作量最大的作者了,他也是最积极的研究者。他的交易系统既宏大而又关注细节,极为广大而精微、创新,甚至带点神秘感。但是除了技巧本身之外,他也认识到，心理因素在市场中具有压倒性的重要地位。尽管他花了相当多篇幅去讨论过去的价格变动行为、投资方法及理性分析，但他对人性与市场关系的观察深度相比专业作品也不遑多让。即使是在他最后的作品——《华尔街浮沉四十五年》中，仍有他对投资人和交易者情绪方面的评论：

未来，我们也无法逃避它（指情绪）。它会在市场中再次在此制造惊慌。当惊慌来临时，交易者和投资人又会急着卖掉股票，但是如同以往一般，这时候才卖掉未免太晚了，行情已经到了空头市场的最后阶段。

仔细阅读他提出的"二十四条投资法则"，我们就能学到许多江恩的市场心理学。以下是其中一些我觉得和投资心理学最相关的：

- 绝对不要因为丧失耐性就平仓出场，也不要因为焦急不耐就急着进场。
- 进场交易时挂的止损单，绝对不要随意取消。
- 避免频繁交易。
- 如果没有好的理由，已经成交的仓位不要任意改变。当你做交易时，一定都有些好的理由，或者根据某些明确的计划，因此如果没有明确的指标指示或趋势发生变化，就不要急着平仓出场。

除了这些特定法则之外，江恩时常评论人性的因素，因而他相信这正是交易者最大的弱点。他的基本观点跟我在这本书里告诉各位的差不多。明白而简洁地说：

因此，为了要想达到成功，他（交易者）必须以某种方式来克服那些弱点，那些弱点已经毁掉了无数人。

江恩又写到：

当交易者赚了钱，他便佩服自己，觉得他的判断是对的，这时他一个人的功劳。但是当他赔钱时，态度又完全不一样，他很少会责备自己，也不会试图凭一己之力找出失败的原因，反而是找来一大堆借口安慰自己，说是因为有突发状况发生；说假如不听信谁谁谁的建议，他就可以赚到钱了。他找来一大堆的如果，而且，但是，就是没想过自己错了。这正是他为什么会犯错，而且第二次还会再失败的原因。

要拯救自己，只能靠投资人和交易者自己。如果交易亏损，就只该怪自己，不该怪别人。如果不这么做，他永远也不可能改正自己的弱点。毕竟那是你自己的行为所导致的亏损，是你自己买进，自己然后卖出的。你必须把这里头的问题找出来，予以改正，然后你才能成功。

我可以提供各位全世界最棒的法则、最好的方法，来告诉你该持有多少股票仓位，但你还是会因为自身最大的弱点，人性，而赔钱。你可能会不遵守法则，不管实际情况，根据希望或习惯来行事，而非根据事实。你可能失去耐性，太过急躁，或者犹豫不决，拖延太久。你会因为人性弱点而欺骗自己，怪罪市场。永远要记住！造成亏损的是你自己的错误，不是因为市场或操盘手的行为。因此，不遵守法则，不去思考，注定会失败。

这些话都是从多年的股票和期货经验中总结出来的，花点小钱，买本书就能得到，太值得了。江恩在投资市场的深刻体会，各位一定要谨记在心。各位也要知道，江恩所提的这些重点，我在这本书中也都强调了。在由投机客、操盘手、交易者或投资人所构成的整个投资交易链中，人性因素正是其中最脆弱的一环。而仅仅这个因素，就是足以左右交易系统成败的关键。

交易大师：伯顿·皮尤

代表作品：

- 《赚钱妙方》
- 《征服棉花》
- 《小麦交易的科学与神秘主义》
- 《交易员指导手册》

另一位市场大师是皮尤，他过去经营一家很成功的投资顾问公司，而且提出许多新的技术分析观念。虽然他的作品大都偏向技术面，但他也发现，最终要想让整体交易计划达到成功，"人"的因素是最容易出错的部分。他在一九四八年出版的《赚钱妙方》中，介绍了许多交易技巧和期货市场指标。他说话简洁，观念具体。而他最后的《隽语与观察》，则是充满了心理学智慧的交易法则。以下是一些他的观察：

- 抱着你将会获胜的信念进场。
- 不要因为人性的懒散而无欲无求放弃利益。钱是靠积极、进取和决心赚来的。如果对自己从事的事情觉得疑惑，就做更多的学习。
- 所有的农作物新闻和政治事件都没有啥用处。如果单靠天气好坏就能成功地交易，那么赚钱将是多么令人难以置信的简单啊。在消息经过关心小麦价格的一、两万人的过滤之后，大多数人的看法就趋向一致了，那个时候，你就会失去自己的看法而从众了，也许就跟独立个人的看法大不相同。
- 如果交易者未能及时出场，过错是出在交易者自己身上，而不是市场。亏损让人深思。让交易者能够静下心来思考的，是亏损，而不是盈利。要利用每一次失败来增进自己对市场行为的认识。你会发现，不管股票或期货的行情走势多么古怪、飘忽，最后仍然会符合市场法则。实践是伟大的修正者，让我们得以排除错误最好的导师。

- 在所有的交易中，亏损的道理都很简单。
- 交易者容易亏损的原因，是因为没有人能帮他盈利，却有人会让他赔钱，这个人多半就是客户经理或经纪人。
- 成功是世上最令人向往的，但这是一场淘汰赛，胜利者还是要不断接受挑战才能通过测试。

交易大师：利弗莫尔

代表作品：

- 《股票大作手回忆录》
- 《股票大作手操盘术》

从我在书中经常提及他的名字，大家就可以知道我相当喜欢他的书。可以确定的是，如同其他投机客、操盘手一样，他也有他自己的"交易系统"。但对于他的作品，重要的不在于他的经历叙述，而在于对心理的描写。他以利弗莫尔名字所写的《股票大作手回忆录》，也许是有关市场心理方面最伟大的书籍。这本书原本是他的个人传记，不过看起来却有点像是虚构小说的感觉，尽管如此，我个人以为只要是认真的投资者就一定会拜读此书。对于这本书，我所能做的介绍就是直接引用几个重要的段落。本书其他地方也曾经引用过。

- 事实上，当我在一开始就确认我是对的时候，我总是会赚到钱，而有些时候我受到打击，则是因为我不够聪明，没有坚持己见。
- 我从经验中得知，靠着别人的提示，消息情报，不可能帮自己赚到更多的钱。我花了五年的时间才学会，当我看对行情时，怎样才能够聪明地赚到大钱。
- 那些多头，乐观派，抱着希望的空想主义者，思想家们，及广大的投资人交易者，从一开始就害怕一点小的亏损，不肯认赔，终于恐怖的一天来到了！他们要在毫无麻醉下，遭受彻底切除的打击痛苦。
- 一旦我平仓认赔之后，这个亏损就再也不会困扰我，通过上一晚我就忘记了。但是如果没有采取正确的行动，也就是没有认赔的话，损失的就不只是金钱，还有自己的心理层面。

延伸阅读

除了大师作品之外，其他很多书也包括丰富的市场历史知识。我相信每一位投资人、交易者，不管其兴趣是在于股票、期货、债券、房地产还是期权，都应该具备大量充分的市场历史知识。从交易者在过去的牛熊转换，多头和空头市场，主流行情，崩盘及惊慌市况中所采取的行动，我们可以学到许多。这些内容讯息对于我在书中的讨论内容可以提供许多补充。

因此我建议对以下提到的这些书籍，各位都应该买回家拜读，或者至少读过大部分。

巴鲁克：《巴鲁克自传》

巴鲁克是美国最直率、坦诚，最成功的投机客、操盘手之一，他写的书也是投资人、交易者必读的作品，特别是我说到的这一本。跟大多数知名投资人、交易者比起来，他更清楚，也更直言不讳，强调在投资市场中情绪因素的重要性，而且在书中他会推荐特定的方法，让我们利用情绪因素来赚钱。

史密斯：《金钱游戏》

对于有大度量喜欢自嘲的人，这本书也非常值得一读。传说书中那些幽默的小故事都是虚构的，但里面讨论了许多愚蠢的市场行为。

其他还有一些历史文献也应该阅读，甚至加以研究。对于历史上的超级牛市和熊市，关于大多头和大空头市场，以及推动行情的知名投资人、交易者，在一些书中都有长篇幅的介绍。这方面有两本重要著作：

- 莫特兰姆：《金融投机史》
- 托马斯·汤姆斯：《冒险投机客操盘手与虚荣的人》

关于一般类型的投资书籍，我推荐：

- 勒布：《投资生存之战》
- 索贝尔：《华尔街内幕》
- 斯佩兰迪奥：《交易者维克》
- 特威尔斯：《期货市场游戏：谁赢？谁输？为什么？》

在此，我无法列举所有的重要作品，当然还有许多其他书籍，可以提供成功投资所必需的内容资讯。我所考虑的是，在投资领域中，只有相对少数的几本是真正值得阅读的书籍。至于那些介绍交易系统、交易技巧及方法的书籍，通常不在投资心理学的范畴内。如果是希望了解更多的面面俱到的投资人、交易者，则应该设定目标，读遍所有重要的市场书籍才是。如此一来，你就能找到几位你最喜爱的作家。我的建议是，谁写的书可以吸引你，就好好读一遍他的所有著作。

心理学书单

除了上述推荐的投资书籍之外,我相信各位在心理学著作中也能获得一些指引,我会把这些书目列于本书最后的"参考书目"里边。其他还有一些书,各位可能也会感兴趣,在本书中我并没有用它们作为参考书籍,但从中还是可以得到许多借鉴信息:

- 弗洛伊德:《梦的解析》
- 杰勒曼:《心理学在管理上的应用》
- 哈伯:《新精神疗法》
- 翁史坦:《意识的心理学》

参考书目

L. L. 阿尔特曼，《梦的心理分析》（1969），纽约：国际大学出版社。

杰克·伯恩斯坦，《商品周期手册：时代的窗口》（1982），纽约：约翰威利出版社。

杰克·伯恩斯坦，《期货交易的季节因素》（1986），纽约：约翰威利出版社。

杰克·伯恩斯坦，《期货短线交易》（1987），芝加哥：普罗巴斯出版社。

杰克·伯恩斯坦，《期货的真相》（1987），芝加哥：普罗巴斯出版社。

杰克·伯恩斯坦，《期货交易的周期分析》（1988），纽约：约翰威利出版社。

杰克·伯恩斯坦，《期货市场如何运作》（1988），纽约：纽约财经学院。

杰克·伯恩斯坦，《新繁荣》（1989），纽约，纽约财经学院。

杰克·伯恩斯坦，《利润的周期》（1991），纽约：哈伯商业出版社。

杰克·伯恩斯坦，《经济周期手册》（1991），霍姆伍德：理查德欧文出版社。

杰克·伯恩斯坦，《期货市场的时机信号》（1992），芝加哥：理查德欧文出版社。

A. 比奈特，T. 西蒙，《婴儿的智力发展》（1908）。

查尔斯·布伦纳，《精神分析基础教科书》（1974），纽约：安桥出版社。

鲁斯·卡普兰，《十九世纪美国的慈善和社区》（1969），纽约：基础书籍出版社。

弗利特约夫·卡普拉，《物理学的无为之道》（1975），鲍尔德：山布哈拉出版社。

弗利特约夫·卡普拉，《转折点》（1982），纽约：西蒙和舒斯特尔出版社。

弗利特约夫·卡普拉，《不寻常的智慧》（1982），纽约：西蒙和舒斯特尔出版社。

J. 多拉德，N. E. 米勒，《人格和心理治疗》（1950），纽约：麦克格劳希尔出版社。

C. W. 埃里克森，《无意识过程》（1958），林肯：内布拉斯卡大学出版社。

S. K. 艾斯卡罗纳，《婴儿测试对预测的作用》（1950）

D. H. 福特，H. B. 厄本，《心理治疗系统》（1965），纽约：约翰威利出版社。

C. M. 弗兰克斯，G. T. 威尔森，《行为治疗的年度回顾：理论和实践》（1974），纽约：布朗纳出版社。

弗洛伊德，《梦的解析》（1953），伦敦：霍加斯出版社。

弗洛伊德，《性学三论》（1957），伦敦：霍加斯出版社。

江恩，《江恩股市定律》（1923），波默罗伊：兰伯特江恩出版社。

江恩，《如何从商品期货交易中获利》（1942），波默罗伊：兰伯特江恩出版社。

江恩，《如何在期权交易中获利》（1943），波默罗伊：兰伯特江恩出版社。

江恩，《华尔街浮沉四十五年》（1949），波默罗伊：兰伯特江恩出版社。

A. 杰赛尔，C. S. 阿玛特拉达，《诊断的发展》（1962），纽约：哈伯出版社。

伊利诺尔·吉布森,《感知学习和发展的原则》(1967),纽约:克罗夫茨出版社。

伯纳德·吉特尔森,《生物节奏:个人科学》(1976),纽约:阿克出版社。

杰拉德·戈尔德,《现代商品期货交易》(1975),纽约:商品研究局。

F. H. 戈尔德伯格,H. 菲斯,《感知引擎技巧》(1959)。

威廉姆·亨利,《幻想分析》(1956),纽约:约翰威利出版社。

朱利叶斯·拉法尔,《病理学和正常语言》(1965),纽约:阿瑟顿出版社。

埃德温·利费弗,《股票大作手回忆录》(1965),拉奇蒙特:美国研究委员会。

佩里·伦敦,《行为控制》(1977),纽约:梅里第安出版社。

M. H. 马克思,W. A. 西利克斯,《心理学的系统和理论》(1963),纽约:麦格劳—希尔出版社。

穆萨艾弗·梅森,《最终分析》(1990),波斯顿:阿狄森韦斯利出版社。

R. A. 麦克克莱尔利,R. S. 拉扎鲁斯,《人格周刊》(1949)。

威廉姆·梅耶,《发展心理学》(1964),纽约:交易应用研究中心。

威廉姆·米克维亚斯,《学习的概念》(1974),费城:桑德斯出版社。

艾玛努艾尔·莫里哀,《人的性格》(1956),纽约:哈伯出版社。

谢尔顿·内腾伯格,《期权波动性和定价策略》(1988),芝加哥:普罗巴斯出版社。

奥斯潘斯基,《第四条路》(1957),纽约:随机房子出版社。

万斯·派卡尔德,《隐藏的说服者》(1961),纽约:口袋书出版社。

巴甫洛夫,《条件反射》(1927),牛津：克莱伦敦出版社。

普罗策,《心理学问题》(1960)。

B. 皮尤,《更好的赚钱方法》(1948),波默罗伊：兰伯特江恩出版社。

杰克·施瓦格,《金融怪杰》(1989),纽约,纽约财经学院。

P. F. 塞柯德,卡尔·W. 贝克曼,《社会心理学》(1964),纽约：麦克格劳希尔出版社。

H. 赛尔依,《压力释放的病态学》(1950),蒙特利尔：埃克塔出版社。

B. F. 斯金纳,《科学和人类行为》(1953),纽约：自由出版社。

J. B. 华生,《心理学回顾》(1913)。

J. B. 华生,《行为学家视角的心理学》(1919),费城：利平科特出版社。

A. W. 沃茨,《竹简教你认识自我》(1972),纽约,文体集出版社。

保罗·沃兹拉维克,《人类交流的功利性》(1967),纽约：诺顿出版社。

斯坦·韦恩斯坦,《傲视牛熊的秘密》(1988),霍姆伍德：道琼斯欧文出版社。

M. 文纳,P. H. 席勒,《不寻常的社会心理学周刊》(1960)。

诺斯沃西·威廉姆斯,《商品交易中真相》(1977),纽约：温莎图书出版社。

拉瑞·威廉姆斯,《期货交易》(1988),纽约：温莎图书出版社。

本杰明·渥尔曼,《基础心理学手册》(1973),纽约：蒲兰提斯霍尔出版社。

译后记

在日常的市场交易中,有很多交易者和投资人误认为只要有了高端的投资软件就可以提高获利、降低风险。如果真是这样的话,那市场中就不会有那么多人亏钱了。想在市场上获得成功,真正的关键还是在于心理因素,如果能更好地认识自己,适时地修正个人心态,调整好自己的情绪,那就是最有效的投资利器。

杰克·伯恩斯坦先生是业内资深交易者和著名的金融作家,在这本被誉为投资心理经典之作的《投资心理学》中,作者融会了专业的心理学知识及二十余年的投资经验,条理清晰地解释了投资人的心理状态,提出改善个人行为的有效方法,通过阅读本书,你不仅对自己的投资态度会更趋正面,而且在知识的运用上会更趋一致性、更有组织性,且更彻底。还可以找到真正适合自己资质、财力及性格的交易系统和方法。以及能够克服许多交易上的冲动,在获利机会来到时可以放手一搏。像个专业的交易员一样驰骋在金融交易市场上。

本书的完成得到以下同仁的大力帮助,他们是:田军、陈鼎、余锋、肖艳梅、朱杰、吴文莉、张毅、吴春梅、李超杰、彭家伟、张苹、苏远秀、张毅等。其中第1—6章由李超杰、朱杰、张毅翻译;第7—12章由彭家伟、张苹、苏远秀、陈鼎、余锋翻译;第13—19章由范纯海、张毅、吴春梅、李超杰翻译;第20—26章由陈鼎、余锋、常红婧翻译;第27—32章由肖艳梅、郑星、常红婧翻译;其余部分由吴文莉、康民翻译;全书由康民负责统校。由于译者水平有限,错误和疏漏之处在所难免,敬请读者批评指正。

高级趋势技术分析
高级波段技术分析
高级反转技术分析（上、下）

作者：阿尔·布鲁克斯

　　这套丛书是写给严肃的交易者看的，阿尔的书最大价值在于，阐述了理解价格行为以及逐根K线分析走势图有助于追踪通常由机构所推动的形态，通过小止损、早入场，让机构为个人投资者"抬轿"并最终获利。

　　在这套丛书中，布鲁克斯主要通过5分钟周期的K线图来阐述一些基本原则，但也讨论日线图和周线图，书中也有如何将价格行为分析用于股票、外汇、国债期货和期权的内容。